조선 예술가들의 직업세계

조선 예술가들의 직업세계

지은이 박영규

1판 1쇄 발행 2026년 3월 27일

발행처 ㈜옥당북스
발행인 신은영

등록번호 제2018-000080호
등록일자 2018년 5월 4일

주소 경기도 고양시 일산동구 위시티1로 7, 507-303
전화 (070) 8224-5900   팩스 (031) 8010-1066

블로그 blog.naver.com/coolsey2
이메일 coolsey2@naver.com

값은 표지에 있습니다.
ISBN 979-11-89936-59-4 (03910)

조선 예술가들의
직업 세계

박영규 지음

옥당

모든 예술은 시대의 산물이자 노동의 결정체다

조선을 이야기할 때 우리는 흔히 문文의 나라, 성리학의 나라를 먼저 떠올린다. 사대부의 학문과 의례, 임금과 신하의 정치가 역사를 이끌어온 듯 보이지만 그 내면을 조금만 들여다보면 또 다른 주역들이 모습을 드러낸다. 바로 예술가들이다.

조선은 시詩·서書·화畵로 대표되는 고유의 문화적 전통을 간직한 사회였고, 그 문화를 만들어낸 수많은 직업인이 존재했다. 그러나 정작 역사 서술에서 그들의 삶은 충분히 조명되지 못했다. 이름 없는 장인과 예술가들은 그저 기록의 주변부에 머물렀고, 양반 지식인들의 취향을 장식하는 도구로 이해되는 경우가 많았다. 더구나 예술가들이 직업인으로 인식되는 경우는 드물었다.

하지만 조선의 예술가들도 직업적인 관점에서 보아야 그들의 위상을 더 분명히 이해할 수 있다. 그들은 대부분 생계를 위해 붓을 잡고, 악기를 연주하며, 벽화를 그리고, 때로는 춘화를 그렸다. 그들은 단순한 '취미의 풍류'가 아니라 실질적인 노동과 기술, 시장의 요구와 사회적 제약 속에서 살아간 사람들이었다. 조선 예술의 화려한 성취 뒤에는 바로 이런 직업 예술가들의 치열한 생존 활동이 자리하고 있었다.

조선의 예술가들은 노동과 생존 활동을 기준으로 할 때 크게 세 부류로 나눌 수 있는데, 첫째는 붓으로 먹고사는 사람들, 둘째는 소리와 몸짓으로 먹고사는 사람들, 셋째는 손끝 기술로 먹고사는 사람들이다. 이에 따라 이 책은 3부로 구성하고, 총 12장에 걸쳐 조선 예술가들의 직업 생태계를 다룬다.

붓으로 먹고사는 사람들

책의 1부는 붓을 수단으로 삼은 사람들, 즉 그림으로 먹고살던 사람들의 이야기다. 모두 4장으로 구성된 가운데, 첫 장은 도화서 화원들의 세계에서 출발한다. 도화서는 조선 왕실의 시각 문화를 총괄한 국가 기관이었다. 이곳에 소속된 화원들은 어진을 그려 임금의 초상을 남기고, 연향·군례·진찬 같은 국가 행사마다 의궤(왕실의 주요 행사를 훗날 참고하기 위해 남긴 기록문서) 그림을 담당했다. 어려서부터 엄격한 교육과 천재성을 인정받아 도화서 화원이 된 그들이었지만 양반 문인들은 그들을 '품팔이 화가'라 부르며 예술이 아닌 기술쟁이로 취급하곤 했다.

현실의 평가와 달리 도화서 화원들은 조선의 회화 수준을 떠받친 주역이었다. 김홍도·신윤복·김득신 같은 이들은 관청에 속한 직업 화가였지만 오히려 그 누구보다 폭넓은 삶의 현장을 경험하며 생동감 있는 그림을 남겼다. 조선 회화사의 가장 거대한 흐름은 이들 화원들의 붓끝에서 태어났다고 해도 과언이 아니었다.

한편, 2장에서 다룬 문인화가들은 그림을 풍류로 삼고 별도로 벼슬길을 병행하며 여유로운 필묵으로 이름을 떨쳤다. 추사 김정희 같은 인물이 대표적이다. 그는 글씨와 그림으로 조선 후기 예술의 절정을 보여주었다. 관청 소속의 화원과 문인 취향의 화가를 대비해 보면, 예술이 어떻게 사회적 신분과 직업의 경계 속에서 다른 의미를 지녔는지 생생히 드러날 것이다.

이어지는 3장에서는 민화와 춘화라는 대중적 그림의 세계가 펼쳐진다. 궁중이나 양반가의 고상한 그림과 달리 장터에서 엽전 몇 닢으로 사고 팔린 민화는 서민의 생활과 염원을 고스란히 담고 있었다. 책가도, 문자도, 십장생도는 길상吉祥과 벽사辟邪의 상징이었고, 호작도나 화조도는 가정의 평안을 기원하는 장식물이었다. 화공이나 장터의 환쟁이, 이름 없는 장인들이 그린 이 그림들은 오늘날 미술사에서는 오히려 '민중의 미학'으로 새롭게 조명된다.

은밀히 유통된 춘화는 성교육과 오락, 풍자의 기능을 함께했다. 김홍도의 《운우도첩雲雨圖牒》, 신윤복의 《건곤일회첩乾坤一會牒》은 진위 논란 속에서도 조선 춘화의 백미로 평가된다. 그 속에는 양반 남성들의 성적 로망과 동시에 신분제 사회가 낳은 모순과 여성의 고단한 삶이 함께 담겨 있다. 민화와 춘화를 통해 우리는 예술이 단지 고상한 취향이 아니라 일상의 욕망과 현실을 반영한 사회적 산물임을 확인하게 된다.

4장은 불교 미술을 그린 화승들의 삶을 다뤘다. 유교 국가 조선에서도 사찰 벽화와 불화는 끊임없이 제작되었다. 화승들은 전국 사찰을 떠돌며 괘불, 감로도, 영산회상도, 지장·시왕도 같은 다양한 도상을 그렸다. 이들은 탁월한 기술을 바탕으로 장엄한 불화를 제작했으나 이름은 거의 남기지 못했다. 다만 발원문에 간혹 기록된 화승들의 이름과 시주자 명단을 통해 불화가 신앙 공동체의 결속과 경제적 네트워크 속에서 탄생했음을 알 수 있다.

임진왜란 이후 전란으로 불탄 사찰이 중창되면서 불화 수요가 폭발적으로 늘어났고, 18~19세기에는 대형 괘불이 유행했다. 불화는 토착 신앙과도 결합하여 산신도, 칠성도 같은 독특한 도상 체계를 만들어냈다. 이런 상황에서 화승들의 그림은 신앙의 언어이자 공동체의 표상이 되었다.

소리와 몸짓으로 먹고사는 사람들

그림으로 먹고사는 사람들에 이어 2부에서는 소리와 몸짓으로 먹고사는 사람들의 이야기다. 5장은 음악을 직업으로 삼은 사람들, 곧 장악원의 악공들에 관한 장이다. 장악원은 궁중 음악을 총괄하는 관청으로 종묘제례악과 사직악, 왕실 연향과 군례 음악을 담당했다. 그러나 이곳에 속한 악공들의 사회적 지위는 낮았다. 그들은 관직을 가졌으나 천역賤役(천한 일을 하는 사람)으로 취급되었고 세습해서 직업을 이어갔다.

이들은 녹봉만으로는 생활이 어려워 양반가 혼례나 제례, 민간 잔치에 불려가 부수입을 올려야 했다. 그럼에도 악공들은 자신들의 기량과 예술적 자존심을 유지하고 발전시켰으며, 때로는 실록에 이름을 남기기도 했다. 정조 시기 피리를 잘 불던 이광수, 거문고에 능했던 윤종린, 해금의 명수 박홍렬 같은 이들은 역사에 흔적을 남겼다. 또 맹인으로 구성된 관현맹은 시각장애인을 제도 속에 포섭한 독특한 음악 집단으로, 사회적 약자의 생존과 자존을 동시에 보여준다.

조선 말기와 대한제국기, 장악원은 점차 위축되었고, 일제강점기에는 조선정악전습소로 명맥을 이었다. 오늘날 종묘제례악,

가곡, 가사 같은 음악이 국가무형문화재로 남아 전승되는 것은 장악원 악공들의 유산 덕분이다. 이는 직업으로서의 음악이 비록 사회적으로는 차별을 받았지만 역사적으로는 문화의 뿌리를 이어주는 핵심적 역할을 했음을 말해준다.

6장은 판소리의 세계를 다뤘다. 판소리는 오늘날 국악의 정수로 평가받지만 그 기원은 걸립(모금)과 좌판에 있었다. 명창들은 마을 장터에서 소리를 뽑으며 한 푼 두 푼 걸립돈을 모았고, 부유한 양반가의 후원에 힘입어 대가로 성장할 수 있었다. 송흥록, 박유전, 김세종 같은 명창들은 단순한 민간 예인에 머물지 않고 소리판을 통해 예술의 한 장르를 개척했다.

그러나 이들의 삶은 늘 양면적이었다. 양반의 사랑방에서는 교양의 음악으로 존중받았으나 장터에서는 생계형 광대로 취급받았다. 후원과 걸립 사이에서 줄타기를 해야 했던 명창들의 직업적 현실은 예술적 성취와 사회적 제약이 어떻게 맞물렸는지를 잘 보여준다.

7장은 명창들과 더불어 빼놓을 수 없는 존재인 광대와 재담꾼들을 다뤘다. 그들은 웃음으로 세상을 살아낸 사람들이었다. 남사당패와 걸립패 속에서 광대들은 줄타기, 탈놀이, 꼭두각시극으로 사람들을 웃기고 울리며 생계를 이어갔다. 양반과 관료를 풍자하는 그들의 재담은 때로는 억눌린 민중의 해방구가 되었으나 동시에 '천예賤藝(천한 기술)'로 멸시당하기도 했다. 한쪽에서는 조선 사회의 긴장을 풀어주는 웃음의 장인이었지만, 다른 한쪽에서는 법과 금지령의 감시를 피해야 하는 존재였다. 직업으로서의 광대는 웃음의 예술가이자 사회의 경계인이라는 이중적 의미를 지니고 있었다.

8장은 기생들의 예술 세계를 다뤘다. 흔히 그들을 권력자의 유흥을 담당한 존재로만 기억하지만, 사실 기생들은 노래와 춤, 시문과 연정에 이르기까지 다양한 예술적 기량을 펼쳤다. 황진이, 매창 같은 인물들은 단순한 기생이 아니라 시와 노래로 자신의 존재를 드러낸 예술가였다.

그들은 양반 문인들과 교유하며 시조와 가사를 남겼고, 춤과 노래로 연회를 장식했다. 물론 신분적 한계와 사회적 멸시는 늘 그들의 삶을 옭아맸지만 동시에 그들의 예술은 조선 문학과 음악의 발전에 깊은 영향을 끼쳤다. 기녀 예술가들의 직업 세계는 성과 예술, 사랑과 신분이라는 모순적인 조건 속에서 피어난 독특한 문화였다.

손끝 기술로 먹고사는 사람들

마지막 3부에서는 붓과 악기가 아닌 손끝의 기술로 세상을 빚어낸 장인들의 이야기가 이어진다. 9장은 도공들의 이야기다. 조선의 도자기 장인들은 분청과 백자를 만들며 나라의 명운을 함께 짊어졌다. 관요의 사기장들은 왕실의 수요를 채우기 위해 혹독한 통제와 감독 아래 노동해야 했고, 민요의 장인들은 장터와 서민의 생활을 채우며 생계를 이어갔다. 그들의 삶은 '흰 도자기의 나라'라는 찬란한 미학의 이면에 자리한 고단한 노동과 생존의 기록이었다.

10장은 옻칠과 자수, 금속공예 장인들의 이야기로 이어진다. 그들의 기술은 궁중의 가구와 기물, 의복과 장신구에 스며들어 조선의 미학을 구체적으로 완성했다. 그러나 그 이름은 대부분 알려지지 않은 채 사라졌다. 이름 없는 손길들이 엮어낸 공예품은 왕실과 사대부의 생활 속에서 쓰이다가 소멸했지만 그 정교한 솜씨는 오늘날에도 문화재로 남아 감탄을 자아낸다.

11장은 불상을 조각한 조각승과 범종 장인들의 이야기다. 불상 한 구와 범종 한 점에는 공동체의 신앙과 장인의 혼이 담겨 있었다. 조각승들은 사찰을 떠돌며 불상의 얼굴에 생명을 불어넣었고, 주조 장인들은 수십 명이 협업해 거대한 범종을 만들어냈다. 종소리 한 번 울릴 때마다 그들의 땀과 노동이 하늘에 닿는 듯했으나 정작 그 이름은 발원문 끝자락에만 남았다.

마지막 12장에서는 목공과 대목장의 세계가 펼쳐진다. 궁궐과 사찰, 누정과 다리, 민가와 장터를 세운 대목장은 조선의 건축문화를 지탱한 주역이었다. 대목장의 이름은 공사 기록과 목조건축물의 편액에 드물게 남아 있지만 그 대부분은 익명으로 사라졌다. 그러나 그들의 솜씨는 오늘날 남아 있는 궁궐 건물과 목조건축에서 여전히 빛나고 있다. 기둥과 서까래, 공포와 기와 하나하나에는 무명의 장인들이 직업인으로서 쌓아 올린 기술과 자존이 깃들어 있다.

예술은 땀과 노동의 산물

이 책에서 필자는 조선을 이끈 정치사나 사대부 중심의 문학사가 아니라 이름 없는 예술가들의 직업 세계를 복원하려 한다. 도화서 화원과 문인화가, 민화 화가와 춘화의 환쟁이, 사찰의 화승, 장악원의 악공과 관현맹, 판소리 명창과 광대, 기생에서 도자기·공예·건축 장인에 이르기까지 조선의 예술가들은 신분과 제도, 시장과 권력 사이에서 삶을 꾸려갔다. 어떤 이는 이름을 남겼고, 어떤 이는 철저히 익명으로 사라졌지만 모두가 조선의 문화와 예술을 형성한 주체들이었다. 이들이야말로 조선의 예술을 실제로 움직이고 지탱한 주역들이었다. 그들의 붓끝, 소리와 몸짓 그리고 손끝에서 조선의 미학이 형성되었고 그들의 땀과 노동 속에서 오늘날까지 이어지는 문화유산이 태어났다.

우리는 흔히 예술을 초월적 영감의 산물로 여기지만 조선의 예술은 현실을 떠난 추상이 아니었다. 그것은 제도와 신분, 시장과 수요, 종교와 정치라는 조건 속에서 빚어진 결과였다. 예술가들은 제약을 견디며 생존했고, 자존과 성취를 만들어냈다.

이 책은 그들의 직업적 삶을 복원함으로써 조선 예술이 단순한 영감과 취향의 산물이 아니라 땀과 노동, 생존과 자존 속에서 형성된 역사였음을 되새기고자 한다. 이에 독자들이 이 책을 통해 우리가 누리고 있는 K-컬처의 영광이 바로 이런 뿌리에서 기인하였음을 깨닫는 계기가 되길 바란다.

차례

제1부　　**붓으로 먹고사는 사람들**

조선 예술가들의 12가지 직업 생태계

분류	예술가(직종)	현대적 직장 & 직무 매칭	직업적 페르소나
붓	도화서 화원	청와대 전속 사진사 & 기록관	새벽 4시 출근, 왕의 일거수일투족을 붓으로 기록하는 국가직 공무원
	문인화가	학자이자 프리랜서 독립 작가	인품이 곧 스펙, 취미가 직업이 된 조선의 고위직 화이트칼라
	민화 / 춘화 화가	상업 일러스트레이터 & 웹툰 작가	장터가 나의 마감 현장, 대중의 욕망과 기복을 그리는 트렌드 세터
	화승畵僧	종교시설 전속 미디어 아티스트	수행이 곧 업무, 절간의 벽면을 신앙의 언어로 채우는 아티스트
소리	장악원 악공	국립국악원 소속 수석 연주자	국가 의례의 배경음악을 책임지는 9급 기술직 공무원
	판소리 명창	1인 기획사 대표이자 국민가수	폭포 아래서 독공獨功으로 득음한 장터의 빌보드 차트 점령자
	광대 / 재담꾼	이벤트 기획사 소속 스탠딩 코미디언	외줄 위가 나의 오피스, 웃음과 해학을 팔아 세상을 풍자하는 엔터테이너
	기생(예기)	종합 예술 아카데미 소속 아티스트	문학과 가무의 엘리트 코스를 밟은 당대 최고의 셀러브리티
손끝	도자기 장인	명품 브랜드 수석 디자이너	흙과 불의 화력을 견디며 왕실 전용 식기를 빚는 장인 정신의 결정체
	공예 장인	럭셔리 라이프스타일 굿즈 제작자	나전과 옻칠로 일상의 품격을 높이는 섬세한 손끝의 연금술사
	조각승 / 범종 장인	공공 조형물 및 금속공예 전문가	수천 도의 쇳물과 씨름하며 평화의 소리를 빚는 대형 조각가
	대목장 / 목공	국가 기간시설 설계자 & 건축가	나무의 성질을 읽어 궁궐의 뼈대를 세우는 조선의 헤드 엔지니어

붓으로
먹고사는 사람들

01

왕의 얼굴을 그리는 국가 공무원, 도화서 화원

출퇴근하는 화가들, 도화서라는 직장

조선의 하루는 종소리로 시작되었다. 종루에서 종이 울리면 관청의 문이 열리고, 관리들은 일제히 출근길에 나섰다. 오늘날 직장인들이 오전 아홉 시를 기준으로 삼듯, 조선 관리들의 출근 시간도 정해져 있었으나 계절마다 달랐다. 봄과 가을에는 새벽 다섯 시, 해가 떠오르기 전 이미 길에 나서야 했고, 여름에는 새벽 네 시면 관청 문이 열렸다. 낮이 긴 계절이라 퇴근도 늦어 저녁 여섯 시, 때로는 일곱 시가 넘어야 집으로 돌아갈 수 있었다. 반대로 겨울에는 새벽 여섯 시 무렵에 출근해 오후 네 시쯤이면 하루 일과를 마칠 수 있었다.

특히 조참朝參이라 불린 아침 조회는 혹독했다. 여름에는 동이 트기도 전, 겨울에는 아직 어둠이 가시지 않은 새벽녘에 열렸다. 칼바람 속에 횃불을 밝히고 도성의 돌길을 따라 궁궐로 향하는 관리들의 모습은 오늘날 직장인들이 새벽 첫 차에 몸을 싣는 풍경과 크게 다르지 않았다.

이 행렬 속에는 공문서를 품에 안은 관리들만 있었던 것이 아니다. 붓통을 허리에 찬 이들, 붓과 먹을 챙긴 이들이 섞여 있었다. 바로 도화서의 화원들이었다. 도화서는 오늘날 인사동 일대, 종로 관훈동 부근에 자리 잡고 있었다. 지금도 그 거리가 미술과 화랑의 거리로 불리는 까닭은 조선시대부터 그림을 그리던 화공들의 숨결이 이어져 내려오기 때문이다.

다른 관리들은 서류에 붓을 놀렸지만 이들은 붓으로 나라의 형상을 그려야 했다. 왕의 초상인 어진, 전쟁과 의례를 기록한 의궤도, 국토를 담은 지도, 궁궐의 장식화까지 도화서 화원의 손끝에서 조선의 시각 세계가 태어난 셈이다.

그러나 이들의 삶은 모순으로 가득했다. 사대부가 여가로 산수를 그리면 교양이 되었지만 화원이 생업으로 그림을 그리면 '품팔이'로 불렸다. 관직을 지녔지만 신분은 낮았고, 녹봉은 받았으나 살림살이는 빠듯했다. 예술을 하면서도 끊임없이 생존을 고민해야 했던 사람들, 그것이 바로 도화서 화원들이었다.

도화서의 '환쟁이'들

조선시대에 그들은 흔히 '환쟁이'나 '화공'으로 불리었다. 당시엔 화가들을 예술가로 생각하기보다는 기술자로 인식하였고 그래서 그림을 그리는 장인이라는 뜻에서 화공畫工이라 불렀다. 화공을 환쟁이라고 부른 것도 같은 맥락이었다.

화공은 국가에서 필요한 그림을 전담하는 관청인 도화서 관원이라는 의미에서 화원畫員이라고도 불렸다. 그리고 화원 중에 실력 있고 명망 있는 사람은 화사畫師라고도 했으며, 또한 그림 그리는 기술자라는 뜻의 화수畫手라고도 칭했다.

어쨌든 도화서에 소속된 화공은 당시로서는 가장 실력 있는 화가로 인정받았다. 말하자면 도화서는 조선 화공들의 산실이었던 셈이다. 따라서 화공이 되는 것은 결코 쉬운 일이 아니었다. 거기다 뽑는 인원도 극히 적었다.

하지만 도화서 화공들에 대한 대우는 아주 좋지 않았다. 도화서의 관리 감독을 맡은 제조는 예조판서가 겸임했지만 실질적으로 도화서를 책임지는 직책은 두 명의 별제였다. 별제의 품계는 종6품인데 이는 화원으로서 오를 수 있는 가장 높은 직급이었다. 그런데 그나마도 화원이 별제를 맡는 경우는 드물었다. 화원은 그저 천한 장인에 불과했기 때문에 실력이 뛰어나도 별제가 되기 힘들었고 대개는 사대부 가운데 그림에 대해 조예가 있는 인물을 앉혔다. 별제 외에 체아직(계약직) 세 자리 정도가 있었는데 종6품 1

인, 종7품 1인, 종8품 1인 등 3인이 전부였다.

이들 아래에 화원 20명이 근무하는데 이들은 모두 품계가 없는 잡직이었다. 그나마 잡직 중에서 보직이 있는 화원은 선화善畵 1인, 선회善繪 1인, 화사畵史 1인, 회사繪史 2인 등 5명뿐이었고, 나머지 15명은 화학생도로 불리는 견습생이었다. 따라서 화원 20명은 모두 품계도 없고 녹봉도 없었으므로 생계를 보장받을 수 없는 처지였다.

새벽 출근, 빡빡한 하루 일과

도화서 화원의 하루는 해 뜨기 전 종루의 종소리와 함께 시작되었다. 여름철이면 새벽 네 시, 겨울철이라도 여섯 시면 관훈동 도화서 마당에 모여야 했다. 출근길의 행렬은 붓과 벼루, 채색통을 든 화원들로 채워졌고 늦잠은 곧바로 문책 사유가 되었다.

아침에 가장 먼저 하는 일은 임무 배정이었다. 그날이 왕의 어진 제작일이라면 어진화사가 중심이 되고, 큰 연향이나 외국 사신 접대가 예정된 날이면 기록화를 맡을 인원이 정해졌다. 의궤를 남기기 위한 기록화의 경우, 수십 명이 한 폭을 나눠 그리기도 했다. 인물에 능한 자는 얼굴을, 산수에 능한 자는 배경을, 영모翎毛 (새 깃과 짐승 털)에 능한 자는 기물을 담당했다.

이처럼 그림은 분업으로 이루어졌지만 어진만큼은 달랐다.

정조 시대 어진 제작에 참여했던 김홍도·이명기·김득신 같은 화원들은 군왕 앞에서 붓을 드는 순간 숨조차 제대로 쉬지 못했다고 한다. 정조는 때때로 "눈매를 바로잡으라"거나 "얼굴빛을 더 맑게 하라"고 직접 지시를 내렸고, 붓 한 획의 실수도 용납되지 않았다.

화원들은 전담 공간인 화방畵房에서 작업을 이어갔다. 도화서에서는 종이, 붓, 안료, 비단 같은 재료가 지급되었으나 항상 넉넉하지는 않았다. 고급 안료인 석청石靑과 주사朱砂는 왕실 어진이나 의례 그림에만 쓰였고, 일반 기록화에는 값싼 먹빛이나 토산 안료가 쓰였다. 숙종 대에는 화원들이 종이가 모자라 사비를 털어 구입했다는 기록도 남아 있다.

점심 이후에는 다시 현장에 나가야 할 때가 많았다. 새로 지은 전각을 그리거나 왕실의 행차 장면을 기록하려면 현장 스케치를 해야 했기 때문이다. 행사에 동원될 경우 하루 종일 궁궐 뜰에서 붓을 놀려야 했고, 때로는 밤늦게까지 채색 작업이 이어졌다.《승정원일기》에는 한겨울 의궤 제작에 동원된 화원들이 "붓을 잡은 손이 얼어 움직이지 않았다"는 기록이 전한다.

그럼에도 화원들에게 창작의 자유는 거의 없었다. 왕과 조정의 요구에 따라 같은 형식과 규격을 지켜야 했기 때문이다. 같은 산수화라 하더라도 정선이 자유롭게 진경산수를 펼쳐냈던 것과 달리 도화서 화원들은 정해진 도안과 틀에 맞춘 '공적 그림'을 남겨야 했다.

도화서 화원은 엄연히 관직에 속한 벼슬아치였지만 그들의 하루는 공무원의 일과와 크게 다르지 않았다. 다만 차이가 있다면 그들이 다루는 것이 붓과 먹, 종이와 비단이었을 뿐이다. 누군가는 붓으로 서류를 적었고, 누군가는 붓으로 나라의 역사를 그려남겼다. 그리고 그 붓끝에는 치열한 생계와 더불어 예술적 열망이 동시에 묻어 있었다.

화원들은 어떻게 생계를 유지했나?

도화서의 화원이 되기 위한 경쟁은 치열했다. 화원을 선발하는 시험은 취재取才라 불렸는데, 대개 3년에 한 번 예조의 감독 아래 치러졌다. 시험 과목은 죽竹, 산수, 인물, 영모翎毛, 화초 다섯 가지였고, 이 가운데 두 가지를 선택해야 했다. 가장 높은 평가를 받은 것은 대나무 그림이었는데, 이는 곧은 절개와 붓 운용의 기교를 동시에 보여줄 수 있었기 때문이다. 시험장에서는 응시생들이 붓을 휘둘러 죽이나 산수를 그려내고, 심사관들이 즉석에서 품평을 했다. 낙방한 이들은 다시 3년 뒤를 기약해야 했으니 취재 합격은 곧 집안의 큰 경사였다.

화원이 된 이후에도 생활은 넉넉하지 않았다. 보직 화원이 되지 못한 다수의 견습 화원들은 녹봉이 거의 없었기에 응시생들을 가르치며 지도비를 받아 근근이 생활했다. 당시 제자들은 종이와 붓을 마련하기 위해 큰돈을 들여야 했고, 이 과정에서 선배 화원들이 어느 정도 수입을 얻을 수 있었다. 스승의 명성이 높을수록 제자들이 몰려들었으니, 이름난 화원의 집 앞에는 늘 제자들의 발길이 끊이지 않았다.

또한 화원들의 중요한 부업은 그림 주문이었다. 양반 가문에서는 조상의 초상화를 의뢰했고, 집안의 제례나 혼례에는 산수 병풍이나 화조도를 주문했다. 일부 화원들은 사대부의 비밀스러운 주문을 받아 춘화를 그려주기도 했으며, 잡귀를 막기 위한 벽사 그림도 수요가 있었다. 이런 민간 주문은 공적인 작업과 달리 화원의 개인 수입이 되었기에 실력 있는 화원일수록 생활이 한결 나아졌다.

그러나 화원들 사이에서도 명성과 수입의 차이는 극심했다. 임금의 초상인 어진을 그린 화원은 '어진화사御眞畫師'라 불리며 큰 명예와 후한 보수를 받았다. 반면 이름 없는 화원들은 행사 기록이나 의궤 그림에 종사하며 고된 노동에 비해 턱없이 적은 수입을 받아야 했다. 김홍도의 경우 그림 한 폭에 수십 냥을 받을 정도로 명성이 높았지만 《호산외기》에 전하듯 그 돈은 술과 생활비로 곧 사라졌다고 한다.

결국 도화서의 화원이 된다는 것은 예술가로 살아가기 위한 최소한의 밑천을 얻는 것이었다. 그러나 그것만으로는 생계를 유지하기 어려워 제자를 가르치고, 주문 그림을 그리고, 때로는 은밀한 부업까지 하며 하루하루를 이어갔다. 화원의 삶은 관청에 소속된 벼슬아치였으되 늘 가난과 함께하는 예술가의 삶이었다.

▶ 화성원행반차도. 정조의 을묘년 화성 행차를 기록한 반차도이다. 수백 명의 인물을 정밀하게 묘사하여 도화서 화원들이 남긴 국가 기록물(의궤)의 정수를 보여준다.

왕의 얼굴 '어진'을 그리다

도화서 화원들이 남긴 그림은 단순한 예술품이 아니었다. 그 것은 조선의 정치와 의례, 문화를 시각적으로 기록한 국가 아카이 브였다. 오늘날 우리가 조선의 궁궐 의식과 연향의 장면을 눈앞에 그릴 수 있는 것도 대부분 도화서 화원들의 붓끝 덕분이다.

가장 대표적인 것은 어진御眞이다. 태조 이성계의 어진을 비 롯해 세조·중종·숙종·영조·정조 등의 어진은 도화서 화원들의 솜씨였다. 특히 정조 어진은 김홍도와 이명기가 참여해 제작한 것

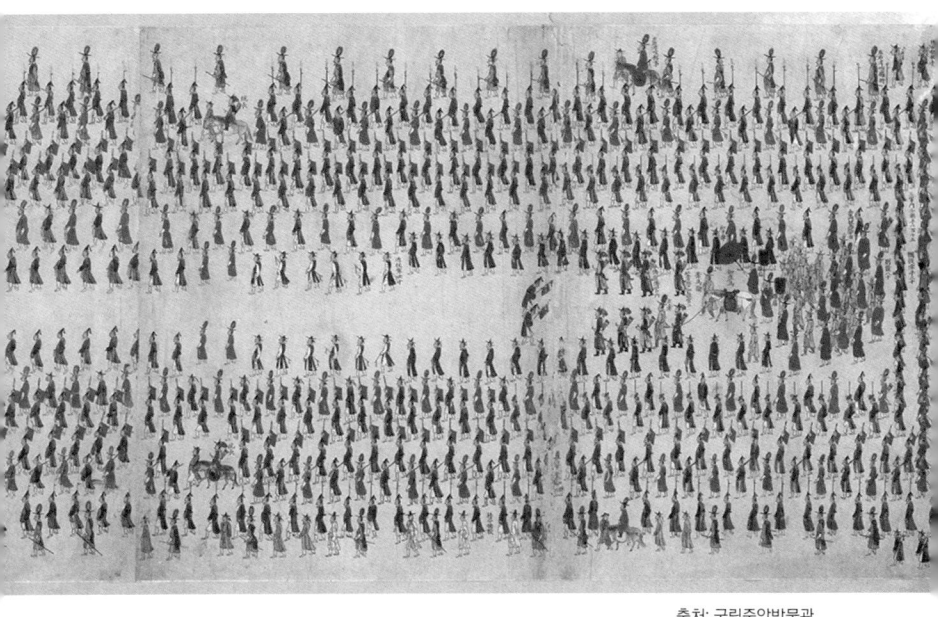

으로 알려져 있다. 왕의 초상은 단순한 그림이 아니라 왕권을 상징하는 존재였기에 최고의 화원들만 참여할 수 있었다. 완성된 어진은 봉안전에 모셔져 제례 때마다 사용되었다.

또 하나 중요한 작품은 의궤도儀軌圖였다. 왕실의 큰 행사(즉위, 혼례, 장례, 외국 사신 접대)가 있을 때마다 그 과정을 빠짐없이 기록해 남겼는데, 여기에 반드시 화원이 참여해 그림으로 장면을 담았다. 정조 때의 〈원행을묘정리의궤〉에 수록된 반차도가 대표적이다. 수백 명이 줄지어 행차하는 장면을 정밀하게 묘사한 이 그림은 단순한 기록이 아니라 국가적 행사를 시각적으로 압축해 보여준다.

도화서 화원들은 국토와 군사 방어를 위해 제작된 지도도 그렸다. 〈대동여지도〉로 유명한 김정호의 작업은 개인의 성취에 가까웠지만 그 이전에도 도화서 화원들은 팔도총도, 동국대지도, 각 지역 군현지도와 성곽도 제작에 관여했다. 이런 지도들은 미술 작품이면서 동시에 행정과 군사의 핵심 자료였다.

궁궐의 건축과 연향 장식 또한 화원들의 손길이 닿았다. 창덕궁과 창경궁의 전각이 완공될 때마다 그 모습을 그림으로 남겼으며, 연향이 열리면 기명절지화器皿折枝畵(기물과 꽃 등을 그린 정물화) 같은 장식 병풍이 제작되었다. 대표적으로 동궐도는 화원들이 궁궐 전각을 실측해 남긴 걸작으로 오늘날 창덕궁·창경궁의 원형을 복원하는 데 결정적인 자료가 되고 있다.

이렇듯 도화서 화원들은 단순한 예술가라기보다 국가의 시각 기록자였다. 태조의 어진에서 정조 반차도, 동궐도에 이르기까지 그들의 그림은 지금도 박물관과 궁궐에 남아 조선의 역사와 문화를 증언한다. 만약 도화서 화원들이 없었다면 우리는 조선 왕조의 모습 중 많은 부분을 상상으로만 채워야 했을 것이다.

도화서가 배출한 조선의 스타 화가들

조선의 도화서는 단순한 관청이 아니었다. 그곳은 국가가 필요로 하는 그림을 제작하는 공방이자 동시에 한국 미술사의 거장들을 길러낸 산실이었다. 그 안에서 붓을 잡았던 화원들 가운데 일부는 당대 최고의 명성을 얻었고 오늘날까지도 그 이름이 빛나고 있다. 특히 18세기와 19세기의 인물들이 뛰어난 작품을 많이 남겼다.

18세기 후반 정조의 총애를 한 몸에 받았던 화가가 바로 김홍도(1745~1806?)였다. 그는 어린 나이에 도화서에 들어가 화원으로 활동하면서 왕명에 따라 궁중 행사와 어진 제작에 참여했다. 그러나 김홍도의 진면목은 민간 풍속화에서 드러난다.

그의 대표작 가운데 하나인 〈씨름〉을 보면 굵직한 선과 익살스러운 표정 속에 백성들의 일상이 살아 숨 쉰다. 김홍도는 관리나 양반의 눈으로 서민을 그린 것이 아니라 그들 속에 섞여 직접 호흡하며 그려낸 듯 생생하다.

정조는 김홍도의 재능을 높이 평가해 여러 차례 궁중 행사에 참여시켰다. 수백 명이 늘어선 행렬을 정밀하게 묘사한 정조대왕의 능행 반차도 제작에도 관여한 것으로 보인다. 이처럼 김홍도는 도화서 화원이면서도 궁궐과 시장을 넘나든 조선의 대표적 화가였다.

김홍도와 거의 같은 시기에 활동한 신윤복(18세기 후반~19세기 초) 역시 도화서 화원으로 활동한 것으로 보는 견해가 많다. 관직 기록은 분명치 않지만 그가 남긴 작품은 도화서 화풍과 밀접하다.

신윤복의 그림은 무엇보다 화려한 채색과 대담한 시선으로 유명하다. 〈월하정인月下情人〉에서는 달빛 아래 은밀히 사랑을 나누는 남녀의 모습이 섬세하게 묘사되었다. 또 〈단오풍정〉에서는 한강가에서 여인들이 그네를 뛰고 물놀이를 즐기는 장면이 화려한 채색으로 펼쳐진다.

그의 작품은 단순한 풍속화가 아니라 당시 한양 도시인들의 사랑과 욕망, 풍류와 호기심을 담아낸 사회 기록이었다. 신윤복이 자유로운 화풍으로 인해 도화서를 떠났다는 이야기도 전하지만 이를 뒷받침할 분명한 사료는 많지 않다. 그럼에도 그의 그림은 오늘날까지 한국 회화사에서 세련되고 도시적인 미감을 보여주는 작품으로 평가된다.

동시대 어진 제작에서 중요한 역할을 맡았던 인물로는 이명기(18세기 후반~19세기 초)가 있었다. 그는 도화서 화원으로 선발되어 정조 어진 제작에 참여했으며 정밀한 인물 묘사로 이름을 떨쳤다.

어진은 단순한 초상이 아니라 왕권과 국가의 상징이었다. 따라서 얼굴 윤곽, 눈빛, 의복의 주름까지 조금도 소홀히 할 수 없었다. 이명기는 이러한 임무를 완벽히 수행해 도화서 화원 가운데서도 최고의 대우를 받았다. 그의 작업 덕분에 정조의 위엄 있는 얼굴은 오늘날까지 전해질 수 있었다.

18세기의 또 다른 도화서 화원 변상벽은 사람보다 동물을 더 잘 그린 화가로 유명하다. 그는 특히 고양이와 닭을 사실적으로 그려 '묘작猫雀의 변상벽'이라는 별칭을 얻었다.

그의 그림 〈모견도〉와 〈묘작도〉를 보면, 털 한 올 한 올까지 섬세히 묘사된 고양이와 새들이 살아 움직이는 듯하다. 변상벽의 작품은 단순한 영모화가 아니라 당시 민가에서 길러지던 동물들의 생생한 모습을 전해준다.

19세기 말, 조선의 마지막 화가로 불린 인물이 바로 장승업(1843~1897)이다. 그는 일찍 부모를 여의고 고아로 자랐으나 뛰어난 재능을 인정받아 도화서 화원으로 발탁되었다고 전해진다.

장승업은 산수, 인물, 화조, 영모 등 어느 장르든 손을 대면 걸작을 남기는 천재적 재능을 보였다. 특히 〈군선도〉나 〈영모화〉는 힘차고 자유분방한 필치로 조선 후기 회화의 절정을 이룬다. 술에 취해 붓을 들면 자유롭게 휘두른 선에서 오히려 생동감이 터져 나왔다고 전한다.

그의 일생은 파란만장했으나 작품만큼은 당대와 후대에 깊은 영향을 주었다. 장승업은 도화서 화원의 전통을 잇고, 동시에 근대적 개성을 보여준 마지막 거장이었다.

이처럼 도화서 화원으로 출발한 화가들은 단순한 장인이 아니라 시대를 기록하고 예술을 창조한 거장이 되었다. 김홍도의 풍속화, 신윤복의 도시 풍류, 이명기의 어진, 변상벽의 영모화, 장승업의 자유분방한 필치는 모두 도화서라는 제도 속에서 길러진 솜씨였다.

비록 사회적으로는 '환쟁이'라 불리며 천시되었지만 그들이 남긴 그림은 오늘날 한국 미술사의 보물이자 조선인의 삶과 감정을 보여주는 기록이다.

왜 18세기 이전 화가들은 이름조차 남지 않았을까?

도화서 출신 화가들을 이야기할 때 흔히 김홍도나 신윤복 같은 18세기 이후 인물들이 먼저 떠오른다. 그렇다면 14세기에서 17세기에 이르는 조선 전기와 중기에는 화원이 없었던 것일까? 물론 그렇지 않다. 다만 그들의 이름과 작품이 후대에 뚜렷하게 남지 못했을 뿐이다.

그 이유는 무엇보다 전란과 화재 때문이다. 임진왜란과 병자호란은 궁궐과 관청의 기록물 대부분을 불태웠고 그림 역시 예외가 아니었다. 도화서 화원들이 제작한 어진과 반차도, 의궤도 같은 그림들은 종이나 비단 위에 그려졌기에 불길에 가장 취약했다. 또한 왕실 전각이 불탈 때마다 소장되었던 회화 작품이 함께 사라졌다. 결국 조선 전기의 화원들은 존재했지만 그들의 실물을 우리는 거의 확인할 수 없는 것이다.

또한 조선 전기에는 화가 개인의 이름보다 도화서라는 집단의 명의가 강조되는 경향이 있었다. 국가 행사에 필요한 기록화와 장식화가 집단 작업으로 이루어졌기에 후대 기록에는 '도화서 제작'이라는 말만 남고 개별 화원의 이름은 잘 드러나지 않았다. 이 때문에 전기 화원들의 존재가 오늘날에 와서는 더 희미하게 보이는 것이다.

그럼에도 문헌 속에는 몇몇 화원의 이름이 남아 있다. 중종 대에 활동한 이암李巖(1499~?)은 영모화에 뛰어나 개나 매, 닭을 사실적으로 묘사했다는 평을 받았다. 또 16세기의 이징李澄은 도화서 소속으로 산수와 인물에 능했다고 전해지며, 이정李楨(1554~1626)은 산수와 화조를 잘 그려 동시대 사대부들과도 교유했다. 숙종과 영조 대에는 김두량金斗樑(1696~1763)이 활동하며 정선과 교류했는데, 그는 특히 초상화 제작에 능해 왕실과 고위 관료들의 얼굴을 남기는 데 기여했다.

이처럼 18세기 이전에도 훌륭한 화원들이 분명히 존재했다. 다만 이들의 이름이 후대에 널리 알려지지 못한 것은 전란으로 인한 작품 소실, 집단 중심 기록 문화, 그리고 문인화가들의 강한 존재감 때문이었다. 반대로 18세기 이후에는 사회 분위기가 변해 화가 개인의 개성과 작품성이 주목을 받으면서 김홍도, 신윤복 같은 인물들이 비로소 미술사에 뚜렷이 자리 잡게 된 것이다.

결국 18세기 이전에는 도화서 화가가 없었던 것이 아니라 그들의 흔적이 불운한 시대 상황 속에서 빛을 발하지 못했을 뿐이다. 이는 조선 미술사의 한 단면이자 지금 우리가 기억해야 할 역사적 공백이다.

'취명거사' 장승업의 그림 값

조선 후기 붓 하나로 세상을 뒤흔든 화가가 있었다. 바로 장승업張承業이다. 그는 흔히 '오원吾園', '취명거사醉瞑居士'라는 호로 불렸으며 근대 전환기의 가장 뛰어난 화가로 꼽힌다. 그러나 그의 출신은 낮았다. 양반도 아니고 중인도 아닌, 사실상 천민의 경계에 있던 신분이었다. 그럼에도 불구하고 장승업은 그림 솜씨 하나로 조선 후기 화단의 중심에 섰고, 양반과 권력자들조차 그의 재능을 인정했다.

　장승업의 어린 시절은 불우했다. 부모를 일찍 여의고 거리를 떠돌며 지냈는데 바로 이때 우연히 도화서 화가들에게 발탁되었다. 전해지는 기록에 따르면 술집 벽에 장난삼아 그림을 그렸는데, 이를 본 중인 출신 역관 이응헌이 그의 재능을 알아보고 거두었다고 한다. 이후 장승업은 이응헌의 집에 기거하며 화법을 배우고 여러 인물에게 사사하면서 실력을 키웠다고 전해진다.

　장승업의 솜씨가 널리 알려지자 그의 그림은 엄청난 값을 치르게 되었다.《승정원일기》와《해동죽지》같은 기록에 따르면 어떤 이는 장승업의 그림 한 폭을 얻고자 집 한 채를 내주기도 했다고 한다. 비록 과장된 일화일 수 있지만 그만큼 그의 그림 값이 당시 사회에서 높은 가치를 지녔음을 보여준다.

　또한《매천야록》에는 장승업의 명성이 커지자 고관대작들이 앞다투어 그의 작품을 청했다는 이야기가 전한다. 양반 사회가 천민 출신 화원을 불러다 술자리를 함께하며 그림 한 폭을 얻기 위해 거액을 내놓았다는 것이다.

　장승업의 몸값을 드높인 또 하나의 배경은 권력자들의 후원이었다. 대원군 이하응은 궁궐 장식화와 각종 의례화를 장승업에게 맡겼고, 그 결과 장승업은 도화서의 중책을 맡으며 관직에도 올랐다. 이는 신분제가 여전히 강력히 작동하던 19세기 조선에서 극히 이례적인 일이었다. 대원군은 외국 사절을 접대할 때 장승업의 그림을 선물로 내놓아 조선의 문화적 위상을 과시하기도 했다.

《매천야록》과 여러 전언에 따르면 청나라의 실력자였던 리홍장李鴻章과 조선 주재 청국 총리교섭통상사무아문 대신이었던 위안스카이袁世凱(원세개) 역시 장승업의 그림을 얻고자 애썼다. 당시 조선은 청의 간섭이 극심하던 시기로 조선의 대신들조차 이들과의 관계에 극도로 신경을 곤두세우던 때였다. 그런데 이 권력자들이 탐낸 것이 바로 장승업의 화폭이었다.

위안스카이는 장승업이 그린 화조화와 산수화를 특히 좋아하여 조선 고관들에게 그림을 구해 달라고 부탁하기도 했다. 리홍장 역시 장승업의 작품을 소장하고 싶어 했는데, 이는 장승업의 그림이 이미 조선의 최고급 선물품이자 외교적 교환 수단으로 자리 잡았음을 보여준다. 고위 외교 현장에서 술과 비단이 아니라 장승업의 그림이 오갔다는 사실은 그의 '몸값'을 짐작하게 한다.

이 일화는 장승업이 단순히 조선 내에서 천재 화가로 대접받은 데 그치지 않고 동아시아 외교 무대에서도 문화적 자산으로 인정받았음을 상징적으로 보여준다. 천민 출신의 화가가 신분의 한계를 넘어 국제적 교류의 장에서까지 이름을 떨쳤던 것이다.

이렇듯 장승업의 재능은 개인의 생존을 넘어 국가의 위신을 드러내는 수단으로 활용되었다. 이는 곧 화가의 사회적 위상이 신

▶ 장승업 〈호취도〉. 술에
취해 붓을 들었던 장승업
의 거침없는 필치가 돋보
이는 걸작이다.
　　　출처: 국립중앙박물관

제1부. 붓으로 먹고사는 사람들

분을 초월할 수 있음을 보여주는 상징적 장면이었다.

장승업은 기행과 방탕으로도 유명했다. 그는 술을 마시지 않으면 붓을 잡지 못했다고 전해진다. 《오원화보》에 실린 기록에 따르면 장승업은 술잔을 앞에 두고 즉흥적으로 대작을 완성하곤 했는데 그 속도와 완성도에 모두가 감탄했다고 한다. 때로는 술자리에서 즉석에서 그린 그림이 높은 값에 거래되기도 했다.

그러나 그의 기행은 단순한 방탕이 아니었다. 자유분방한 성격과 술은 오히려 그의 창작을 자극했고, 장승업은 이를 통해 틀에 박힌 도화서 화법을 넘어섰다. 그래서 그의 그림은 힘차고 대담하며 당대의 문인화가조차 흉내내지 못할 독창성을 지녔다.

조선 후기 대부분의 문인화가들이 교양과 권위를 드러내기 위해 그림을 그렸다면 장승업의 그림은 철저히 '직업적 예술'이었다. 그러나 그 직업적 그림이야말로 오히려 가장 자유로웠다. 그는 사군자와 산수, 인물과 화조에 이르기까지 장르를 넘나들며 걸작을 남겼고 화단의 정점에 올랐다.

특히 그의 화조화와 산수화는 조선 후기 회화의 절정을 이루었다. 호암미술관에 소장된 〈쌍마도〉, 국립중앙박물관의 〈호취도〉 등은 기교와 생동감에서 타의 추종을 불허한다.

장승업은 천민 출신이었지만 그림 실력 하나로 권력자들의 총애를 받고, 때로는 집 한 채 값에 해당하는 그림을 남겼다. 그의 삶은 신분제가 강력하던 조선 사회에서도 예술적 재능이 때로는 신분을 뛰어넘을 수 있음을 보여준 극적인 사례였다. 그러나 동시에 그의 삶은 늘 불안정했고 술과 자유분방함 속에서 막을 내렸다.

그럼에도 장승업이 남긴 흔적은 단순한 개인의 기행담을 넘어 조선 후기 예술가의 사회적 위상과 예술의 힘을 증명하는 이야기로 남아 있다.

02

선비의 교양과 자존,
문인화가

문인화의 뿌리, 중국 송·원 대의 전통

조선에서 그림을 그리는 이는 두 부류로 나뉘었다. 하나는 도화서에 속해 임금을 위해 붓을 잡은 화원들이었고, 다른 하나는 벼슬과 교양을 지닌 사대부들이었다. 후자를 가리켜 우리는 문인화가라 부른다. 이들의 그림은 직업이 아니라 취미였고, 생계가 아니라 교양의 표현이었다.

문인화의 뿌리는 중국 송·원대에 있었다. 당나라까지는 화가가 주로 황실과 귀족의 후원을 받는 직업적 장인이었으나 송대 이후 사회 분위기가 바뀌었다. 과거제의 발달로 사대부 계층이 확대되었고, 이들은 단순히 벼슬길에만 오르는 것이 아니라 교양과 품격을 드러내는 수단을 찾았다. 그때 선택된 것이 바로 그림이었다.

송대 사대부들은 그림을 기술적 재주가 아니라 학문적 수양과 인격의 표현으로 이해했다. 이때부터 그림은 장인의 기술과는 다른 차원의 행위로 구별되기 시작했다. 붓은 생계를 위한 도구라기보다 사대부가 자신의 인격과 교양을 드러내는 수단으로 인식되었다. 글씨와 그림을 같은 붓으로 쓰는 만큼 글씨가 곧 그림이요, 그림이 곧 글씨라는 인식이 생겼다. 그래서 시와 서와 화는 서로 분리될 수 없는 한 몸처럼 여겨졌다.

특히 원대에 이르러 한족 사대부들은 몽골 지배 아래 정치적으로 위축되었지만 오히려 문화적 자존심을 그림과 글씨, 시문에서 찾았다. 벼슬길이 막히자 매화 몇 가지나 대나무 몇 줄기를 그리며 자신의 절개를 드러내고, 난초 몇 잎과 국화 한 송이로 은자의 품격을 표현했다. 이렇게 사군자가 문인화의 대표 주제로 정착한 것도 이 시기였다.

'시·서·화 삼절'이라는 말이 생겨난 것도 이런 배경과 맞닿아 있다. 한 사람의 품격을 가늠하려면 얼마나 유려한 시를 짓고, 얼마나 바른 필치로 글씨를 쓰며, 얼마나 담백한 그림을 남길 수 있는가가 척도가 되었다.

여기에 얽힌 유명한 일화가 있다. 송대의 대문인 소식蘇軾(소동파)은 친구와 술자리를 하다가 즉석에서 난초 몇 잎을 그리고 거기에 시 한 수를 붙였다. 그의 그림은 전문 화가의 것처럼 치밀하지 않았으나 시와 글씨, 그림이 어우러져 오히려 더 큰 감동을 주었다. 그는 "시·서·화는 한 뿌리에서 나왔다"고 말했는데 이 말은 곧 문인화의 정신을 상징하는 좌우명이 되었다.

이처럼 송·원대의 문인화는 단순한 예술적 취미가 아니라 정치적 불운 속에서 자존심을 지키려는 사대부의 선택이었고, 동시에 인격과 교양을 드러내는 지표였다. 그 전통이 조선에 이어져 문인화는 선비들의 필수 교양으로 자리 잡게 되었다.

그림은 조선 선비들의 필수 '스펙'이었다

조선에서 문인화가 선비 사회의 필수 교양으로 자리 잡은 것은 대체로 16세기 사림 정치가 본격화되던 시기부터였다. 성리학이 지배 이념으로 확립되면서 사대부들에게는 학문적 수양과 더불어 고결한 인격을 드러내는 생활양식이 요구되었다. 그 과정에서 시와 글씨, 그림은 학문과 도덕을 시각적으로 표현하는 교양의 핵심으로 떠올랐다.

특히 16세기 중엽 사림파의 집권은 문화적 전환점을 만들었다. 훈구 대신 사림이 중앙 정계를 장악하자 학문과 도덕적 수양을 강조하는 분위기가 강화되었고 그 상징으로 문인화가 자리 잡게 된 것이다. 선비들은 매화, 난초, 국화, 대나무를 그리며 스스로를 군자와 동일시했다. 이른바 사군자가 조선 문인화의 대표 주제로 굳어진 배경이다.

문인화가 교양으로 정착한 데에는 몇몇 인물의 역할이 컸다. 먼저 김시金禔(1524~1593)는 조선 중기의 대표적 문인화가로 사군자 화풍을 정착시키는 데 기여했다. 그는 학문적 깊이를 붓끝으로 옮겨 선비가 갖춰야 할 시각적 소양을 한 단계 끌어올렸으며 후대 문인화가들에게 큰 영향을 주었다.

17세기에 들어서면 윤두서尹斗緖(1668~1715) 같은 인물이 등장한다. 그는 남인 계열의 불운한 처지에서도 학문과 서화의 경계를 허물며 사대부가 지녀야 할 시각적 성찰의 깊이를 몸소 증명해 보였다. 18세기에는 정선鄭敾(1676~1759)이 등장해 진경산수를 개척했다. 그는 우리 땅에 뿌리내린 교양 예술로서 문인화의 외연을 넓혔고, 같은 시기의 심사정沈師正(1707~1769) 또한 수묵의 담백함 속에 시적 감흥을 담아 문인화의 내면적 세계를 확장했다.

결정적으로 19세기 추사 김정희金正喜(1786~1856)에 이르러 문인화는 절정에 달했다. 그는 유배라는 극한의 고통 속에서도 붓을 놓지 않았으며 이를 통해 선비의 꺾이지 않는 고결한 지조를 화폭에 새겨 넣었다.

이렇듯 조선에서 문인화가 정착한 배경에는 성리학적 인격 수양과 도덕적 생활이 있었다. 이후 김시를 거쳐 윤두서, 정선, 심사정, 김정희 같은 인물들이 차례로 문인화의 전통을 이어가며 문인화는 사대부 사회의 보편적 문화로 정착했다.

그러나 문인화는 단순히 도덕적 상징에 그치지 않았다. 산수화를 통해 사대부들은 세속의 번잡한 일상을 벗어나 이상 세계를 꿈꾸었고, 때로는 정치적 좌절을 담아내기도 했다. 겸재 정선은 우리 산천을 있는 그대로 그려내어 조선의 자부심을 화폭에 담았고, 추사 김정희는 유배지에서 그린 그림에 절망 속 고고한 지조를 새겨 넣었다.

문인화가는 그림을 직업으로 삼지 않았지만 그들의 작품은 직업 화가의 그림보다 더 높은 예술적 권위를 부여받았다. 붓끝의 기교보다 인품과 교양이 중요했기 때문이다. 그래서 문인화의 세계는 언제나 권력과 교양 사이에서 요동쳤다. 그림은 사대부의 위신을 높이는 도구이자 동시에 정치적 몰락 속에서 남긴 마지막 흔적이기도 했던 것이다.

인품과 학문 수양의 도구

문인화는 사대부의 일상에서 시와 글씨와 더불어 필수 교양으로 여겨졌다. 벼슬아치가 붓을 잡아 매화 한 가지, 난초 몇 잎을 그리는 것은 단순한 취미가 아니라 군자로서의 기상을 드러내는 상징적 행위였다. 매화의 고결함, 난초의 은은한 향기, 대나무의 곧음, 국화의 은일은 곧 선비 자신이 지향하는 인격의 표상이었다. 따라서 문인화는 그림 그 자체보다 그림을 통해 드러나는 인품과 학문적 수양이 중시되었다.

이러한 이유로 문인화가는 생계를 위해 붓을 잡지 않았다. 오히려 그림을 팔거나 대가를 받는 것은 수치로 여겨졌다. 그림은 시장의 거래품이 아니라 시문과 더불어 교유의 매개체였다. 사대부들은 서로의 집을 방문할 때 직접 그린 그림 한 폭을 증정하며 사회적 네트워크를 강화했다. 단순한 선물 이상의 의미를 지녔던 것이다.

예컨대 김정희는 유배지 제주에서 〈세한도〉를 그려 제자 이상적에게 보냈다. 이는 유배객의 쓸쓸한 처지를 위로하며 학문에 필요한 귀한 서책을 보내준 제자의 정성에 보답하려는 마음의 표현이었다. 혹독한 추위 속에서도 푸르름을 잃지 않는 나무의 기상은 제자의 변함없는 정성에 응답하는 스승의 깊은 신뢰를 담았으며, 한 폭의 그림이 인간관계를 굳건히 이어주는 매개였음을 보여준다.

정선 역시 벗들과 교유하며 직접 그린 금강산 그림을 선물로 주곤 했다. 〈해악전신첩〉이나 〈금강전도〉 같은 작품들은 단순한 산수화가 아니라 벗들에게 '우리 산천의 아름다움'을 함께 나누려는 뜻이 담긴 선물이었다. 그림을 받은 이는 그것을 사랑방에 걸어두고 손님들과 함께 감상하며 화가의 품격과 교양을 칭송했다.

이처럼 그림은 사대부 사회에서 시·서와 더불어 교류의 매개였다. 글씨 한 폭, 그림 한 점은 곧 인격과 학문의 상징이었고,

그것을 주고받는 행위는 사회적 유대와 신뢰를 다지는 방식이었다. 결국 조선의 문인화는 단순한 취미가 아니라 권력과 교양을 드러내는 문화 자본이자 인맥을 공고히 하는 사회적 도구였다.

그렇다고 해서 문인화가의 그림이 단지 교제용 부차적 산물에 머문 것은 아니었다. 겸재 정선의 진경산수는 도화서 화원의 기교를 압도하며 조선 회화사의 전환점을 열었고, 윤두서의 〈자화상〉은 개인의 내면을 드러낸 전례 없는 작업으로 평가된다. 추사 김정희의 〈세한도〉는 권력에서 밀려난 유배자의 처지를 절절히 담아내어 오히려 직업 화가의 그림보다 더 강력한 정신적 울림을 주었다.

결국 조선에서 문인화가는 모순적인 위치에 서 있었다. 그림을 직업으로 삼지 않았기에 오히려 더 고귀한 예술로 평가받았고, 그들의 작품은 시대를 넘어선 정신적 자산이 되었다. 도화서 화원이 붓을 통해 나라의 기록을 남겼다면, 문인화가는 붓을 통해 자신의 인격과 교양, 더 나아가 권력의 흥망까지 담아낸 존재였다.

그들이 진정으로 그리고 싶었던 것

문인화가의 세계는 크게 세 가지 흐름으로 나누어 볼 수 있다. 첫째는 이상향을 추구하는 산수화 전통이다. 중국 송·원의 영향을 받아 형성된 이 전통은 현실을 넘어 이상적 경치를 그려 선비의 도학적 지향을 표현하는 것이었다. 안견安堅(15세기)의 〈몽유도원도〉는 그 대표적인 예로 세자의 꿈속에 나타난 도원을 화폭에 옮겨 현실 속에 구현된 이상향을 보여주었다.

둘째는 자연을 있는 그대로 담아내려는 진경산수화의 전통이다. 이는 조선 후기 정선에 이르러 본격화되었다. 이전의 산수화가 중국 남종화풍을 따라 이상적인 풍경을 그려냈다면 정선은 인왕산과 금강산 같은 실제 풍경을 실경 그대로 그려내며 조선다운 자부심을 드러냈다. 그의 그림은 단순한 경치 묘사가 아니라 '우리 산천이 곧 우리의 정신'이라는 메시지를 담아냈다. 이후 심사정이나 김두량 같은 화가들도 이 흐름 속에서 자신만의 세계를 펼쳤다.

셋째는 인격과 내면을 표현하는 문인화 본연의 전통이다. 이는 사군자와 수묵화를 통해 구현되었다. 매화는 고고한 절개, 난초는 향기로운 덕, 국화는 은자의 기상, 대나무는 곧은 지조를 상징했다. 심사정은 이러한 문인화의 정수를 보여주었고, 김정희에 이르러 문인화는 단순한 교양을 넘어 삶과 절개의 상징으로 승화되었다. 〈세한도〉는 삭풍 속에서도 꿋꿋이 푸른 소나무와 잣나무를 통해 선비 정신을 압축적으로 표현했다.

문인화가의 특징 가운데 주목할 점은 그들이 그림을 직업으로 삼지 않았다는 사실이다. 화원을 '품팔이 환쟁이'라 불렀던 것과 달리 문인화가의 그림은 교양과 권위를 드러내는 고귀한 취미로 간주되었다. 따라서 그림은 시장에서 팔리는 물건이 아니라 교류와 선물의 매개체였다. 친구에게 난초 몇 잎을 그려 주거나 제자에게 소나무 그림을 증정하는 것이 곧 신뢰와 존경의 표시였다. 추사 김정희가 제주 유배 중 제자 이상적에게 〈세한도〉를 그려준 일화는 이러한 전통을 잘 보여준다. 그림은 단순한 예술이 아니라 인간관계를 이어주는 문화적 증표였다.

문화적 영향 또한 깊었다. 문인화가들이 남긴 작품은 단순한 회화가 아니라 당대 사회의 가치와 정신을 시각적으로 정리한 기록이었다. 안견의 〈몽유도원도〉는 조선 전기의 이상주의를 보여주었고, 정선의 진경산수는 후기의 자주적 문화 의식을, 윤두서의 〈자화상〉은 개인적 성찰의 자각을, 심사정의 〈묵죽도〉는 절제된 문인 기풍을, 김정희의 〈세한도〉는 정치적 좌절 속 절개의 정신을 상징한다.

오늘날 미술사에서 이들의 가치는 단순히 '옛 그림'으로 평가되지 않는다. 오히려 조선 사회가 지닌 사상적 지향, 자아 성찰, 자연관을 가장 압축적으로 보여주는 문화유산으로서 중요하다. 특히 정선과 김정희의 작품은 동아시아 회화사 전체에서도 독자적 의미를 인정받고 있다. 정선은 중국의 모방에서 벗어나 조선 산천을 있는 그대로 담아낸 화가로, 김정희는 개인적 고난을 예술적 승화로 끌어올린 거장으로 평가된다.

결국 조선의 문인화가들은 화가라기보다 붓을 통해 철학과 교양을 드러낸 사상가이자 지식인이었다. 그들의 그림은 단순한 미술 작품이 아니라 권력과 교양, 자아와 철학, 시대정신이 교차하는 현장이었으며 오늘날 한국인의 문화 정체성을 이야기할 때 빼놓을 수 없는 귀중한 자산이 되었다.

선비의 내면을 담은 또 하나의 언어

조선의 문인화는 단순한 그림이 아니었다. 그것은 선비가 자신의 인격과 교양, 그리고 도학적 지향을 담아내는 또 하나의 언어였다. 화원들이 공적 기록과 어진을 그렸다면 문인화가들은 매화 한 송이, 대나무 한 줄기에도 자신의 도덕과 기상을 담았다. 그 주제와 형식은 크게 사군자, 산수화, 인물화, 그리고 묵죽과 묵란 같은 수묵화로 나눌 수 있으며 거기에 글을 곁들인 화제畵題의 문화가 더해졌다.

문인화의 가장 대표적인 주제는 사군자로 일컬어지는 매란국죽이었다. 사군자는 단순한 식물 그림이 아니라 곧 선비의 인격을 드러내는 자화상이었다.

추사 김정희가 제주 유배 시절에도 늘 난초와 대나무를 그린 것은 단순한 취미가 아니었다. 정치적 추위 속에서도 꺾이지 않는 마음을 그림으로 다잡기 위함이었다. 그가 남긴 묵란墨蘭의 몇 폭은 먹빛만으로 그려졌지만 난초의 은은한 향기가 그림 밖으로 번져 나오는 듯하다. 제자들은 그 그림을 두고 "난초의 향기보다 스승의 덕이 더 짙게 배어 있다"고 평했다.

문인화가들이 즐겨 그린 또 하나의 주제는 산수였다. 정선에 이르러 산수화는 단순한 이상향을 넘어 현실의 산천을 있는 그대로 그리는 진경산수로 변모하였다.

정선이 남긴 〈인왕제색도〉는 그 대표작이다. 장마 뒤 인왕산의 무겁고도 장엄한 기운을 먹빛으로만 표현했는데, 이는 단순한 풍경 기록이 아니라 자연 속에서 느낀 숭고함과 겸허함을 담은 것이다. 그의 제자들은 "겸재가 그린 산은 단순한 산이 아니라 곧 선비가 살아야 할 도의道義의 자리"라고 말했다. 금강산을 수차례 답사하며 〈금강전도〉를 완성했을 때 정선은 "중국에 비해도 손색없는 우리 산천"이라며 자부심을 숨기지 않았다. 그의 산수는 곧 조선인의 정체성을 선언한 것이었다.

문인화에서 인물은 자주 등장하지 않았지만 중요한 순간마다 인물화는 강렬한 의미를 지녔다. 가장 대표적인 예가 윤두서의 〈자화상〉이다. 정치적 좌절과 은둔 속에서 그는 스스로를 정면으로 응시하며 자화상을 남겼다. 눈빛은 날카롭고 입술은 굳게 다물고 있어 단순한 초상이 아니라 내면의 성찰을 기록한 그림으로 평가된다. 이 작품은 조선 문인화에서 보기 드문 자아의 표출로 서양 르네상스의 자화상에 견줄 만한 깊이를 보여준다.

또한 문인화가들은 역사 속 인물을 통해 자신들의 지향을 드러내기도 했다. 충신의 형상을 그리며 절의를 다짐하거나 고사 속 은자를 그리며 은둔의 뜻을 내비쳤다. 그림 속 인물은 곧 화가 자신의 또 다른 얼굴이었다.

그러나 무엇보다 문인화의 진수를 보여주는 것은 묵죽과 묵란이다. 수묵으로만 그린 대나무와 난초는 화려한 채색 대신 먹빛의 농담만으로 사물을 표현하면서 단순한 선과 여백 속에 인격과 수양을 담는다. 심사정은 묵죽을 즐겨 그리며 "대나무는 속이 비어 있어 선비의 마음과 같다"고 말했다. 그의 〈묵죽도〉는 곧고도 청아한 선비의 자화상이었다.

추사 김정희 또한 묵란으로 유명하다. 그는 난초 몇 잎과 화제 한 줄만으로 그림을 완성했는데 보는 이들은 그 간결함 속에서 오히려 더 큰 울림을 느꼈다. "난초의 향기가 먹빛보다 더 짙다"는 평도 바로 이런 그림에서 나온다.

문인화의 가장 큰 특징 중 하나는 화제畵題였다. 그림에 시 한 수나 글귀를 곁들이는 것이다. 이는 단순한 장식이 아니라 그림과 글이 서로 호응하여 의미를 더하는 장치였다. 선비들은 그림을 그리고 그 위에 자신의 심정을 담은 시를 쓰며 또 서체를 통해 인격을 드러냈다. 그래서 문인화는 늘 시·서·화 삼절이 결합된 종합예술이었다.

김정희의 〈세한도〉는 이 전통의 절정이다. 삭풍 속의 소나무와 잣나무를 그린 뒤 그는 그림 옆에 "세한 이후에야 송백의 충절을 안다"는 글귀를 남겼다. 이 화제는 그림의 의미를 더욱 깊게 하여 단순한 풍경이 아니라 절개의 상징으로 승화시켰다. 이후 수많은 제자와 후학들이 〈세한도〉에 발문을 달며 이 그림은 하나의 정신적 기념비로 자리 잡았다.

이렇듯 조선 문인화의 주제와 형식은 단순한 미적 취향을 넘어 선비들의 정신적 지향과 도덕적 가치관을 시각적으로 드러냈다. 사군자는 절개와 덕성을, 산수화는 철학적 사유와 정체성을, 인물화는 성찰과 모범을, 묵죽과 묵란은 절제와 청빈을, 화제는 시·서·화의 결합을 보여주었다.

그림은 곧 선비의 또 다른 얼굴이자 언어였던 셈이다. 매화 한 송이, 대나무 한 줄기, 산수의 한 폭, 난초 몇 잎은 모두 화가 자신의 마음을 비추는 거울이자 후대에 남긴 인격의 기록이었다. 오늘날 우리가 이 그림들을 다시 바라보는 것은 단순히 옛 그림을 감상하는 것이 아니라 조선 선비들의 삶과 정신을 되새기는 일과 다름없다.

조선 화단을 빛낸 문인화가들과 명작들

조선 문인화가를 대표하는 인물은 안견을 필두로 정선, 심사정, 윤두서, 김정희 등 다섯 명을 꼽을 수 있다.

그중 가장 먼저 거론할 인물은 안견이다. 세종 대에 활약한 안견은 조선 전기의 가장 뛰어난 화가였다. 특히 〈몽유도원도〉는 조선 회화사의 기념비적 작품이다. 그의 후원자였던 세종의 아들 안평대군 이용李瑢이 꿈속에서 본 도원을 화폭에 옮긴 이 그림은 몽환적인 산수와 섬세한 묘사가 어우러져 현실과 이상이 결합된 세계를 펼쳐 보인다.

안견은 이 그림을 통해 중국적 화법을 수용하면서도 이를 조선적 감각으로 재창조하였다. 그 결과 〈몽유도원도〉는 단순한 이상향의 묘사를 넘어 조선 전기 지식인들의 정신적 지향을 담아낸 작품으로 평가된다. 오늘날 이 그림은 일본 덴리대학天理大學에 소장된 채 한국 회화가 도달한 지고의 경지를 증명하는 핵심 유산이 되고 있다.

안견이 조선 전기를 대표하는 문인화가라면 조선 후기의 대표적인 인물은 정선이다. 겸재 정선은 조선 후기 화단의 새로운 장을 연 인물이다. 그의 그림은 중국의 이상적 산수가 아니라 조선의 산천을 있는 그대로 담아낸 것으로 흔히 진경산수화라 불린다. 그의 걸작 〈인왕제색도〉는 비 갠 뒤 인왕산의 젖은 바위가 뿜어내는 육중한 기운을 먹빛의 짙고 옅은 변주만으로 압축해 묘사했다. 또한 〈금강전도〉는 금강산의 수많은 봉우리와 계곡을 세밀하게 묘사해 보는 이로 하여금 마치 산 속을 거니는 듯한 현장감을 안겨준다.

정선의 진경산수는 단순한 회화가 아니라 조선인의 정체성과 자부심을 시각적으로 형상화한 것이었다. 그로부터 조선의 산수화는 비로소 독자적 길을 걷게 되었고 오늘날까지도 정선의 이름은 한국 산수화의 대명사로 불린다.

심사정은 사대부의 전형을 보여주는 문인화가였다. 그는 화려한 채색 대신 수묵의 간결함과 여백의 미를 통해 선비의 정신

▶ 정선 〈인왕제색도〉. 비 갠 뒤 인왕산의 웅혼한 기세를 먹빛만으로 포착한 진경산수화의 결정체이다. 중국식 관념에서 벗어나 조선의 실제 산천을 담아낸 겸재 정선의 자부심이 깃들어 있다.

출처: 리움미술관

을 담았다. 그의 대표작 가운데 하나인 〈묵죽도〉는 바람에 휘어지면서도 꺾이지 않는 대나무를 그려 곧은 지조와 절개를 상징한다. 심사정의 그림은 화려한 기교를 앞세우기보다 시적 정취와 절제된 선비의 기상을 담는 데 주력하였다. 덕분에 그의 작품을 감상하면 단순히 그림을 보는 것이 아니라 시 한 수를 음미하는 듯한 느낌을 받게 된다.

윤두서 또한 대표적인 사대부 문인화가다. 그는 정치적으로

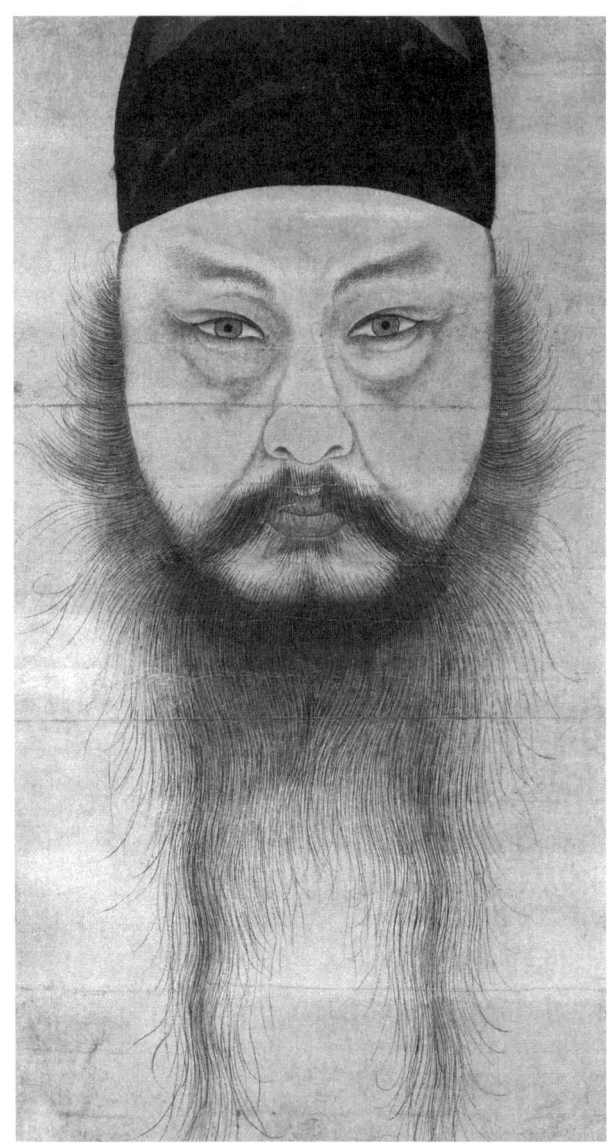

▶ 윤두서 〈자화상〉. 정면을 응시하는 날카로운 눈빛을 통해 선비의 내면 성찰을
극명하게 드러낸 작품이다. 털 한 올까지 세밀하게 묘사된 필선은 조선 문인화가
도달한 자아 표출의 정점을 보여준다. 출처: 고산윤선도전시관

불운했지만 수학과 지리학 등 실용 학문에도 능통한 박학다식한 지식인이었다. 그의 대표작 〈자화상〉은 정면을 응시하는 서늘하고 날카로운 눈빛과 털 한 올까지 놓치지 않은 치밀한 묘사를 통해 깊은 자기 성찰과 내면의 고뇌를 드러낸다. 이 그림은 오늘날 국보로 지정되어 있으며 동서양을 막론하고 자화상의 명작으로 평가받는다.

김정희는 조선 후기 문인화의 절정을 이룬 거장이다. 그는 서예와 금석학, 문학과 회화를 두루 섭렵했으며 독창적인 추사체로 유명하다. 제주 유배라는 가혹한 세월 속에 탄생한 〈세한도〉는 텅 빈 화폭 위에 소나무와 잣나무 몇 그루만을 배치함으로써, 권력의 부침에도 흔들리지 않는 선비의 고독한 자부심을 형상화했다. 이는 단순한 풍경이 아니라 역경 속에서도 꺾이지 않는 선비 정신의 상징으로, 오늘날 동아시아 문인화 가운데 최고 수준의 걸작으로 평가받는다.

조선의 문인화가들은 각기 다른 시대와 상황 속에서 붓을 들었지만, 그들의 공통점은 그림을 통해 인격과 철학을 드러냈다는 점에 있었다. 안견은 이상향을, 정선은 조선 산천의 자부심을, 심사정은 선비의 고결한 정신을, 윤두서는 내면의 성찰을, 김정희는 절개의 상징을 화폭에 담았다. 이들의 작품은 단순한 미술품을 넘어 조선 사회가 지향한 교양과 정신, 그리고 인간의 깊은 내면을 담은 문화유산이다. 오늘날 우리가 그들의 그림을 다시 바라보는 것은 곧 조선의 정신세계를 되새기는 일과 다름없다고 할 것이다.

고귀한 유희인가, 생존을 위한 노동인가?

조선의 문인화가들은 늘 고상한 이미지로 묘사된다. 벼슬길에 나아간 선비가 한가한 틈에 붓을 들어 난초를 그리고 산천을 유람한 뒤 여유롭게 그림을 남기는 모습은 문인화의 전형적인 풍경이다. 그림은 교양의 표징이었고 학문의 연장이었으며 도덕적 수양의 수단이었다. 그러나 이 모든 것이 과연 전부였을까? 문인화가들이 언제나 고귀한 취미로만 그림을 그렸을까?

실제로 문인화가들 가운데는 가난에 시달린 이가 적지 않았다. 김정희는 명망 높은 학자이자 서예가였지만 세도 정치 속에서 탄핵과 유배를 거듭하며 생활은 늘 궁핍했다. 그가 제주 유배 중 그린 〈세한도〉는 제자 이상적이 추위에도 굴하지 않고 학문에 필요한 책을 보내온 데 대한 감사 표시였다. 김정희는 그림 옆에 "세한연후 지송백지후조야歲寒然後 知松柏之後凋也"라는 글귀를 남겼다. 이는 한편으로는 제자의 절의를 기린 것이었지만 다른 한편으로는 책을 보내온 물질적 도움에 대한 응답이기도 했다. 《완당선생전집》과 '세한도 발문'에 남은 기록을 보면 후대 학자들 역시 이 그림을 "의리의 증표이자 교환의 산물"로 해석했다.

비슷한 사례는 윤두서에서도 확인된다. 그의 〈자화상〉은 내면적 성찰의 결정체로 평가받지만 실제 삶은 가문 몰락으로 인해 녹록지 않았다. 《해남윤씨가승》과 《동국진체집》 등에 따르면 그는 고향 해남에서 지방 사족과 종친들의 초상화 제작을 맡아 생활

비를 보탰다고 전한다. 이러한 초상화는 제사의 필수품이었으므로 수요가 많았고 윤두서는 이를 통해 가문을 유지할 최소한의 기반을 마련했다. 그의 그림이 단순한 교양의 산물이 아니라 현실적 생존의 수단이었음을 보여주는 대목이다.

　문인화가들의 그림은 또한 인간관계를 맺고 유지하는 강력한 매개였다. 사대부 사회에서 선물은 중요한 의례였고 그 가운데 그림 한 폭은 값비싼 물질적 선물보다 더 큰 의미를 지녔다. 난초 한 점을 그려 벗에게 건네면 그것은 곧 신뢰와 우정의 상징이 되었다. 그러나 그 속에는 은밀한 이해관계가 숨어 있었다. 벼슬길에 도움을 청하거나 정치적 동맹을 강화할 때도 그림은 좋은 명분이 되었다.

겸재 정선의 그림 유통과 후원

　겸재 정선의 이름은 오늘날 '진경산수'의 창시자로 불리며 한국 회화사의 정점에 놓인다. 그러나 그의 그림이 단순히 미적 성취로만 남은 것은 아니었다. 정선의 작품은 당대 사대부 사회 속에서 널리 퍼져 나갔으며, 이는 곧 인간관계와 후원, 그리고 은밀한 대가와 맞물려 있었다. 그렇다면 정선은 자신의 그림을 직접 유통시킨 것일까? 또 그의 그림은 실제로 경제적 이득을 가져다주었을까?

정선의 그림이 널리 전해진 데에는 후원자들의 역할이 컸다. 대표적인 인물이 바로 문인 이병연이다. 그는 금강산 유람을 계획하며 정선에게 실경 산수화를 부탁했다. 정선은 수차례 금강산을 오르내리며 실경을 스케치했고 그 결과물이 바로 《풍악도첩》이다. 이병연의 시문집 《봉산집蓬山集》에는 정선이 그린 금강산 그림을 찬미하는 시가 실려 있어 그림이 단순한 우정의 산물이 아니라 분명한 요청과 의뢰의 결과였음을 보여준다.

이처럼 정선의 작품은 벗이나 후원자의 청에 따라 제작되는 경우가 많았다. 사대부 사회에서 그림을 청한다는 것은 단순한 취미를 넘어 후원 관계를 맺는 중요한 의례였다. 그림을 받은 이는 화가에게 보답으로 서책, 필묵, 비단 같은 물품을 건네곤 했다. 돈을 직접 건네는 일은 드물었으나 사실상 교환의 경제가 존재했던 셈이다.

정선의 그림은 사대부 사회의 네트워크 속에서 유통되었다. 〈인왕제색도〉나 〈금강전도〉처럼 뛰어난 진경산수화는 단순히 감상의 대상이 아니라 화가의 교양과 기량을 드러내는 증표였다. 금강산이나 인왕산의 그림 한 폭을 친구에게 증정하는 일은 곧 자신의 문화적 권위를 과시하는 동시에 관계를 강화하는 수단이 되었다.

이 사실은 연암 박지원의 기록에서도 확인된다. 그는 《연암집》에서 "도성의 집집마다 겸재의 그림이 걸려 있었다"고 회고했다. 이는 정선의 그림이 단순히 몇몇 후원자에게만 돌아간 것이 아니라 사대부 사회 전반으로 퍼져 나갔음을 보여주는 증언이다. 이런 광범위한 유통은 정선이 단순히 한 명의 뛰어난 화가였음을 넘어 그의 그림이 사회적 자산으로 기능했음을 의미한다.

물론 정선이 직접 그림을 팔았다는 명확한 기록은 남아 있지 않다. 그러나 그의 그림이 일정한 대가와 맞물렸음을 보여주는 간접 증거는 많다. 예컨대 《풍악도첩》은 원래 이병연 가문에 보관되었으나 후일 다른 집안으로 흘러 들어간 흔적이 확인된다. 이는 단순한 증정품이 시간이 지나면서 매매·교환의 대상이 되었음을 시사한다.

또한 정선의 그림이 시장에서 직접 거래되지는 않았더라도 후원자와의 관계 속에서 경제적 보상이 주어졌음은 분명하다. 이는 도화서 화원이 관청의 녹봉에 의존했던 것과 달리 문인화가의 그림이 사회적 교류와 후원 속에서 사실상 재화의 기능을 했음을 말해준다.

정선의 그림은 표면적으로는 고귀한 문인적 취미였다. 그러나 그 밑바탕에는 인간관계와 이해관계, 그리고 현실적 이익이 자리하고 있었다. 금강산을 그린 그림은 자연을 예찬한 동시에 후원자의 요청을 따른 것이었고, 인왕산의 장엄한 풍경은 예술적 성취이자 사대부 사회에서 자신의 존재를 드러내는 수단이었다.

오늘날 우리는 정선을 '조선 산수화의 자존심'으로 기억하지만 동시에 그의 그림이 사회적 자본이자 은밀한 경제 자원으로 작동했다는 사실을 간과해서는 안 된다. 고귀한 교양과 현실적 생존의 교차점, 바로 그 긴장 속에서 정선의 진경산수화는 탄생했고 널리 퍼질 수 있었던 것이다.

더 나아가 문인화는 때로 권력과 이익을 위한 도구가 되기도 했다. 조선 후기의 일부 문인화가들은 그림을 통해 정치적 지위를 공고히 하거나 경제적 후원을 얻었다. 김정희는 금석학과 서예, 회화로 청나라 학자들과 교류하며 국제적 명망을 얻었는데 이는 곧 정치적 후원자와 연결되는 자산이 되었다. 그의 글씨와 그림은 단순한 예술품이 아니라 사회적 자본이었으며 이를 통해 정치적 복권의 가능성을 모색할 수 있었다.

심사정 또한 청빈한 삶을 살았으나 그의 묵죽은 벗과 지인들에게 귀한 선물이 되었다. 묵죽 한 점은 곧 그의 인격을 상징하는 증표였고 이는 때로 물질적 대가와 교환되기도 했다. '고귀한 취미'라는 문인화의 외피 아래 실제로는 인간관계와 이해관계가 얽혀 있었다는 사실을 보여주는 대목이다.

문인화가들이 언제나 인격적으로 훌륭한 존재였던 것도 아니다. 일부는 기개와 절개로 존경을 받았지만 일부는 자신의 그림을 권력자에게 바치며 정치적 안위를 도모하기도 했다. 심지어 후원자를 얻기 위해 아부성 그림을 그린 사례도 전한다. 이는 문인화가가 단순한 '고결한 선비'만은 아니었음을 보여준다.

결국 문인화는 고귀한 취미이자 동시에 생존의 도구였다. 난초와 대나무, 산수와 자화상은 선비의 인격을 드러내는 상징이었지만 그 그림은 때로 생활비를 마련하는 수단이 되었고, 인간관계를 맺는 도구가 되었으며, 권력과 이익을 추구하는 전략이 되기도 했다. 문인화가들이 모두 인격적으로 완벽한 존재였다고 할 수는 없지만 바로 그러한 모순과 현실성이 문인화를 더욱 인간적인 예술로 만든다. 고결함과 현실성 사이의 긴장, 그것이 조선 문인화의 또 다른 진실이었다.

조선 화가들의 현실적인 그림 값

예나 지금이나 예술가의 삶은 늘 가난과 불가분의 관계에 있다. 조선시대 화가도 크게 다르지 않았다. 더구나 당시 사회는 화가를 존중하기보다 기술자나 장인으로 취급했기에 이들의 삶은 배고픔과 늘 함께였다.

무엇보다 조선시대 화가들을 힘들게 한 것은 그림을 사고파는 시장이 형성되어 있지 않았다는 점이었다. 그림을 거래하는 일이 아예 없었던 것은 아니지만 개인 간의 은밀한 주문과 후원이 전부였다. 화가가 자발적으로 그림을 내다 팔 수 있는 화랑이나 시장은 없었다.

그럼에도 불구하고 조선의 선비 사회는 시·서·화를 교양의 삼절三絶로 여겼다. 집안 벽에 명사의 글씨나 그림을 걸어두는 것은 지위의 상징이었고, 소문난 화가의 그림 한 점을 구하려는 경쟁은 뜨거웠다. 고위 관료나 부유한 집안에서는 반드시 초상화를 남기려 했으니, 화가들에게는 꾸준한 수요가 있는 셈이었다.

《호산외기》에는 단원 김홍도의 그림 값에 관한 흥미로운 이야기가 전한다.

> 어느 날 기이한 매화 한 그루를 팔려는 사람이 있었는데, 김홍도에게는 살 돈이 없었다. 마침 어떤 이가 그림을 그려달라며 엽전 3천 푼을 가져오자, 그는 그 돈으로 매화를 사고 술을 사서 동인들과 매화음梅花飮을 열고 나머지로 쌀과 땔감을 샀다.

이 일화는 김홍도의 소탈한 성격을 보여주는 동시에, 그의 그림 한 폭 값이 3천 푼, 즉 30냥이었음을 알려준다. 당시 1냥으로 쌀 3말을 살 수 있었으니, 30냥은 쌀 90말에 해당한다. 오늘날 쌀 1말이 약 4만 원이라고 가정하면, 30냥은 대략 360만 원에 해당한다. 물론 단순히 쌀값으로 환산한 것이라 정확하다고는 할 수 없지만 대략적인 체감 지표는 된다.

만약 같은 시기 어린 노비 한 사람 값이 30냥 정도였음을 고려하면, 김홍도의 그림 한 점은 노비 한 명의 몸값에 맞먹었다고 할 수 있다.

인조 시기의 기이한 화가 김명국의 사례도 전한다. 《완암집》에 따르면, 영남의 한 승려가 커다란 비단 한 폭을 들고 와서 명사도(지옥도)를 부탁하며 비단 수십 필을 내놓았다.

당시 비단 한 필의 값은 약 2냥, 수십 필이면 적어도 40냥 이상이었다. 지금 돈으로는 500만 원 안팎이라 할 수 있다. 금액으로만 본다면 김홍도의 그림 값과 크게 차이나지 않는다. 하지만 김명국의 사례는 단순한 금전 거래라기보다 불교 의례용 불화 주문이었기에 그림 값에는 종교적 공덕과 시주의 의미가 더해져 있었다는 점에서 다르다.

한편, 이름 없는 화공이나 민화 장터의 화가들이 받던 그림 값은 훨씬 낮았다. 민가 벽에 걸던 호랑이 그림이나 책거리 그림은 엽전 몇 닢, 많아야 서너 냥이면 구할 수 있었다. 이는 평민 가정이 특별한 날 장만할 수 있는 수준이었다. 즉, 일류 화가의 그림 값이 집 한 채 값에 견주어졌다 해도 대다수 화공의 그림 값은 오늘날의 포스터나 벽지와 비슷한 생활 장식품 값 정도였던 것이다.

이렇듯 조선시대 그림 값은 화가의 명성, 그림의 성격, 수요 계층에 따라 천차만별이었다. 김홍도나 김명국 같은 일류 화가는 한 폭으로 수십 냥을 받았지만, 무명 화공은 엽전 몇 푼을 받고 그림을 내주었다. 불화 화승의 그림은 시주의 공덕과 신앙의 힘이 더해져 금액을 넘어선 가치를 가졌다.

결국 화가들의 삶은 '예술과 생계의 줄타기'였다. 명성과 후원이 뒷받침되지 않는다면 화원이나 민간 화공이 그림 값만으로 배불리 살기는 어려웠다. 그러나 한 점의 그림 값 속에는 당대의 경제와 사회, 신분과 문화가 고스란히 담겨 있었던 것이다.

종이 값도 없는 가난 속에서 핀 예술

하지만 그것은 어디까지나 이름 있는 몇몇 화가의 경우에 한 정된 이야기였고 나머지 대다수 화가들은 매우 곤궁하게 살았다. 심지어 종이가 없어 그림을 그리고 싶어도 그릴 수 없는 경우도 많았다.

16세기 조선 화단에서 이름난 인물 가운데 한 사람이 사포砂 圃 김시였다. 그는 진경산수 이전의 전통적인 산수화법을 계승한 대표적인 화가로 당대 사람들에게 '국조의 이름난 화가'라 불렸다. 그러나 명성에 비해 그의 삶은 넉넉하지 못했다.《좌계부담》(조선 후기 인물들의 일화를 모은 책)에는 김시의 곤궁한 삶을 보여주는 유명 한 이야기가 전한다.

김시는 어느 날 금강산을 유람하면서 산의 안팎을 실컷 구경하고 가슴 속에서 그림을 그리고 싶은 충동이 치밀어 올랐다. 그러나 안 타깝게도 그림을 그릴 종이 한 장도 가지고 있지 않았다. 돌아오는 길에 여관에 들렀다가 마침 좋은 종이를 가득 넣은 전대를 멘 선 비를 만나 이렇게 청했다.

"내가 그림을 조금 그릴 줄 아오. 이번에 금강산의 절경을 보고 붓 을 휘두르고 싶어 가슴이 벅차지만 종이가 없소. 두어 장만 빌려주 신다면 이 자리에서 그려 드리리다. 어떻소?"

그러나 선비는 정중히 거절했다.

"나는 이옥산을 찾아뵙고 글씨를 받고자 종이를 마련해 온 것이니 그대 뜻을 따를 수 없소."

이옥산은 율곡 이이의 아우 이우로, 글씨 잘 쓰기로 이름난 인물이었다. 결국 김시는 낙담한 채 돌아설 수밖에 없었다.

김시가 이름난 화가였음에도 종이 한 장 구하지 못해 금강산 그림을 남기지 못했다는 것은 당시 종이가 얼마나 귀하고 비쌌는지를 잘 보여준다. 조선의 종이는 대부분 관청에서 관리했고 질 좋은 한지는 장인들이 만든 고급품으로 엽전 수 푼에서 수 냥에 거래되었다. 평민은 물론이고 이름난 화가에게도 '좋은 종이'는 쉽게 구할 수 없는 사치품에 가까웠던 셈이다.

이 일화를 들은 이우는 탄식했다.

"이런 화가를 만나기도 어려운데 하물며 산을 보고 그림을 그리고자 할 때 만나다니 더할 수 없는 기회였소. 그런데 그대는 그 기회를 놓쳐 버렸구려. 참으로 애석한 일이오."

비록 그는 가난하여 그림 그릴 종이조차 구하기 힘든 처지였지만 사람들은 그의 재능을 알아보고 존경과 찬사를 보냈다. 김시의 곤궁한 일화는 단지 개인적 불운이 아니라 조선 화가들의 보편적인 현실을 드러낸다. 그림은 고귀한 예술이었으되 그림을 그리는 화가는 종이 한 장도 구하지 못하는 곤궁한 생활인에 불과했던 것이다.

조선 서화사의 절정, 추사 김정희

조선 후기의 화단을 이야기할 때 빼놓을 수 없는 인물이 있다. 바로 추사 김정희다. 그는 글씨와 문인화에서 절정을 이룬 거장이자 조선 지성사의 한 봉우리였다. 추사의 일대기는 곧 조선 후기 문인화의 이상과 가능성을 집약한 이야기이기도 하다.

김정희는 1786년 충청도 예산의 명문가에서 태어났다. 본관은 경주, 자는 원춘, 호는 완당·추사였다. 가문은 학문과 관직으로 이름난 집안이었고 아버지 김노경은 순조 초기에 요직을 지냈다. 어려서부터 총명했던 김정희는 시·서·화에 두루 능하여 일찍부터 신동으로 불렸다.

그의 학문과 예술 세계를 결정적으로 넓혀준 것은 청나라 여행이었다. 1809년에 그는 아버지를 따라 연경燕京(베이징)에 갔다가 청나라 학자들과 교유하게 되었다. 그는 당대 금석학의 대가였던 옹방강翁方綱과 완원阮元을 만나 금석문 연구와 고증학을 깊이 배웠다. 또한 중국의 명필들과 교류하면서 서예의 안목을 크게 넓혔다. 이 경험은 훗날 추사체라는 독창적 서풍을 낳는 밑거름이 되었다.

김정희가 스스로를 '완당阮堂'이라 칭한 것은 바로 이 연경 체류와 관련이 깊다. 그는 옹방강과 완원의 학문을 사모하여 자신의 학문이 그들의 문하에서 나왔다는 뜻으로 호를 '완당'이라 지었다. 이는 곧 자신이 동아시아 학문·예술의 중심과 연결되어 있음을 드러내는 자부심이기도 했다.

귀국 후 김정희는 금석학과 고증학, 시문뿐 아니라 글씨로 이름을 떨쳤다. 그는 전서와 예서, 해서와 행서에 두루 능했지만 기존의 법첩(서도書道의 본보기가 될 만한 선인의 필적을 돌이나 나무 따위에 새긴 것)을 단순히 모방하지 않고 자기만의 독창적 필법을 완성했다. 그리하여 나온 것이 이른바 '추사체'였다. 삐죽삐죽한 듯하면서도 기개가 살아 있고 고졸하면서도 세련된 그 글씨는 조선의 서예 전통을 새롭게 바꾸었다.

추사의 글씨는 단순한 미적 성취를 넘어 학문과 인격의 결합으로 여겨졌다. 그의 글씨를 얻는다는 것은 곧 추사의 인격과 학문을 인정받는 것이었기에 당시 지식인 사회에서 추사의 글씨는 최고의 선물로 통했다.

추사의 명성은 중국에까지 퍼졌다. 《완당전집》에 전하는 일화에 따르면 청나라 문인과 관리들이 추사의 글씨를 얻고자 사람을 조선에 보내 부탁하기도 했다. 심지어 글씨 한 폭이 중국의 고급 비단이나 서책과 맞바꿔지기도 했다는 전언이 있다. 이는 조선의 문인화가와 서예가가 동아시아 문화권에서 국제적 명성을 얻은 드문 사례였다.

그러나 추사의 삶이 언제나 영광스러운 것만은 아니었다. 세도정치의 와중에 여러 차례 유배를 갔고, 특히 제주 유배는 9년이나 되었다. 가혹한 환경 속에서도 그는 학문을 놓지 않았고 제자들과의 교유를 이어갔다.

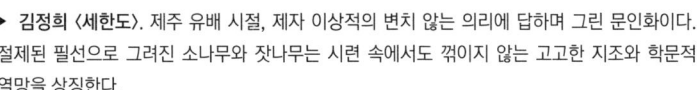

▶ 김정희 〈세한도〉. 제주 유배 시절, 제자 이상적의 변치 않는 의리에 답하며 그린 문인화이다. 절제된 필선으로 그려진 소나무와 잣나무는 시련 속에서도 꺾이지 않는 고고한 지조와 학문적 열망을 상징한다.

이 시절 그가 남긴 〈세한도〉는 삭풍 속에서도 꿋꿋이 서 있는 소나무와 잣나무의 모습을 통해 선비의 정신세계를 압축한 상징으로 오늘날 동아시아 문인화 가운데 최고 수준의 걸작으로 평가받는다.

추사의 진정한 위대성은 예술이 삶의 철학과 분리되지 않고 하나로 녹아 있었다는 데 있다. 그는 붓을 통해 자신의 기개와 교양, 더 나아가 한 시대가 지향해야 할 정신적 가치를 완벽하게 구현한 존재였다. 금석학 연구를 통해 고대 문자와 예술의 근원을 파고들었고, 그 결과 그의 서예와 문인화는 단순한 기교가 아니라

깊은 학문적 기반 위에 세워졌다. 그래서 후대 학자들은 추사를 단순한 예술가가 아니라 학예를 겸비한 지성인으로 평가한다.

장승업이 천민 출신으로 붓 하나에 생존을 걸었다면 추사 김정희는 사대부 출신으로 학문과 교양, 그리고 예술을 결합해 조선 문인화의 이상을 완성했다. 그는 중국의 학자들과 교류하며 국제적 안목을 키웠고, 추사체라는 독창적 서풍을 남겼으며, 역경 속에서도 〈세한도〉라는 걸작을 탄생시켰다. 그의 글씨와 그림은 조선을 넘어 중국까지 그 명성이 울려 퍼졌고, 오늘날에도 한국 서화사의 절정으로 꼽힌다.

조선 문인화의 절정은 결국 추사 김정희였다. 그의 삶은 예술이 단순한 취미가 아니라 인격과 철학, 그리고 한 시대의 정신을 담아낼 수 있음을 증명하는 이야기였다.

03

욕망과 금기의 화가들,
민화와 춘화 작가

장터에서 유통되던 민중의 그림, 민화

조선의 그림을 이야기할 때 흔히 사람들은 먼저 도화서의 정제된 화원화나 선비들의 고상한 문인화를 떠올린다. 그러나 조선의 골목길과 장터, 그리고 평범한 사람들의 사랑방을 장식했던 그림은 따로 있었다. 그것이 바로 민화民畵다.

민화는 말 그대로 서민들의 그림이다. 궁중의 장엄한 병풍도 사대부의 고아한 산수화도 아닌 이름 없는 화가들이 서민들의 기호와 생활 속 바람을 담아낸 그림이다. 그렇다고 민화를 단순히 수준 낮은 모방이나 아마추어의 산물로 볼 수는 없다. 민화는 그 자체로 독특한 미적 감각과 해학을 지닌 조선 서민 사회의 집단적 상상력이 빚어낸 미술이었다.

민화는 기본적으로 궁중·사대부 회화와는 출발점이 달랐다. 도화서의 화원들이 그린 그림은 철저히 규격화되고 왕과 국가의 권위를 드러내는 목적 아래 제작되었다. 문인화는 사대부의 교양과 인품을 과시하는 수단이었고 대개 개인적 취미의 연장선이었다. 이에 비해 민화는 실용적이고 대중적이었다. 집안의 벽을 장식하고 혼례나 제례 같은 의례에 쓰이며 때로는 잡귀를 쫓거나 복을 불러들이는 주술적 도구 역할도 했다. 즉 민화는 장식·의례·주술이라는 삼중의 기능을 동시에 지녔다.

또 하나의 특징은 형식의 자유로움이다. 화원화가 정밀한 묘사와 격식을 중시했다면 민화는 대상을 단순화하고 과감하게 변형시켰다. 비례가 맞지 않아도 개의치 않았고 색은 원색을 거침없이 사용했다. 오히려 그 자유로움 덕분에 민화는 강렬한 시각적 효과를 주며 오늘날 현대미술과도 통하는 대담한 조형성을 보여준다.

민화는 장르만 놓고 보아도 실로 다채롭다.

첫째 책가도冊架圖가 있다. 이는 책장을 화폭에 옮겨놓은 듯한 그림으로 책과 문방구 화병 골동품 등이 가득 그려졌다. 양반 집안에서는 자녀가 과거에 급제하기를 바라는 뜻으로 이 그림을 걸었고 서민들도 입신양명에 대한 소망을 담았다. 한 폭의 그림 속에 쌓인 책은 단순한 종이가 아니라 출세와 부귀의 상징이었다.

둘째 호작도虎鵲圖는 까치와 호랑이를 함께 그린 그림이다. 까치는 경사를 알리는 새로 좋은 소식을 가져온다고 믿었다. 호랑이는 잡귀를 물리치는 신령스러운 동물이었다. 이 둘을 함께 그리면 '경사가 집에 가득하고 나쁜 기운은 물러간다'는 뜻이 되었다. 호작도가 민가의 대문이나 사랑방에 흔히 걸렸던 이유다. 민화 속호랑이는 위엄 있는 맹수가 아니라 눈이 동그랗고 어딘가 엉뚱한 표정을 짓는 해학적 존재로 자주 등장한다. 서민들이 권력과 두려움의 상징을 익살스럽게 비틀어 낸 결과였다.

셋째 화조도花鳥圖는 꽃과 새를 그린 그림이다. 봄의 매화와 제비, 여름의 연꽃과 기러기, 가을의 국화와 꾀꼬리, 겨울의 대나무와 까치 등 사계절의 변화와 자연의 아름다움을 담아냈다. 하지만 단순한 풍경이 아니라 꽃과 새가 지닌 길상적 의미를 중시했다. 부부 화합 다산 장수 같은 소망이 그림 속에 함께 숨겨졌다.

넷째 십장생도十長生圖는 장수의 상징을 한 화면에 집약한 그림이다. 해 산 물 돌 구름 소나무 학 사슴 거북 불로초 등 열 가지 장생물이 등장한다. 생일잔치나 회갑연을 맞은 집안에서 병풍으로 둘러놓는 경우가 많았다. 그 앞에서 잔치를 열면 장수의 기운이 집안 가득 퍼진다고 믿었다.

다섯째 문자도文字圖가 있다. 충忠·효孝·인의예지仁義禮智 같은 유교적 덕목을 그림 속에 도안화한 것이다. 글자 모양을 장식적 무늬로 바꾸거나 글자 속에 동물·식물을 채워 넣어 화려하게 꾸몄다. 단순한 교훈을 넘어 글자 자체를 미술로 승화시킨 조선만의 독창적 장르였다.

이 외에도 민속 신앙과 연결된 다양한 민화들이 있었다. 부엌이나 마굿간에 붙여 두는 수호신 그림 무당이 굿할 때 사용하는 신령화 어린아이의 무병장수를 기원하는 호랑이 탈과 도상들까지 민화의 스펙트럼은 넓고도 다채로웠다.

민화의 또 하나의 특징은 익명성이다. 궁중의 화원화는 작품에 이름이 남았고 문인화는 오히려 이름과 인품이 그림보다 중요했다. 하지만 민화에는 화가의 이름이 거의 전하지 않는다. 장터에서 그림을 그려 팔던 떠돌이 화가, 목공이나 자수 장인으로 살면서 틈틈이 붓을 잡던 사람, 혹은 절에서 불화를 그리던 승려가 민화풍 그림을 그리기도 했다.

그림 한 폭은 대개 엽전 몇 닢이면 살 수 있었고 주문자가 원하는 소재에 맞춰 현장에서 즉흥적으로 그려주기도 했다. 이름은 사라졌으나 그들이 남긴 붓질은 지금도 강렬한 생명력을 지니고 있다.

민화는 한때 미술사에서 하찮은 그림으로 치부되었다. 기법이 정교하지 못하고 원근법이나 비례가 맞지 않는 경우가 많았기 때문이다. 그러나 오늘날 민화는 오히려 그 자유로움과 해학 상징성 때문에 새로운 평가를 받고 있다.

학자들은 민화를 두고 그것이야말로 "민중의 눈높이에서 꽃핀 예술"이라고 말한다. 장터에서 오가던 웃음, 사랑방에 걸린 희망, 권력자를 풍자한 해학이 모두 민화 속에 녹아 있다. 오늘날 현대미술이 추구하는 파격과 자유를 이미 조선의 민화가 보여주었다는 평가도 나온다.

따라서 민화는 단순히 "엽전 몇 닢짜리 그림"이 아니었다. 그것은 조선 서민들의 꿈과 기원 해학과 지혜가 응축된 생활의 미술이었다. 궁중과 사대부의 그림이 위에서 아래로 흘러내린 문화라면 민화는 아래에서 위로 솟아오른 힘이었다. 그래서 민화를 이해하는 일은 곧 조선 사람들의 삶과 마음을 이해하는 일과 다르지 않다.

민화를 그린 화가들은 누구였는가?

이미 말했듯이 민화의 가장 큰 특징 가운데 하나는 익명성이다. 도화서 화원이나 문인화가는 이름과 가문, 학맥이 기록에 남아 후대까지 전해졌지만 민화 화가들은 대부분 이름조차 남기지 않았다. 그들이 남긴 것은 다만 색채와 선의 흔적뿐이었다. 그래서 오늘날 우리는 수많은 민화 작품을 감상할 수 있으면서도 그 그림을 그린 화가가 누구였는지는 알 수 없다.

왜 그들 민화 화가들은 이름을 남기지 않았을까? 가장 큰 이유는 민화가 애초부터 서민 생활 속 그림이었기 때문이다. 장터에서 사고파는 그림에 화가의 서명이 남을 이유가 없었다. 주문자가 그림의 품격이나 작가의 명성을 따지는 것이 아니라 그림의 상징과 기능을 더 중요하게 여겼기 때문이다. 호작도를 사는 이는 호랑이의 위엄과 까치의 길조를 원했지 그것을 그린 화가의 이름을 따지지 않았다.

이름이 기록되지 않았다는 사실은 그만큼 민화 화가들의 사회적 지위가 낮았음을 보여주기도 한다. 조선 사회에서 그림은 오랫동안 '품팔이'로 여겨졌다. 더욱이 문인화가가 아닌 민화 화가는 정식 화가로조차 대접받지 못했다. 그들은 '환쟁이'라 불리며 천역에 가까운 기술자로 분류되었다. 그러나 바로 그 익명성 덕분에 민화는 제약에서 벗어나 자유로운 상상력을 발휘할 수 있었다.

민화 화가들의 주요 활동 무대는 장터였다. 오일장이나 큰 시전에서는 그림을 펼쳐놓고 파는 이들을 쉽게 볼 수 있었다. 색이 화려한 화조도나 문자도 병풍은 혼례를 준비하는 집안에서, 호작도와 십장생도는 회갑잔치나 제사 때 찾는 수요가 많았다. 화가들은 주문자의 요청에 따라 현장에서 즉석으로 그려주기도 했고 미리 제작해둔 그림을 싸게 내놓기도 했다.

가격은 흔히 "엽전 몇 닢" 수준이었다. 물론 대작 병풍이나 정성이 많이 들어간 책가도 같은 경우는 조금 더 비싸게 거래되었지만 대체로 민화는 누구나 살 수 있을 만큼 저렴했다. 바로 이런 점이 민화가 대중 예술로 자리 잡을 수 있었던 중요한 배경이었다.

민화 화가들 가운데는 공예 장인들도 많았다. 목공이나 대목장이 장식 문양을 그리며 동시에 민화를 제작하기도 했고 자수 장인이나 옻칠 장인들이 병풍이나 가구에 곁들이는 장식화로 민화를 그리기도 했다. 이들에게 그림은 독립된 예술이 아니라 생계 수단이자 공예의 일부였다.

이 때문에 민화에는 회화와 공예의 경계가 모호하다. 문자도의 장식적 구도, 책가도의 기물 표현 등은 본디 가구나 장식품과 함께 쓰이면서 발전한 형식이었다. 다시 말해 민화는 생활 공예와 긴밀히 맞닿아 있었고 그 속에서 장인 화가들이 중요한 역할을 담당했다.

민화의 제작에는 지방의 아마추어 문인이나 승려들도 참여했다. 지방 사족土族 가운데 붓을 조금 잡을 줄 아는 이들이 마을 의례나 친지의 요청을 받아 간단한 그림을 그려주기도 했다. 또 절에서는 불화를 그리던 승려 화승들이 민간의 주문을 받아 불교적 요소와 민화적 요소가 결합된 그림을 제작하기도 했다. 이처럼 민화는 특정 집단의 전유물이 아니라 여러 사회 계층의 붓이 얽혀 탄생한 집합적 산물이었다.

또 한편으로는 원래 '환쟁이'라 불리던 직업 화가들 가운데 일부가 궁중이나 양반의 주문을 받아 민화풍의 그림을 제작하기도 했다. 특히 혼례나 회갑 같은 큰 행사를 앞둔 양반 가문에서는 저렴하면서도 화려한 병풍을 찾았는데 이때 민화풍 병풍이 많이 활용되었다. 기록에 따르면 일부 화가들은 도화서 화원을 지내다 물러난 뒤 민간에서 활동하며 민화풍 작품을 남기기도 했다. 즉 민화는 단순히 하층민의 그림만은 아니었고 상류층과도 일정하게 연결된 사회적 접점을 가지고 있었다.

오늘날 우리는 "이 민화를 누가 그렸는가?"라는 질문에 답할 수 없다. 그러나 이름 없는 붓끝에서 태어난 그림들이야말로 조선 사람들의 마음을 가장 생생히 담아낸다. 그 속에는 출세의 욕망, 장수의 기원, 악귀를 물리치려는 소망 그리고 권력을 풍자하는 해학까지 녹아 있다. 이름 없는 화가들이었지만 그들의 그림은 이름 있는 누구보다도 많은 사람들의 삶을 위로하고 장식했다.

민화 화가들은 기록되지 않았지만 그 익명성 속에 오히려 민중의 집단적 창조성이 숨 쉬고 있다. 바로 이것이 민화가 오늘날 예술사에서 새롭게 조명받는 가장 큰 이유다.

에로틱 아트 '춘화'의 탄생과 은밀한 유혹

춘화春畵는 글자 그대로 '봄의 그림'이라는 뜻을 가진다. 여기서 봄은 만물이 생동하는 계절이자 동시에 남녀 간의 애정과 성적 결합을 은유하는 말이다. 따라서 춘화는 남녀의 교합 장면을 직접적으로 묘사한 그림을 일컫는다. 그러나 단순히 육체의 쾌락을 그린 그림으로만 한정할 수는 없다. 춘화는 시대마다 또 사회 계층마다 다양한 기능과 의미를 지녔던 예술이었다.

춘화의 기원은 중국에서 비롯된다. 한대漢代 이후 궁중과 사대부 사회에서는 '춘궁도春宮圖'라 불리는 성애 그림이 전해졌다.

이 그림들은 단순한 은밀한 취미품이 아니라 때로는 성교육의 도구로 사용되기도 했다. 신혼부부에게 증정하거나 여성에게 부부 생활의 예법을 가르치는 데 활용된 것이다. 또한 황제와 후궁 사이의 은밀한 생활을 기록하거나 남녀의 교합을 우주적 조화의 은유로 해석하는 관념도 덧붙여졌다.

송대 이후에는 춘궁도가 문인 사회에도 퍼져 풍류와 향락의 표현으로 자리 잡았다. 원·명·청에 이르는 동안 다양한 목판 인쇄물이 만들어져 사대부뿐 아니라 상인·도시민 사이에서도 은밀히 유통되었다.

춘화는 일본에서도 일찍부터 독자적으로 발전하였다. 특히 에도 시대의 우키요에浮世繪 속 '春画(しゅんが, 순가)'는 오늘날까지도 유명하다. 우키요에 춘화는 목판 인쇄를 통해 대량으로 제작되어 널리 퍼졌으며 단순한 성적 자극을 넘어 사회 풍속과 인간관계를 해학적으로 표현하였다. 일본 춘화는 조선에도 일정한 영향을 주었고 일부 화가들이 일본식 구도와 채색을 참고한 흔적이 전한다.

조선에서도 춘화는 분명 존재했다. 다만 유교적 도덕을 중시한 사회 분위기 속에서 그것은 공개되지 않고 은밀히 제작·소장·향유되었다. 조선의 춘화는 중국 춘궁도의 영향을 받았고 일본 춘화의 기법도 유입되었지만 동시에 조선적 특색을 지니며 토착적으로 발전하였다.

첫째 조선 춘화는 해학과 풍속성이 강하다. 김홍도나 신윤복이 남긴 풍속화 속에는 이미 춘화적 요소가 배어 있다. 남녀의 은밀한 만남을 묘사하면서도 어디선가 웃음과 풍류가 느껴지도록 그려진다. 이는 성애를 단순히 은폐해야 할 것이 아니라 삶의 일부로 받아들인 민속적 태도를 반영한다.

둘째 조선 춘화는 민화적 단순함과 원색적 과감함을 띠는 경우가 많다. 장식성이 강하고 인체 비례가 과감하게 왜곡되며 배경은 단순화된다. 이는 장터 민화와 같은 생활미술적 성격이 반영된 것이다.

셋째 춘화는 조선 사회에서 은밀한 교환품의 성격을 띠었다. 일부 기록에는 사대부들이 춘화첩을 서로 주고받았다는 이야기가 전한다. 또한 신혼부부에게는 성생활을 가르치는 교본으로 쓰였다는 구술 전승도 있다.

조선의 춘화는 사회적으로 모순적인 지위를 가졌다. 표면적으로는 유교 윤리에 위배되는 음란물로 금기시되었지만 실제로는 다양한 계층에서 향유되었다. 이는 곧 춘화가 단순한 외설물이 아니라 사회적 욕망과 현실을 반영하는 예술이었음을 보여준다.

민중은 춘화를 통해 권력자의 위선을 풍자했고 양반은 풍류의 상징으로 춘화를 즐겼다. 여성에게는 은밀한 교육서이자 기원의 상징물이 되기도 했다. 이처럼 춘화는 한편으로는 은폐되고 다른 한편으로는 필요와 욕망 속에서 끊임없이 소비되는 독특한 예술 장르였다.

춘화는 '성性'이라는 인간 삶의 본질을 직접적으로 다룬 그림이었다. 그것은 중국의 춘궁도에서 비롯되어 일본의 슌가를 거쳐 조선에서도 은밀히 꽃핀 예술이었다. 조선의 춘화는 단순한 외설을 넘어 해학과 풍속 그리고 인간사의 기쁨과 슬픔을 담아낸 그림이었다. 비록 작가의 이름은 사라지고 그림은 은밀히만 전해졌지만 춘화는 조선 미술의 중요한 한 축을 이루었다.

욕망의 거래, 춘화는 어떻게 제작되고 유통되었나?

춘화는 민화와 달리 장터에서 흔히 볼 수 있는 그림이 아니었다. 그것은 언제나 은밀히 제작되고 조심스럽게 유통되었다. 그러나 그 은밀함 뒤에는 다양한 화가 집단의 참여와 폭넓은 수요층이 존재했다.

춘화를 가장 많이 제작한 집단은 역시 이름 없는 민간 화가들이었다. 장터에서 민화를 그리던 환쟁이들 가운데 일부는 은밀한 주문을 받아 춘화를 그려주었다. 혼례를 앞둔 집안에서 신부에게 성생활을 가르치는 교본으로 필요로 할 때, 혹은 풍류를 즐기던 선비가 은밀히 간직할 오락거리를 원할 때 무명의 화가들이 붓을 들었다. 이들의 춘화는 대개 민화와 같은 원색적이고 단순한 양식으로 그려졌다. 인물의 비례나 세부 묘사보다는 행위 자체와 상징성에 중점을 두었으며 가격 역시 민화와 크게 다르지 않았다.

그러나 춘화는 단순히 무명 화가들의 몫에만 머무르지 않았다. 일부 전문 화공이나 도화서 출신 화원들도 춘화 제작에 참여했다는 전승이 있다. 도화서 화원은 궁중의 어진이나 의궤도를 그리면서도 사적으로는 은밀한 주문을 받아 춘화를 그리기도 했던 것이다.

특히 김홍도와 신윤복 같은 화가들의 이름이 자주 거론된다. 김홍도의 풍속화 중 일부에는 남녀의 은밀한 장면이 등장하며 신윤복의 그림 속에는 기녀와 선비의 애정 장면이 사실적으로 묘사되어 있다. 이들은 공개된 작품에서는 한계가 있었으나 일부 전하는 춘화첩을 통해 보다 노골적인 장면을 남겼다고 한다. 물론 확정적으로 김홍도나 신윤복의 진작이라 단정할 수는 없지만 그만큼 춘화가 조선 화단의 은밀한 한 영역을 차지했음을 보여준다.

흥미로운 점은 일부 문인화가들도 춘화 제작에 손을 댔다는 점이다. 사대부 사회에서 시·서·화는 교양의 상징이었지만 그 속에서도 풍류와 해학을 즐기던 선비들이 있었다. 이들은 때로 술자리에서 즉흥적으로 춘화를 그려 친구에게 건네기도 했다. 문집에는 "○○가 술김에 그린 춘화 한 폭이 좌중의 웃음을 자아냈다"는 기록이 남아 있기도 하다. 이 경우 춘화는 단순히 성적 자극물이 아니라 풍류와 교유의 매개물로 기능했다.

민화가 장터에서 공개적으로 거래되었다면 춘화는 철저히 은밀한 경로를 통해 유통되었다. 대개는 개인의 주문으로 제작되었고 지인들 사이에서 은밀히 돌려보거나 선물로 주고받았다.

혼례를 앞둔 집안에서는 신부의 친정에서 신랑 집으로 춘화를 건네기도 했다고 전한다. 이는 신혼부부의 성생활을 자연스럽게 돕기 위한 풍습이었으며 '음란물'이라기보다는 성교육서의 성격이 강했다. 또 일부 사대부들은 춘화를 서화첩 속에 몰래 끼워 넣어 보관했는데 이는 집안 어른이나 관청의 눈을 피하기 위한 장치였다.

우리의 일반적 시각과는 달리 조선에서 춘화의 수요층은 생각보다 넓었다. 기본적으로는 양반과 중인 계층이 주요 소비자였다. 양반들은 풍류와 향락의 일환으로 중인들은 도시적 오락 문화의 일부로 춘화를 즐겼다. 특히 18~19세기 서울의 중인 사회에서는 춘화첩을 모으는 취향이 널리 퍼졌다고 한다.

흥미로운 사실은 왕실에서도 춘화가 소장되었다는 기록이 있다는 점이다. 《승정원일기》에는 영조 대에 한 관리가 "춘궁도 몇 점이 궁중에 들어갔다"고 보고한 기록이 있으며 고종 때에도 일본식 춘화가 유입되었다는 기록이 있다. 이는 왕실 역시 예외가 아니었음을 보여준다. 물론 공식적으로는 금기시되었지만 인간적 욕망과 호기심은 신분의 경계를 넘나들었다.

이렇듯 춘화의 제작과 유통은 조선 사회의 이중성을 잘 보여준다. 겉으로는 철저히 유교적 도덕을 내세우며 금기시했지만 실제로는 다양한 계층이 은밀히 향유했다. 민간 화가에서 도화서 화원 문인화가에 이르기까지 폭넓게 제작에 참여했고 장터가 아닌 은밀한 교류망을 통해 그림은 퍼져 나갔다.

유교 사회였던 조선에서 춘화는 결코 공개될 수 없는 그림이었지만 그렇기에 오히려 더 강한 매혹을 지니며 사회 전반에 스며들었다. 오늘날 우리가 춘화를 바라볼 때 그것은 단순한 음란물이 아니라 조선 사람들의 욕망과 풍류 그리고 사회적 위선과 현실이 교차한 예술적 산물로 이해할 수 있을 것이다.

춘화의 기능과 의미

춘화는 겉으로는 은밀히 감추어야 할 그림이었지만 실제로는 조선 사회 곳곳에서 다양한 기능을 수행했다. 그것은 단순한 성적 자극물이 아니라 때로는 교본이었고 오락이었으며 풍자의 도구이기도 했다. 춘화의 기능과 의미를 살펴보면 조선 사람들의 성에 대한 태도와 현실을 보다 입체적으로 이해할 수 있다.

조선 사회에서 성은 공개적으로 말하기 어려운 주제였다. 유교적 예법 속에서 부모가 자식에게 성생활을 직접 설명하는 일은 거의 없었고 혼례를 치르는 순간까지도 신랑·신부는 성에 대해 제대로 배우지 못하는 경우가 많았다. 이때 춘화가 성교육의 보조 도구로 쓰였다.

실제로 일부 지역에서는 신부가 혼례를 치르기 전 친정에서 춘화첩을 건네받았다고 한다. 이는 부부 생활을 자연스럽게 이해하도록 돕기 위한 풍습이었다. 춘화 속 장면은 단순한 외설이 아니라 부부의 결합과 생명의 탄생을 시각적으로 설명해 주는 교본이었던 셈이다.

또한 산아제한이나 여성의 피임 개념이 부족했던 시대에 춘화는 부부가 어떻게 관계를 맺어야 하는지를 알려주는 실질적 가이드북 역할을 하기도 했다. 유교 윤리가 지배한 사회에서 오히려 은밀한 그림이 현실적 필요를 충족시킨 것이다.

춘화는 동시에 오락물이었다. 양반과 중인 남성들이 술자리를 열 때 춘화첩은 웃음과 흥취를 더하는 역할을 했다. 그림 속 노골적인 장면은 좌중의 농담과 풍류를 자극했고 이는 단순한 성적 자극을 넘어 남성 공동체의 유희로 소비되었다.

김홍도와 신윤복의 풍속화가 오늘날에도 인기를 끄는 이유는 그 속에 남녀 간의 은밀한 장면이 해학적으로 담겨 있기 때문이다. 기녀와 선비의 만남, 뒷마당이나 정원에서 벌어지는 비밀스러운 정사의 장면은 당시 남성들의 향락 문화를 반영한다. 춘화는 그 풍속을 기록하면서도 동시에 그 자체가 즐길거리였다.

특히 도시 중인 계층은 경제적 여유가 생기면서 풍류를 즐기고자 했는데 춘화첩은 그들의 오락 문화에서 중요한 대상이었다. 이는 오늘날 잡지나 영상 매체가 오락과 소비의 대상이 된 것과 크게 다르지 않았다.

춘화에는 또한 풍자적 의미가 담기기도 했다. 조선 사회에서 양반은 겉으로는 도덕과 예법을 앞세웠지만 실제로는 기생집을 드나들며 풍류를 즐기는 경우가 많았다. 춘화는 이런 위선을 해학적으로 비틀었다.

예를 들어 일부 춘화에는 선비가 기녀와 몰래 정을 나누는 장면, 혹은 양반이 하녀와 눈을 맞추는 장면이 담겨 있다. 이는 단순한 성적 묘사가 아니라 양반 사회의 위선을 폭로하는 그림이었다. 그림을 본 이들은 은근한 웃음을 터뜨리면서 권위 있는 계층의 이중성을 통쾌하게 풍자했다.

또한 호랑이와 까치를 등장시켜 성애 장면을 비유적으로 묘사한 그림도 있었는데 이는 민화적 상징과 춘화적 주제가 결합된 사례였다. 춘화는 이렇게 풍자와 해학의 무기로도 사용되었다.

이렇듯 춘화는 조선 사회에서 단순히 은밀한 욕망의 산물만은 아니었다. 그것은 혼례와 부부 생활 속에서 교본이 되었고 술자리와 풍류 속에서는 오락물이 되었으며 양반 사회의 위선을 드러내는 풍자의 도구로도 기능했다. 금기의 그림이면서도 사회 전반에서 필요로 했던 바로 그 모순된 성격이 춘화의 존재를 가능하게 했다.

오늘날 우리가 춘화를 바라본다면 그것은 단순한 음란물이 아니라 조선 사람들의 삶과 욕망 그리고 사회적 풍속이 교차한 역사적 문화유산으로 이해해야 할 것이다.

조선 춘화의 독특한 양식과 미학

조선의 춘화는 은밀히 제작되고 유통되었던 만큼 화풍이 일정하게 정형화되지는 않았다. 그러나 오늘날 전해지는 작품들을 종합해 보면 몇 가지 뚜렷한 양식적 특징을 발견할 수 있다. 그것은 인물의 표현 방식, 공간의 배경 처리, 색채와 구도의 성격, 그리고 주변국의 춘화와의 차별성에서 드러난다.

조선 춘화의 가장 큰 특징은 인물 표현에서 나타난다. 중국 춘궁도가 정제되고 사실적인 묘사에 치중했다면 조선 춘화는 상대적으로 과감하고 해학적인 표현을 즐겼다. 남녀의 신체는 과장되게 묘사되는 경우가 많았고 표정은 해학적 웃음을 띠거나 현실감을 강조했다.

예컨대 간송미술관에 전하는 한 춘화첩에는 남녀가 교합하는 장면 속에서 인물의 표정이 심각하기보다는 오히려 웃음을 머금은 듯 묘사되어 있다. 이는 성을 금기시하면서도 동시에 풍류와 해학으로 풀어내려 했던 조선적 정서를 보여준다.

또한 남성 인물을 다소 우스꽝스럽게 표현하거나 여성의 아름다움을 강조하는 장면이 많았다. 이는 남성 중심 사회에서 성적 관계를 해학적으로 소비했던 풍토를 반영한다.

조선 춘화는 배경 처리에서도 독특하다. 가장 흔한 배경은 방 안이다. 사랑방이나 온돌방 혹은 신혼부부의 침소와 같은 밀폐된 공간에서 남녀의 교합이 이루어지는 장면이 많이 등장한다. 이는 춘화가 성생활의 은밀함을 드러내는 동시에 현실적 생활 공간을 그대로 반영했음을 보여준다.

그러나 일부 춘화는 정원이나 야외를 배경으로 하기도 했다.

달빛 아래 정원에서 은밀히 만나는 남녀 혹은 산수의 배경 속에서 펼쳐지는 성애 장면은 현실과 상상을 넘나드는 공간 연출이었다. 이러한 작품은 풍류와 낭만의 분위기를 더했다.

또한 산수화적 구도를 차용해 자연 속 성애를 묘사한 춘화도 있었다. 이는 단순한 성적 행위가 아니라 자연과 인간의 조화라는 관념을 담아낸 것으로 볼 수 있다. 성을 단순히 육체적 행위로 보지 않고 생명과 우주의 조화를 상징적으로 표현하려 한 흔적이라 할 수 있다.

조선 춘화의 색채는 전반적으로 민화적 특징과 맞닿아 있다. 원색을 과감하게 사용하고 세밀한 명암 처리보다는 단순하고 평면적인 채색을 선호했다. 붉은색과 파란색 초록색 같은 강렬한 색이 화면을 지배하며 이는 보는 이에게 즉각적인 시각적 자극을 주었다.

구도 역시 복잡하지 않았다. 인물이 화면의 중앙을 차지하고 배경은 최소한의 장식만 덧붙여졌다. 이는 성애 장면 자체를 강조하려는 의도이기도 했고 무엇보다 제작이 은밀히 이루어지고 대중적으로 유통되었던 특성상 신속성과 간결성이 요구되었기 때문이다.

하지만 단순함 속에서도 대담한 구성이 드러났다. 인물의 신체가 화면을 가득 메우거나 특정 부위를 과감히 강조하는 경우가 흔했다. 이는 서민적 취향과 직설적 감각을 반영한 것이다.

조선 춘화를 이해하기 위해서는 중국과 일본의 춘화와 비교하는 것이 필요하다.

중국 춘궁도는 황실과 사대부 사회에서 발전했기에 정교하고 사실적인 묘사에 치중했다. 부드러운 선, 섬세한 인체 표현, 고급스러운 색채는 권위와 교양을 드러내는 수단이었다. 그러나 조선 춘화에서는 이런 정제된 기법보다 훨씬 자유롭고 과감한 표현이 선호되었다.

일본 우키요에 춘화春画(슌가)는 목판 인쇄를 통해 대량으로 제작되었고 풍속적이고 해학적인 요소가 강했다. 조선 춘화 역시 해학과 풍속성을 공유했으나 대량 인쇄보다는 수묵과 채색화 중심으로 개별 제작되었다는 점이 다르다. 일본 춘화가 상업적 소비품이었다면 조선 춘화는 은밀히 주고받는 개인적 소장품 성격이 강했다.

이 비교를 통해 볼 때 조선 춘화는 중국의 권위적 춘궁도와 일본의 상업적 춘화 사이에서 은밀하면서도 해학적이고 민속적인 독자적 양식을 형성했다고 할 수 있다.

조선 춘화는 인물 표현에서의 해학, 배경 처리에서의 현실과 상상의 교차, 색채와 구도에서의 단순함과 대담함, 그리고 주변국과의 차별성을 통해 독자적 특색을 드러냈다. 그것은 단순히 외설적인 그림이 아니라 조선 사회의 성 풍속과 미적 감각 그리고 인간적 욕망을 담아낸 시각 문화였다.

오늘날 전해지는 작품 수는 많지 않지만 그 속에 담긴 표현 방식은 조선 사람들의 생활과 의식을 생생하게 비추어 준다. 춘화를 통해 우리는 금기와 욕망 은폐와 해학이 교차하던 조선의 한 단면을 엿볼 수 있다.

춘화 속 사람들의 속마음

현재 전해지고 있는 조선 춘화집 중에 가장 대표적인 것은 《운우도첩》과 《건곤일회첩》이다. 진위 논란이 있긴 하지만 《운우도첩》은 단원 김홍도, 《건곤일회첩》은 혜원 신윤복의 작품이라고 전해진다. 이 두 작품집엔 조선뿐 아니라 중국, 일본을 통틀어 춘화의 백미라고 할 수 있는 뛰어난 작품들이 실려 있다. 말하자면 예술성과 사회성, 서정성에다 춘화의 본질인 선정성까지 아주 잘 담아내고 있다는 뜻이다. 이에 《운우도첩》의 춘화 다섯 편을 통해 조선인들의 성 풍속과 성적 로망에 접근해 보고자 한다. 《건곤일회첩》의 몇 작품은 《운우도첩》에 대한 오마주 형태로 그려진 것들이 있어 그에 대한 언급도 함께 하고자 한다.

한 남자와 두 여자 - 혼교의 상상

《운우도첩》에 실린 작품 중에서 가장 선정적이면서도 당시 사람들의 성적 로망을 적나라하게 표현한 작품은 '한 남자와 두 여자의 정사'라는 제목이 어울릴 법한 그림이다. 이 작품은 《운우

▶ 김홍도 《운우도첩》 01 　　　　　　　　출처: 한국데이터베이스산업진흥원

도첩》에서 유일하게 혼교 장면을 다루고 있는데, 매우 에로틱할 뿐 아니라 작품성도 뛰어나다.

　그림을 설명하자면, 우선 배경부터 이채롭다. 두 명의 여자와 한 남자가 정사를 즐기는 장소는 잘 가꿔진 정원으로 둘러싸인 정자다. 정자는 사방으로 틔어 있으며, 정자의 처마 끝에는 등나무 줄기가 푸른 잎을 드러내며 늘어져 있고, 그 아래에서 세 남녀가 벗은 몸으로 정사에 몰입하고 있다.

　이색적이게도 정자 앞에는 야자나무과에 속하는 종려나무 한 그루가 서 있다. 조선시대의 그림 속에 종려나무가 등장하는 것은 매우 드문 일이다. 종려나무는 원래 일본 규슈가 원산지인데, 한반도에서는 겨울을 날 수 없는 식물이다. 조선에서 종려나무가 살 수 있는 곳은 제주도가 유일했다. 또한 육지에서는 구하기도 쉽지 않은 매우 귀한 나무였다. 그런데 그 귀한 종려나무가 실내도 아닌 정원에, 그것도 화분이 아닌 땅에 심어진 형태로 묘사되어 있는 경우는 조선 풍속화 중에 이 그림이 거의 유일하지 않나 싶다.

그렇다면 이 그림의 배경은 제주도였을까? 아니면 단순히 상상으로 그려 넣은 것일까? 만약 이 그림의 배경이 제주도가 아니라면 그림 속의 정자를 소유한 자는 그 귀한 종려나무를 정원수로 둘 정도로 대단한 재력을 가진 자가 아니었을까?

종려나무가 정원수로 묘사된 것에 대한 사실성 여부를 떠나 이 그림을 그린 화가는 종려나무의 생김새를 정확하게 알고 있었던 것만은 분명하다. 그런데 화가는 왜 남녀가 정사를 즐기는 정자 옆에 종려나무를 그려 넣었을까? 그것은 아마도 종려나무의 모양에서 풍기는 선정성 때문이 아니었을까 싶다. 종려나무는 흡사 남성의 거대한 생식기처럼 묘사되어 있다. 거기다 둥치 아래쪽엔 양쪽으로 바위가 그려져 있는데, 종려나무는 그 바위를 뚫고 솟구쳐 오른 모양을 하고 있다. 그리고 한 남자와 두 여자는 그 종려나무 앞에서 정사에 몰입하고 있다.

그렇다면 이제 정사 장면을 보자. 우선 여자 1과 2가 먼저 눈에 들어온다. 여자 1은 벗은 몸으로 베개를 베고 누워 오른쪽 무릎은 옆으로 세우고 왼쪽 무릎은 여자 2의 허리를 감았다. 또한 여자 1의 오른팔은 자신의 가슴 아래 놓여 있고, 왼손은 여자 2의 등을 감싸 안았다. 그런 자세에서 여자 1의 음부는 완전히 드러난다. 여자 2는 저고리만 입고 아래는 벗은 채 엎드려 여자 1의 겨드랑이 밑으로 손을 넣어 그녀의 어깨를 감싼 채 입을 맞추려 한다. 이때 여자 1의 길게 땋아 늘어뜨린 머리카락은 뱀처럼 S자를 이루며 베개와 바닥에 걸쳐 있고, 여자 2의 길게 땋은 머리카락은 그녀의 등을 흘러 내려 여자 1의 허리와 허벅지 사이로 늘어져 바닥까지 닿아 있다. 그리고 껴안은 여자 2의 팔 위로 여자 1의 가슴이 다소 팽창된 형태로 표현되어 있다. 그리고 여자 2의 뒤에서 상투를 한 젊은 남자가 나체의 모습으로 여자 2를 감싸 안으며 무릎을 꿇은 채 엎드려 정사에 열중하고 있다. 이때 남자의 왼손은 여자 2의 가슴을 만지고 있으며, 오른손은 여자 2의 허리를 감싸 안았다. 또한 여자 2의 음부 속으로 들어가는 그의 음경은 노골적으로 노출되어 있다.

그들이 정사를 펼치는 정자 마루의 앞쪽에는 기나긴 곰방대와 재떨이가 놓여 있고, 담뱃가루를 담는 그릇도 보인다. 당시 곰방대는 기생과 양반의 상징이었다. 담뱃대가 하나뿐인 것으로 보아 이 그림의 곰방대는 남자의 것이다. 말하자면 남자의 신분은 양반인 것이다. 그렇다면 이 여자들은 어떤 신분일까? 머리를 길게 땋고 트레머리를 하지 않은 것으로 보아 젊은 여종들일 것이다. 또한 정자에 베개가 있는 것으로 보아 이 정자는 큰 정원이 있는 저택 속에 마련된 것일 게다. 따라서 남자는 꽤 부유층임을 짐작할 수 있다. 게다가 남자는 상투는 했으나 수염은 나지 않은 것으로 보아 아주 젊은 남자다. 그렇다면 이 작품은 부유한 젊은 남자가 두 명의 여종과 자신의 저택 정자에서 정사를 행하고 있는 것을 묘사했음을 알 수 있다. 이때 주변이 훤한 것으로 보아 시간은 대낮이다. 이는 곧 남자가 시간이 많은 한량임을 의미한다.

이 그림에 표현된 당시 남성들의 성 로망을 알아내는 것은 그다지 어렵지 않다. 시간이 자유롭고 한가하며 부유한 남성이 되어 한꺼번에 두 명의 젊은 여종과 자신의 저택 정원의 정자에서 정사를 즐겼으면 하는 바람이 깃들어 있는 것이다. 또한 당시 남성들은 여자의 길게 땋은 머리를 선호했음을 알 수 있고, 여자가 안은 여자는 나체이고 정작 남성 자신이 안은 여자는 아래만 벗고 있는 것으로 묘사된 것으로 보아 완전히 드러낸 여성의 몸보다는 옷으로 일부를 가린 여성을 좀 더 매혹적으로 생각했음을 엿볼 수 있다. 거기에 남성의 상대는 여종이다. 이는 당시 양반 남성들의 성희 대상이 주로 여종이었음을 짐작하게 한다. 여종은 법적으로도 인격체가 아니라 주인의 소유물에 가까웠다. 신분제 사회에서 그들의 몸은 노동력일 뿐 아니라 언제든지 성적 대상이 될 수 있는 취약한 위치에 놓여 있었다.

정자라는 개방된 공간에서 벌어지는 대낮의 정사는 단순한 향락의 장면이 아니라 권력과 신분이 성적 관계를 어떻게 규정했는지를 상징적으로 보여준다. 남성의 여유와 방종은 곧 신분적 우위에서 비롯되었고, 여성의 침묵은 구조적 강요 속에서 형성된 것이었다. 최음을 목적으로 한 춘화로 그려진 작품이지만, 그 이면에는 신분제 사회에서 신음하는 여종의 고단하고 쓰라린 삶이 도사리고 있다.

따라서 이 그림은 단순한 에로티시즘의 산물이 아니라 조선 사회의 권력 구조와 성적 위계를 드러내는 시각 자료이기도 하다. 남성의 욕망이 낭만으로 포장될 때, 그 이면에는 억압과 불평등의 현실이 함께 존재했음을 이 작품은 은연중에 증언하고 있다.

여성 상위 - 남녀 차별의 벽을 넘어

《운우도첩》에서 또 하나 유독 눈길을 끄는 작품은 필자가 임의로 '여성 상위'라 부르고 싶은 그림이다. 춘화는 대개 남성 중심의 시선에서 그려진다. 욕망의 주체 또한 남성으로 설정되는 경우가 많다. 그러나 이 작품에서는 여성이 위에 올라 능동적으로 장면을 이끈다. 《운우도첩》에 실린 작품 가운데 여성 상위 구도를 취한 것은 이 그림이 유일하다.

이 장면에서 여성은 훨씬 적극적이고 주도적으로 묘사된다. 완전한 나체의 상태로 남성을 압도하듯 몸을 기울이고 있으며, 다리를 힘차게 내딛는 모습은 역동성을 강조한다. 반면 남성은 상의를 입은 채 하의만 벗고 있고, 다리를 꼬고 몸을 받치듯 자세를 취해 다소 수동적으로 보인다. 일반적인 성 역할의 구도를 전복하는 배치라 할 수 있다.

▶ 김홍도 《운우도첩》 05   출처: 한국데이터베이스산업진흥원

배경 또한 흥미롭다. 일본과 중국의 춘화가 대개 실내 장면을 중심으로 구성되는 데 비해, 《운우도첩》에는 야외 정사가 여러 점 등장한다. 이 작품 속 남녀가 사랑을 나누는 곳은 거대한 바위 아래의 풀밭이다. 바위 아래 무성한 초목과 그 틈으로 밝게 드러난 공간은 단순한 자연 묘사를 넘어 상징적 장치처럼 보이기도 한다. 자연은 두 사람의 행위를 감싸는 배경이자, 또 다른 생명력의 은유로 읽힌다.

이 남녀의 관계를 특정할 단서는 그림 속에 드러나지 않는다. 부부일 수도, 연인일 수도 있다. 그러나 이 작품이 제시하는 성적 로망은 비교적 분명하다. 자연의 품 안에서, 사회적 규범이나 타인의 시선으로부터 벗어나 자유롭게 사랑을 나누고자 하는 욕망이다. 그 장면 속에는 남녀 간 위계도, 신분의 차이도 드러나지 않는다. 오직 두 사람의 결합만이 강조된다. 이는 조선 춘화 가운데서도 비교적 평등한 구도를 보여주는 사례라 할 수 있다.

이 구도는 20세기 전반기의 화가 정재 최우석의 춘화집으로 알려진 《운우도화첩》에서 오마주 형태로 재현된다. 다만 여기서는 배경이 자연이 아닌 실내로 옮겨진다. 남녀의 자세는 거의 동일하지만, 공간은 기방으로 설정되고 거울이라는 장치가 추가된다. 남성은 거울을 통해 자신들의 장면을 보고 있으며, 이는 시선의 이중화를 만들어낸다. 더 나아가 방 밖에서 이 장면을 엿보는 여인이 등장하는데, 그녀는 장면을 지켜보며 스스로를 자극하는 모습으로 그려진다. 이 설정은 《건곤일회첩》의 한 장면과도 상응한다.

결국 최우석의 춘화는 김홍도의 작품으로 전해지는 《운우도첩》과 신윤복의 작품으로 알려진 《건곤일회첩》을 동시에 참조하며, 조선 춘화 전통을 계승하고 변주한 결과물이라 할 수 있다.

승려와 유부녀의 밀애 – 금지된 사랑

《운우도첩》에는 뜻밖에도 승려와 여인의 정사 장면이 등장한다. 그것도 평범한 여염집 여인과의 밀애를 다룬 것이다. 이러한 설정은 단순한 자극을 넘어 조선 사회의 금기와 욕망이 교차하

▶ 김홍도 《운우도첩》 08

는 지점을 상징적으로 드러낸다.

이들이 정사를 벌이고 있는 공간은 어느 집안의 방으로 보인다. 화려한 가구나 장식은 보이지 않고, 얇은 요 위에 중년의 남자와 젊은 여인이 마주하고 있다. 남자는 승려다. 남자가 승려임은 벗어 둔 장삼과 곁에 놓인 송낙松蘿을 통해 확인된다. 송낙은 당시 비구승이 쓰던 모자로, 그의 신분을 명확히 드러내는 상징물이다. 그 비구승은 저고리는 입고, 바지는 반쯤 내린 채 꿇어앉은 자세다. 이때 그의 음경은 대부분 노출되어 있고, 그의 왼손은 상대 여성의 저고리 속에 들어가 있다.

여인은 베개를 베고, 길게 땋은 머리를 바닥에 늘어뜨린 채

왼손으론 남자의 등을 안았으며, 오른손은 자신의 가슴을 더듬는 남자의 왼손을 향해 있다. 또한 다리는 남자의 허리를 감고 있다. 그런데 뜻밖에도 그녀는 치마와 저고리는 물론이고 속곳까지 모두 입고 있다. 두 사람은 급하고 조심스러운 태도로 결합하고 있다. 남자는 바지춤만 내리고 여인은 옷을 입은 채로 정사가 전개되는 점은 상황의 긴박함과 은밀함을 동시에 잘 보여준다. 금기의 관계가 지닌 긴장감이 시각적으로 표현된 셈이다.

그런데 이 그림의 압권은 관음의 장치다. 문틈으로 이들의 장면을 엿보는 젊은 승려가 등장한다. 훔쳐보기라는 설정은 장면의 선정성을 강화할 뿐 아니라 욕망이 은폐될수록 더 강해지는 인간 심리를 드러낸다. 관음 장치는 김홍도와 신윤복의 풍속화(〈빨래 터〉, 〈단옷날의 개울가〉 등)에서도 종종 발견되는 요소로, 조선 사회가 금기를 둘러싼 호기심과 긴장을 어떻게 소비했는지를 보여준다.

이 모티프는 《건곤일회첩》에서 또 다른 방식으로 변주된다. 여기서는 두 인물이 정사 직전의 전희 단계로 묘사되며, 감정과 욕망이 보다 노골적으로 강조된다. 전희의 과정은 《운우도첩》의 장면보다 더욱 농염한 분위기를 띠지만, 기본 구조는 유사하다. 이는 후대 화가가 기존 도상을 참조하고 재구성했음을 시사한다.

그런데 조선시대에는 정말 승려와 여염집 아낙의 이런 정사가 실제로 벌어졌던 것일까? 이와 관련하여 구전되는 조선의 사설시조 한 가락을 살펴보자.

창 밖에 어른어른하니,

그 뉘오신고?

소승이올소이다.

어제 저녁에 노시老媤(시어머니) 보러 왔던 중이러니

각씨네 자는 방 족두리 벗어 거는 말 곁에

이내 송낙을 걸고 가자 왔네

저 중아 걸기는 걸고 갈지라도 훗말 없이 하시소

내용인즉, 어제 저녁에 시어머니를 찾아왔던 승려가 며느리를 찾아와 정사를 청하니, 며느리는 정사에는 응할 것인데 뒷말이 나지 않게 하라는 것이다.

사실, 조선시대에 남의 집 부인을 만날 수 있는 거의 유일한 존재가 승려였다. 그 장소는 대개 절간이었지만, 간혹 시주 나온 승려가 남의 집 안방을 드나드는 경우도 있었던 모양이다.

승려와 유부녀의 연애를 그려낸 또 다른 사설시조도 있다.

중놈도 사람인양 하여 자고 가니 그립다고

중의 송낙 나 베고

내 족두리 중놈 베고

중의 장삼 이불 나 덮습고

내 치마란 중놈 덮고 자다가 깨달으니

둘의 사랑이 송낙으로 하나 족두리로 하나

이튿날 하던 일 생각하니 흥글항글 하여라

　이 시조는 승려와 관계한 여인의 노래다. 이런 시조들이 남아 있는 것으로 봐서 승려와 여염집 아낙의 간통이 전혀 없었던 이야기는 아닌 듯싶다.

　신윤복의 풍속화 속에도 그런 흔적은 남아 있다. 신윤복의 그림 중에 트레머리를 한 유부녀가 담벼락에 기대어 누군가를 기다리는 모습을 그린 것이 있는데, 그녀의 치마 뒤에 있는 손에는 송낙이 들려 있다. 이는 그녀가 기다리는 사람이 곧 승려라는 힌트다. 이렇듯 풍속화 속에도 승려를 애타게 기다리는 여인이 묘사되어 있었다는 것은 이러한 관계가 허구만은 아니었음을 알게 한다.

　사실, 《조선왕조실록》에도 승려와 여염집 아낙의 간통 사건은 심심치 않게 등장한다. 다음은 태종 16년에 일어난 간통 사건에 관한 기록이다.

　대언代言(승지) 윤수의 아내 제석비와 맹인 중[僧] 신전을 목베었다.
　처음에 윤수의 아내 제석비가 불경을 읽어 액막이 하고자 하여 신
　전을 청해 와서 피적률皮狄栗(껍질 밤)을 주면서 말했다.
　"밤 맛이 어떠세요?"
　신전이 대답했다.
　"매우 답니다."
　윤수의 아내가 희롱했다.

"밤보다 맛이 더 좋은 것이 있어요."

그리하여 그와 함께 사통私通한 지 여러 해였는데, 자식을 낳았으나 드러내지 않고, 어린 시비侍婢를 죽여서 입을 막았으나 이때에 이르러 일이 발각되었다.

윤수의 아내 제석비는 권세 있는 양반인 조하의 딸이었고, 신전의 이름은 하천경이었다. 그들의 간통 사실을 들은 태종은 그들을 모두 극형에 처하도록 했다.

이처럼 사설시조에도 승려와 유부녀의 은밀한 만남을 노래한 작품들이 전하고, 《조선왕조실록》에도 승려와 양반가 부인의 간통 사건이 기록되어 있다. 태종 16년의 사례처럼 발각될 경우 극형에 처해질 만큼 엄중히 다루어졌지만, 동시에 반복적으로 등장한다는 점은 그러한 관계가 일정 부분 현실 속에 존재했음을 방증한다.

그럼에도 흥미로운 점은 실제 기록상으로는 사대부와 유부녀의 간통 사건이 더 빈번함에도, 춘화에서는 굳이 승려와 유부녀의 관계를 선택했다는 사실이다. 이는 단순한 현실 반영이라기보다 상징적 장치로 보아야 한다. 승려는 계율상 성을 금하는 존재이고, 유부녀는 사회 윤리상 타 남성과의 관계가 금지된 존재다. 이 두 금기의 만남은 곧 '이중의 금지'를 의미한다.

따라서 이 장면은 단순한 간통이 아니라 억압된 욕망의 극단을 드러내는 도상이라 할 수 있다. 종교적 금기와 사회적 윤리를 동시에 넘는 관계를 그려냄으로써 인간의 정욕은 어떠한 제도적 장치로도 완전히 억제할 수 없다는 메시지를 전달한다. 결국 이 작품은 단순한 외설화가 아니라 금지된 사랑을 통해 조선 사회의 도덕과 욕망, 규범과 현실의 간극을 드러낸 상징적 장면이라 할 수 있다.

계곡에 만연한 봄 – 진분홍빛 신선놀음

《운우도첩》에 수록된 작품 가운데 가장 널리 알려졌으며 예술적으로도 높은 평가를 받는 그림이 있다. 굳이 제목을 붙이자면 '계곡에 만연한 봄'이라 할 만한 장면이다.

이 작품 속 남녀는 한적한 계곡의 풀밭에 자리하고 있다. 남자는 상투를 올린 젊은 양반으로 보이고, 여인은 단정히 트레머리를 한 기생이다. 그녀가 물고 있는 긴 곰방대는 신분과 직업을 상징하는 소품이다. 두 사람은 자연 속에 앉아 있으며, 화면은 관능적 긴장감보다 오히려 한가롭고 유유한 분위기를 띤다. 남성은 열정에 잠긴 표정을 보이지만, 여성은 의외로 담담하다. 심지어 곰방대를 문 채 태연한 표정을 유지하고 있다. 이 대비가 이 작품의 묘미다.

배경에는 거대한 바위가 자리하고 있고, 그 틈마다 진달래가 만개해 진분홍빛을 뿜낸다. 화면의 좌측에는 인물, 우측에는 암벽을 배치하고, 그 사이를 화사한 꽃으로 연결한 구도는 안정적이며

▶ 김홍도 《운우도첩》 10

평화롭다. 그 모습은 얼핏 한 폭의 신선도처럼 보이기도 한다. 성애 장면임에도 화면 전체는 음습하거나 은밀하기보다, 마치 자연의 일부처럼 순환하는 계절의 한 장면처럼 보인다.

　이 그림이 전달하는 메시지는 분명하다. 산에도 봄이 오고, 인간의 몸과 마음에도 봄이 온다는 것이다. 남녀의 결합은 죄의식이나 긴장 대신, 꽃이 피듯 자연스러운 현상으로 표현된다. 그래서 이 장면은 음란한 장면이라기보다 '봄의 환희'를 시각화한 장면에 가깝다. 제목을 '신선놀음'이라 부를 만한 이유도 여기에 있다.

　《운우도첩》의 이 작품도 《건곤일회첩》은 오마주 형태로 그리고 있다. 같은 자세와 구성이 반복되지만, 배경은 자연에서 실내로 옮겨진다. 젊은 남녀는 중년의 인물로 바뀌고, 공간에는 어항과 화로 같은 생활 소품이 등장한다. 계곡의 봄은 방 안의 일상으로 이동한다. 그러나 인물의 태도는 크게 달라지지 않는다. 여인은 여전히 담담하고, 남성은 황홀경에 잠겨 있다. 자연 속의 신선놀음은 세월을 건너 현실 공간으로 이어진다. 이는 욕망과 풍류가 특정한 시공간에 국한되지 않는다는 암시처럼 보인다.

사실 조선 사회에서 양반 남성과 기생의 관계는 낯선 일이 아니었다. 기생은 단순한 향락의 대상이 아니라 시·서·음악에 능한 문화적 동반자이기도 했다. 남성 문인들이 기생과의 교유를 통해 예술적 감흥을 얻고자 했다는 기록은 여러 문헌에 보인다.

성 풍속 소화집 《어면순禦眠楯》에 실린 일화 역시 그러한 심리를 드러낸다. 한 관리가 기생에게 빠져 주변의 비난을 받자, 그는 기생의 아름다움과 매력을 시적으로 과장해 변호한다. 심지어 그녀의 일상적 모습조차 미화하며 자신의 집착을 합리화한다. 이 이야기는 단순한 우스갯소리가 아니라 기생이라는 존재가 당시 남성들에게 얼마나 강한 로망의 대상이었는지를 보여준다.

신씨 성을 쓰는 조정의 한 관리가 있었다. 어느 기생을 사랑하여 그는 음탕한 지경에 빠지고 말았다. 그래서 그의 친척들과 친구들이 그의 행동을 책망했는데, 신씨는 이렇게 대답했다.

"나 역시 경계하여 맹세코 다시는 그녀를 가까이하지 않으려 했으나, 그녀의 예쁜 얼굴을 보면 붉은 정과 푸른 자태 어디서도 더러운 냄새도 없거니와 아무리 결점을 찾아보려 해도 발견하지 못하였으니, 이 지경에 이르렀소."

그러자 벗 하나가 의견을 냈다.

"그녀의 더러움을 발견하지 못하면 그녀가 뒷간에서 변을 볼 때를 기다려 구경함이 어떨까?"

이에 신씨가 대답했다.

"그건 이미 내가 해본 일이네. 그녀가 처음 뒷간에 오를 때는 마치 공작새가 오색 찬란한 구름을 타고 시내 골짜기로 들어가는 것과 같더니, 급기야 붉은 치마를 걷고 아랫도리를 보일 때는 마치 얼음 바퀴가 채색 구름 사이에 반만 구르는 듯도 하였고, 그녀가 소변을 볼 때는 마치 구름 어미가 붉은 입술을 열고 맑은 술을 토하는 듯했네. 또 방귀를 흘릴 땐 마치 꾀꼬리가 꽃떨기를 향하여 노래를 부르는 듯하고, 심지어 변을 볼 때는 처음에는 누른 장미꽃이 어지러이 떨어짐이 아닌가 하고 의심하였는데, 종말에는 붉은 모란이 찬란히 피는 듯했네.

그녀가 뒷간에서 일을 볼 때를 기다려 그녀의 더러움을 발견하려 함은 마치 저 월나라 미인 서시에게 한 번 찌푸려 달라고 부탁하는 것과 같은 것이니, 이건 도리어 매혹이 한층 더 깊어질 뿐이었으니 내 이를 어이 한단 말인가?"

《어면순》에서는 이 조정 관리를 단지 신씨라고 표현하며 이름을 밝히지 않았지만, 신숙주가 아닌가 싶다. 이 책의 다른 이야기에 신숙주가 전라도 고부의 기생을 첩으로 들여 4년 동안 함께 살았다는 내용이 전하고 있다. 신숙주라고 하면 조선 세종 대의 집현전 학자로 유명하고, 세조 대에는 정승까지 지낸 인물이다.

그렇다면《운우도첩》의 이 작품은 무엇을 말하고 있을까? 단순히 기생과의 향락을 묘사한 그림이 아니라 조선 남성들이 품었던 이상적 로망(자연 속에서 속세의 규범을 벗어나 사랑과 욕망을 자유롭게 누리고자 하는 환상)을 형상화한 장면이라 볼 수 있다. 진분홍빛 진달래가 만개한 계곡은 단지 배경이 아니라 욕망의 계절을 상징하는 무대다.

결국 이 작품은 기생과의 관계를 '신선놀음'처럼 승화시키며, 욕망을 죄의식이 아닌 풍류와 자연의 질서 속에 위치시킨다. 그것은 조선 남성들의 성적 로망을 드러내는 동시에, 욕망을 미화하고 정당화하려는 시선 또한 함께 담아낸다.

노인의 욕망 – 추화도秋花圖의 씁쓸한 진실

《운우도첩》에서 가장 인상적인 작품을 들라면 '노인의 욕망'이라 이름 붙일 수 있는 이 그림일 것이다. 이 작품은 해학적이면서도 어딘가 안쓰럽다. 화면 속에는 트레머리를 한 초로의 여인과 머리가 벗겨지고 허리가 굽은 노인이 마주 앉아 있다.

남자는 나체로 앉아 있다. 왼손으로는 힘없이 축 늘어진 자신의 음경을 붙잡고 있고, 오른손은 마루를 짚고 있다. 그 마루를 짚

▶ 김홍도 《운우도첩》 02

은 자세마저 생기를 잃은 그의 육체를 닮았다. 주름투성이 얼굴과 바짝 마른 몸은 노쇠를 적나라하게 드러낸다. 그럼에도 그의 다리는 여인의 치마 아래로 들어가 있다. 정기는 사라졌으나 욕망만은 남아 있는 노인의 형상이 처연하게 그려져 있다.

여인은 치마와 저고리를 모두 입은 채 앉아 있다. 무릎을 세워 다리를 벌리고, 오른손으로 치마를 들어 자신의 음부만 드러낸다. 왼손은 뒤로 방바닥을 짚고 있다. 두 사람은 마치 대화를 나누는 듯하다. 굳이 말을 붙이자면 이러했을지도 모른다.

노인: "이렇게 힘이 없는데도… 가능하겠소?"

여인: "나도 마찬가지유."

그들이 앉은 공간은 허름한 초가의 마루다. 앞쪽은 곧장 마당으로 이어지고, 구석에는 쌀독 같은 항아리가 놓여 있다. 기둥에는 쟁기가 세워져 있고, 한쪽에는 옹기 몇 점이 보인다. 이곳은 작은 주막일 가능성이 크다. 그렇다면 이 그림은 농사일을 마치고 들른 늙은 농부가, 역시 세월에 지친 주모를 상대로 마지막 욕망을 붙잡으려는 장면일지도 모른다.

　　어떻게 보면 이 그림은 춘화라기보다는 풍속화에 더 가까울지도 모르겠다. 아내는 일찍 죽고, 가진 것도 별로 없는 노인이 어쩌다 가끔 끓어오르는 성욕을 해소하려고 작고 보잘 것 없는 주막의 늙은 주모를 찾아왔지만, 막상 옷을 벗고 관계를 하려 하니 음경이 일어서지 않아 주모에게 어떻게 좀 해달라는 하소연을 한다. 이에 주모는 대수롭지 않은 얼굴로 옷을 입은 채로 치마만 달랑 올려 쪼그라진 음부를 보여주며 자신도 같은 신세라고 응수한다.

　　이 작품에는 성적 환상이 거의 없다. 오히려 쓸쓸함이 먼저 다가온다. 이 그림을 보고 욕정을 느낄 이는 많지 않을 것이다. 그런 의미에서 이 작품은 춘화라기보다 '추화도秋花圖'에 가깝다. 인간의 노년, 그리고 쇠락한 육체와 남은 욕망의 아이러니를 그린 그림이다.

　　《건곤일회첩》은 이 장면을 오마주하여 또 다른 방식으로 재해석한다. 여기서는 늙은 주모 대신 젊은 여종이 등장하고, 늙은 농부는 늙은 양반으로 바뀐다. 장소 역시 허름한 주막이 아니라 책이 쌓인 사랑방이다. 노인은 여전히 나체로 성욕을 드러내지만,

뜻대로 되지 않는 육체 앞에서 절박하다.

노인: 여기… 네 것 좀 담아주면 안 될까?

여인: 하하하, 거기다가요?

젊은 여종은 손으로 입을 가린 채 웃음을 참지 못한다. 노인의 얼굴에는 절박함이 어리고, 여인의 표정은 밝다. 그러나 그 밝음이 오히려 서글프다. 그녀는 이미 이런 상황에 익숙한 듯하다. 익숙해지기까지 겪었을 모멸과 고통을 떠올리면, 안쓰러운 쪽은 오히려 노인이 아니라 여종일지도 모른다.

조선 사회에서 부유한 남성의 성적 대상이 되는 이는 대개 여종이었다. 때문에 부인들은 늘 남편과 여종을 경계해야 했다. 송세림의 《어면순》에 실린 '마전복견麻田伏犬' 이야기는 이러한 현실을 통렬히 풍자한다.

부안 고을에 유柳씨 성을 가진 선비가 있었다. 그는 일찍부터 여종과 정을 통하고 있었다. 어느 날 여종 하나가 다듬이질 하고 있는 것을 엿보다가 몰래 들어가서는 삼밭에서 서로 만날 약속을 하였다. 그의 아내가 눈치를 채고 그가 삼밭으로 들어가기를 기다렸다가 여종을 불러 갑자기 방아 찧기를 독촉하였다.

사내는 아내의 모습을 보고는 엉겁결에 삼 속에 엎드렸으나 흰옷이 보이는 것이 아닌가. 이에 아내는 시치미를 떼고는 여종에게 물었다.

"저 삼밭에 흰 것이 보이는데 무슨 마귀인가?"

그러자 여종이 대답했다.

"이웃집 흰 개가 와서 당겨를 핥아먹기에 호통을 쳤더니, 그놈이 저기 숨어버린 것 같습니다."

이에 아내는 이렇게 말했다.

"늙은 개가 우리 집 당겨를 핥아 먹고도 부족하여 또 우리 삼밭을 망가뜨리려 한단 말인가?"

그렇게 호통을 치면서 그녀는 커다란 절구를 들어 던졌다. 절구는 곧바로 그 사내의 겨드랑이에 적중했다. 그러나 그는 조금도 움직이지 못하고 오히려 '깽깽' 개소리를 냈을 뿐이다.

이처럼 노년의 욕망은 웃음과 풍자를 낳았지만, 그 배경에는 신분제 사회의 왜곡된 성 구조가 자리하고 있었다. 노인의 무력함은 개인의 노쇠이면서 동시에 시대의 그림자이기도 했다.

조선시대 양반들은 틈만 나면 여종을 노렸고 그러다 보니 첩들의 태반은 그 집안의 여종 출신이었다. 하지만 이에 대한 부인들의 경계심도 상당했고, 사회적으로도 여종을 취하는 것을 좋지 않은 시각으로 보았다. 이 이야기에 나오는 남자 부류는 발정 난 수캐 취급을 받았다. 그런데도 남자 주인이 여종을 취하는 것은 아주 흔한 일이었다.

부처를 그리는 수행자들,
화승

불화의 세계, 붓으로 도를 닦다

사찰에 들어서면, 가장 먼저 눈에 들어오는 것은 불상과 더불어 화려한 색채의 불화佛畵다. 불화는 말 그대로 부처와 보살, 그리고 불교 세계를 그린 그림이다. 그러나 그것은 단순한 장식화가 아니었다. 불화는 곧 법회와 의식의 중심이었고, 신앙 공동체를 하나로 묶는 시각적 매개였다. 조선 사회에서 불교가 억압받던 시기에도 불화 제작이 끊이지 않았던 이유는, 그것이 수행과 의례, 그리고 대중 신앙에서 필수적 기능을 담당했기 때문이다.

불화는 크게 몇 가지 형식으로 나눌 수 있다.

첫째는 탱화掛幅다. 비단이나 삼베에 그려 족자처럼 말아 걸 수 있는 그림으로, 법당 벽면이나 행사 때 걸어 사용했다. 아미타불, 지장보살, 관세음보살, 약사여래 등을 주존으로 삼고, 좌우에 협시보살과 권속을 배치하는 형식이 일반적이다.

둘째는 괘불掛佛이다. 괘불은 탱화보다 훨씬 규모가 커, 절 마당이나 야외에서 대규모 법회를 열 때 걸어 두는 불화다. 높이가 수 미터에서 수십 미터에 이르기도 하며, 수십 명의 화승이 힘을 모아 제작했다. 괘불 앞에서 봉행되는 영산재나 천도재는 지역 공동체의 큰 행사였고, 괘불은 단순한 그림이 아니라 신앙의 장엄한 현현이었다.

셋째는 벽화다. 대웅전, 극락전, 조사전 등 법당의 벽면에 직접 그린 그림이다. 벽화에는 불·보살 존상뿐 아니라 시왕도, 사천왕도, 산신도, 영산회상도 등이 그려졌다. 종이나 비단에 그린 탱화와 달리, 벽화는 건물과 일체가 되어 오랫동안 남는다는 특징이 있다.

이 밖에도 불화는 감로도甘露圖, 영산회상도靈山會上圖, 아미타도·관음도·지장도·시왕도, 그리고 토속 신앙과 결합한 산신도·칠성도·독성도 등으로 세분된다. 각각은 교리적 상징과 의례적 필요에 따라 제작되었다.

불화는 단순한 회화가 아니라 불교 의례의 핵심 도구였다.

첫째, 불화는 법회와 재의의 중심에 놓였다. 영산재에서는 영산회상도가 걸렸고, 천도재에서는 감로도가 사용되었다. 감로도에는 아귀餓鬼를 구제하는 장면이 그려져 있는데, 이는 재를 통해 망자의 영혼을 천도한다는 의식을 시각적으로 형상화한 것이다.

둘째, 불화는 법당 장엄의 중심을 이뤘다. 불상 뒤의 후불탱은 법당 공간을 완성하는 핵심 요소였다. 불화는 단순한 배경 장식이 아니라 부처의 현존을 시각적으로 드러내는 장엄물이었다. 신도들은 불상과 불화를 향해 함께 예를 올리며 신앙을 실천했다.

셋째, 불화는 신앙 공동체의 결속을 이끌어냈다. 괘불을 조성하는 불사에는 수많은 시주자와 화승이 참여했고, 그 이름은 화기畵記에 기록되었다. 한 폭의 불화를 만드는 과정 자체가 공동체가 함께 공덕을 쌓는 행위였다. 따라서 불화는 종교적 기능뿐 아니라 사회적·경제적 기능까지 수행했다.

불화의 화면은 엄격한 규범에 따라 구성되었다. 화면의 중심에는 주존主尊이 자리한다. 아미타불, 석가모니불, 약사여래 등이 이에 해당한다. 주존은 가장 크게 그려지고, 광배와 연화좌로 장엄하게 표현된다.

주존을 보좌하는 존재는 협시보살脇侍菩薩이다. 아미타삼존도에서는 좌우에 관세음보살과 대세지보살이, 영산회상도에서는 문수보살과 보현보살이 배치된다.

그 주변에는 권속眷屬이 둘러선다. 권속에는 제자, 호법신, 사천왕, 십대제자 등이 포함되며, 경우에 따라 지역 신앙과 결합한 존재도 등장한다. 이렇게 주존-협시-권속의 위계적 구조는 불교 세계의 질서를 시각적으로 드러낸다.

또한 화면 하단에는 화기畵記라 불리는 발원문이 적힌다. 화기에는 화주, 시주자 명단, 참여한 화승의 이름, 제작 연도와 목적이 기록되었다. 이 덕분에 불화는 회화를 넘어 당시 사회사와 경제사를 연구하는 중요한 자료가 된다.

불화는 절간의 장식이 아니라 신앙과 의례의 중심이었다. 탱화와 괘불, 벽화와 다양한 주제의 불화는 각기 다른 기능을 지녔지만, 모두 불교 세계관을 시각적으로 구현했다. 주존과 협시, 권속의 위계, 그리고 화기에 남은 수많은 이름은 불화가 한 시대의 신앙과 공동체, 그리고 예술이 결합된 종합적 산물이었음을 말해준다.

화승, 그들은 누구인가?

화승畵僧은 절간의 그림을 그리는 승려를 일컫는다. 오늘날 우리는 화가를 개인 창작자로 이해하지만, 조선시대 불화는 철저히 집단 작업이었다. 화승은 사찰의 수행자이면서 동시에 전문 기술자였고, 불화 제작 현장은 하나의 공방이자 불사가 이루어지는 작업 공간이었다. 그들의 작업에는 분명한 위계와 협업 체계가 존재했다.

작업의 중심에는 수화승首畵僧이 있었다. 수화승은 전체 구도를 설계하고, 주존과 협시, 권속의 위치와 비례를 정했으며, 초본을 그려 밑그림을 마련했다. 그 아래에는 동참 화승들이 배치되었다. 이들은 수화승의 지시에 따라 인물의 선을 따고, 배경을 채색하고, 금니를 입히는 등 각자의 몫을 맡았다. 더 세분하면 금니를 전문으로 다루는 장인과, 족자나 괘불의 마감을 담당하는 표구장도 참여했다. 불화 한 폭은 이처럼 수십 명의 손을 거쳐 완성되었으며, 수화승과 동참 화승의 이름은 발원문에 함께 기록되었다.

화승들의 활동은 한 사찰에 고정되어 있지 않았다. 이들은 사찰을 오가며 이동식으로 작업했다. 큰 불화가 필요하면 인근 여러 절에서 화승들이 모였고, 일정 기간 머물며 제작을 진행했다. 공정은 일정한 순서를 따랐다. 먼저 수화승이 초본을 그려내고, 이를 비단이나 삼베 바탕에 전사했다. 이어 선묘를 하고 채색을 더했으며, 마지막으로 금니를 올리고 표구를 마치면 한 폭의 불화가 완성되었다. 이러한 분업 체계는 불화 제작이 숙련된 장인들의 협업 속에서 이루어졌음을 보여준다. 각 단계마다 역할이 분명했고, 개인의 개성보다는 전통적 규범과 집단의 기술이 중시되었다.

불화 제작에는 반드시 발원과 시주가 뒤따랐다. 불화는 사찰 내부의 필요만으로 제작된 것이 아니라 불사佛事를 일으킨 화주化主의 주도로 진행되었다. 화주는 대개 고승이나 사찰의 주지였지만, 왕실 여성이나 지방 사족이 맡는 경우도 있었다. 화주는 발원문을 통해 제작의 취지와 목적을 밝히고, 필요한 재정을 마련했다. 시주자와 시주승은 곡식이나 돈, 혹은 비단과 안료 같은 물품을 보탰으며, 그 이름과 공덕은 발원문에 기록되었다. 불화는 한 사람의 작품이 아니라 신앙 공동체 전체의 참여로 이루어진 결실이었다.

완성된 불화를 봉안하는 과정에도 여러 인력이 필요했다. 특히 괘불처럼 대형 불화는 수십 명의 장정이 동원되어야 운반할 수 있었다. 이들은 불화를 짊어지고 산길을 오르거나 법회가 열리는 마당에 괘불을 걸었다. 장엄한 화면 뒤에는 이처럼 보이지 않는 이들의 노고가 있었다.

화승은 단순히 그림을 잘 그리는 장인이 아니었다. 그들은 경전의 내용을 이해하고, 불교 교리를 시각화할 수 있는 지식을 갖추어야 했다. 주존의 수인 하나, 보관과 장신구의 세부 하나에도 교리적 의미가 담겨 있었기 때문이다. 수화승이 되기 위해서는 오랜 사찰 생활과 도제식 전승 과정을 거쳐 지식과 기술을 함께 익혀야 했다. 화승은 수행자이자 장인이었고, 종교적 교사이자 공동체의 예술가였다.

오늘날 수많은 사찰과 박물관에 남아 있는 조선의 불화는 이 화승들의 집단적 노고 덕분에 가능했다. 그들의 이름은 발원문의 작은 글씨 속에 남아 있지만, 그 붓끝이 남긴 색과 선은 수백 년이 지난 지금도 여전히 살아 있다.

한 폭의 불화가 완성되기까지의 치열한 과정

불화 한 폭이 태어나는 과정은 단순한 회화 제작이 아니라 경전과 의례, 그리고 공동체의 힘이 집약된 종합 예술 행위였다. 그 첫 단계는 바탕재를 준비하는 일이었다. 불화의 바탕으로는 비단, 삼베, 한지가 주로 사용되었다. 비단은 정교하고 격식 있는 불화에, 삼베는 괘불처럼 대형 불화에 적합했으며, 한지는 소규모 불화나 보조적 용도로 쓰였다. 바탕재는 단순한 표면이 아니라 부처가 머무는 성스러운 장으로 여겨졌기에, 제작에 앞서 정결한 의식을 치르고 발원으로 시작했다.

안료는 자연에서 얻은 광물성, 동물성, 식물성 재료를 함께 사용했다. 석채는 광석을 곱게 갈아 만든 안료로, 청색은 남동, 녹색은 석록이라 불렸다. 붉은색은 주사 또는 진사에서 얻었고, 흰색은 조개껍질을 갈아 만든 호분을 사용했다. 노란색은 석황으로, 검은색은 먹으로 표현했다. 여기에 금가루를 풀어 그린 금니와 금박이 더해져 불화의 장엄함을 완성했다. 이러한 색은 단순한 장식이 아니라 상징을 지녔다. 청색은 자비와 심연을, 적색은 지혜와 열정을, 금빛은 부처의 광명을 뜻했다. 따라서 불화의 색채는 교리적 의미와 직결되었으며, 화승은 안료의 성질과 상징을 함께 이해해야 했다.

제작 공정은 엄격한 단계로 이루어졌다. 먼저 수화승이 초본을 그렸다. 초본은 얇은 한지에 그려진 뒤 바탕재 위에 대고 먹물을 두드려 전사했다. 이를 통해 주존과 협시, 권속의 위치와 형태가 정확히 옮겨졌다. 다음은 선묘 작업이었다. 선묘는 먹선으로 형태를 확정하는 과정으로, 눈썹과 옷자락, 연화좌의 곡선까지 세밀하게 표현했다. 이어 채색이 이루어졌다. 바림과 겹칠 기법이 주로 쓰였는데, 바림은 농담을 달리해 점차 옅어지게 물들이는 방식이고, 겹칠은 색을 여러 번 덧입혀 깊이를 더하는 방식이다. 이러한 채색 덕분에 불화는 평면성을 유지하면서도 은은한 입체감을 구현했다.

마지막 단계는 금니와 금박을 더하는 마감이었다. 광배와 보관, 장신구에 올려진 금빛은 부처와 보살의 신성을 드러내는 핵심 요소였다. 화면 하단에는 발원문이 기록되었다. 발원문에는 제작 목적과 화주, 시주자의 이름, 참여 화승의 명단이 담겼다. 이는 후대에 전해지는 역사적 기록이자, 불화를 신앙 공동체의 결실로 남기는 장치였다.

특히 괘불의 제작은 막대한 공력을 요구했다. 높이 10미터를 넘는 괘불은 수십 명의 화승이 수개월, 길게는 1년 가까이 작업해야 완성되었다. 바탕재를 이어 붙이고 채색과 금니를 더하는 모든 과정이 대규모 협업이었다. 표구 또한 고도의 기술을 필요로 했다. 괘불은 여러 장의 비단을 이어 족자 형태로 말아야 했기 때문이다. 완성된 괘불은 수십 명의 장정이 운반했고, 절 마당에 괘불대를 세워 걸어 올리는 장면은 장엄한 광경이었다. 괘불은 법회가 열릴 때마다 펼쳐져 신도들에게 압도적인 신앙 체험을 제공했다.

불화 제작 과정에서 쓰이는 여러 용어 역시 화승의 세계를 이해하는 단서가 된다. 석채는 광물 안료를 갈아 만든 기본 채색 재료였고, 금니는 금가루를 풀어 선과 문양을 그리는 기법이었다. 발원문은 공덕을 기록하는 신앙적 선언이었으며, 괘불은 공동체가 함께 참여하는 대형 불화였다. 또 탱목은 불화를 말아 보관할 때 사용하는 족자의 축을 가리키는데, 괘불의 탱목은 여러 사람이 함께 들어야 할 만큼 거대했다.

이처럼 불화 한 폭은 단순한 그림이 아니라 신앙과 기술, 공동체와 교리가 함께 빚어낸 종합적 산물이었다. 수백 년이 지난 오늘날에도 불화가 여전히 깊은 울림을 주는 이유는, 그 한 점 한 점에 담긴 정성과 공력이 성스러운 세계를 시각적으로 구현했기 때문이다.

그들은 무엇을, 왜 그렸나?

불화는 장식용 그림이 아니라 도상의 언어로 구성된 교리의 시각화였다. 화면 속 부처와 보살, 권속과 배경은 각각 분명한 이유와 의미를 지니며 배치되었다. 불화 가운데 가장 널리 알려진 주제는 영산회상도다.

영산회상도는 석가모니가 인도 영취산에서 《법화경》을 설하는 장면을 그린 그림이다. 화면 중앙에 주존 석가모니가 자리하고, 그를 둘러싸 보살과 제자, 천부와 신중이 질서 있게 배치된다. 이는 불교 교단의 중심성을 강조하는 동시에, 법회에 참석한 신도들이 영취산의 청중이 되어 부처의 설법을 직접 듣는 듯한 현장감을 부여한다. 영산회상도는 곧 교단의 이상적 질서를 시각적으로 구현한 도상이었다.

감로도 또한 중요한 주제다. 감로도는 영가천도재나 수륙재에서 사용된 불화로, 화면에는 아귀가 굶주림에 시달리는 장면과 그들을 구제하는 불보살, 시주와 공양, 천도 장면이 함께 그려진다. 상단에는 부처와 보살이 설법하거나 공양을 내리는 모습이, 하단에는 중생이 고통 속에서 구제받는 장면이 배치된다. 이러한 이중 구조는 현세와 내세, 굶주림과 구제라는 대비를 통해 신앙적 감흥을 높였다. 감로도는 죽은 이의 영혼을 위무하고 산 자의 공덕을 기원하는 의례의 핵심 도상이었으며, 당시의 죽음관과 내세관을 집약적으로 보여준다.

지장보살도와 시왕도 역시 조선에서 많이 제작된 유형이다. 지장보살도에는 지장이 중앙에 앉고 좌우에 도명존자와 무독귀왕이 배치된다. 지장은 지옥 중생을 끝까지 구제하겠다는 대원력을 상징하는 존재로, 사후세계에 대한 불안과 구원의 희망을 함께 담는다. 시왕도는 망자가 열 명의 시왕에게 차례로 심판받는 과정을 묘사한 그림이다. 저승 재판 장면을 통해 생전의 행위가 어떻게 평가되는지를 보여주며, 윤회와 업보 사상을 시각화한다. 이는 산 자에게도 도덕적 경계와 종교적 교훈을 제시하는 기능을 수행했다.

아미타불과 관세음보살 도상은 조선 후기 대중 신앙의 중심이었다. 아미타불은 서방 극락세계의 주인으로, 신앙자들은 사후 극락왕생을 소망했다. 아미타불도가 그려진 탱화는 임종 때 병자 곁에 걸려 영혼을 극락으로 인도하는 시각적 매개로 사용되었다. 관세음보살 가운데 수월관음도는 특히 사랑받은 유형이다. 바위 위에 앉아 달빛 어린 물가를 바라보는 관음의 모습은 자비와 서정성을 동시에 드러낸다. 이는 관음 신앙이 교리와 미감의 접점에 놓여 있음을 보여준다.

불화 속에는 불교와 토착 신앙의 융합을 보여주는 도상도 적지 않다. 산신도는 산신 신앙이 불교화된 사례이며, 칠성도는 별과 운명을 관장하는 신앙이 사찰 공간에 편입된 형태다. 독성도는 도교적 은둔자상이 불교적 맥락에서 수용된 유형이다. 이러한 도상들은 사찰이 교리 중심 공간이면서도 지역 신앙과 민속적 염원을 포섭하는 장소였음을 보여준다.

불화를 이해하기 위해서는 도상의 언어를 읽을 줄 알아야 한다. 주존의 손모양인 수인은 각각 특정 교리적 의미를 지닌다. 석가모니의 항마촉지인은 깨달음의 증명을, 아미타불의 설법인은 중생 교화를 뜻한다. 보살의 보관과 장신구에는 불국토의 상징이 담기며, 보관 속의 작은 화불은 그 보살의 원력을 드러낸다. 연화는 청정과 탄생을, 광배는 성스러운 빛을 상징한다. 산수 배경 또한 불국토와 인간 세계를 연결하는 상징적 공간이다. 따라서 불화의 감상은 단순한 시각적 관람이 아니라 도상의 상징을 해독하는 종교적 체험이었다.

결국 불화는 무엇을, 왜 그렸는가라는 질문에 분명한 답을 제시한다. 영산회상도는 교단의 질서를, 감로도는 구제와 천도를, 지장도와 시왕도는 사후 윤회를, 아미타도와 관음도는 극락왕생의 희망을, 산신·칠성·독성도는 토착 신앙과 불교의 공존을 시각화했다. 화면의 모든 요소는 교리를 번역하는 상징 체계였다. 불화는 화승의 기교를 넘어, 불교 사상과 민중의 염원이 집약된 시각적 언어였다.

불화 제작과 후원 네트워크

조선은 국가 차원에서 억불 정책을 시행했지만, 불화 제작은 끊이지 않았다. 이는 불화가 장식이 아니라 의례의 핵심 도구였고, 사찰 신앙의 중심이었기 때문이다. 그렇다면 그 많은 비용은 누가 감당했을까?

불화 제작의 배경에는 촘촘한 후원 네트워크가 존재했다. 특히 왕실 여성들은 중요한 후원자였다. 군주와 달리 상대적으로 종교 활동의 제약이 적었던 대비와 왕비들은 적극적으로 불사에 참여했다.

조선 전기에는 세조의 비 정희왕후 윤씨가 원각사 중창을 지원하며 불상과 불화를 시주했다는 기록이 전한다. 명종의 모후 문정왕후 윤씨 역시 여러 사찰의 불사에 발원하였다. 조선 후기에도 왕실 여성들의 후원은 계속되었다. 영조의 비 정순왕후 김씨는 봉은사와 봉선사의 불화 제작에 참여했고, 철종의 비 철인왕후 김씨 또한 봉원사 중창 불사에 이름을 남겼다.

이러한 사실은 탱화의 화기畫記에 기록되어 있다. 화기에는 '○○대비', '○○궁주'라는 명칭과 함께 시주 물목이 구체적으로 적혀 있다. 금전뿐 아니라 비단, 곡식, 안료 등이 포함되었다. 이는 불화가 왕실 여성들에게 신앙적 실천의 장이었음을 보여준다.

지방 사족들 역시 향촌 사찰의 불사에 참여했다. 이는 개인적 신앙의 표현이면서 동시에 지역 사회에서의 위신을 드러내는 행위였다. 상민들도 공동 시주의 형태로 힘을 보탰다. 불화 한 폭을 개인이 단독으로 조성하기는 어려웠기에, 수십 명이 이름을 올리고 곡식이나 포목, 동전을 조금씩 내어 뜻을 모았다.

이러한 후원 구조는 발원문에 상세히 남아 있다. 발원문은 불화 제작의 목적과 연도, 화주와 시주자의 명단, 사용 물목을 기록한 문서다. 예컨대 1629년(인조 7)에 제작된 봉선사 아미타삼존도 화기에는 70여 명의 시주자가 등장하며, 쌀·베·동전·은전 등의 물목이 구체적으로 기재되어 있다. "미곡 ○석, 저포 ○필, 은전 ○냥"과 같은 항목이 나열되어 있어 당시 경제 구조를 엿볼 수 있다.

이 기록은 불화가 공동체 전체의 분담으로 완성된 불사였음을 보여준다. 또한 곡물과 직물이 여전히 주요 교환 수단이었음을 통해 화폐 경제가 완전히 정착되지 않았던 조선 사회의 실상을 반영한다.

　재료 조달 역시 하나의 경제 네트워크였다. 비단은 지방 생산품을 모아 쓰거나 중국산 고급 비단을 사용하기도 했다. 삼베와 마포는 비교적 구하기 쉬웠지만, 괘불과 같은 대형 불화에는 대량이 필요했다. 안료는 광물을 갈아 만든 석채가 기본이었고, 남동과 석록은 고가였다. 진사와 석황 또한 값비싼 재료였다. 특히 금니와 금박은 제작비에서 큰 비중을 차지했다. 화기에 금니 사용량이 기록된 경우, 이는 곧 후원 규모와 장엄도를 가늠하는 지표가 된다.

　화승들에게 지급된 사례 역시 현금보다 곡물과 포목, 소금 등 생활 물자 형태가 많았다. 수화승은 더 많은 보상을 받았고, 동참 화승들은 역할에 따라 분급되었다. 불화 제작은 화승들에게 중요한 수입원이자 생계 유지 수단이었다.

　괘불 제작은 특히 대규모 경제 행위였다. 수십 명의 화승과 수백 명의 시주자가 참여했고, 발원문에는 긴 명단이 남는다. 괘불은 사찰의 장엄물이면서 동시에 지역 사회 전체가 참여한 공동체적 사업이었다.

　이처럼 불화는 종교 예술품을 넘어 경제와 사회, 신앙이 교차하는 지점에 위치한다. 억불 정책 속에서도 제작이 지속된 이유는, 그것이 왕실 여성과 사족, 상민과 승려 모두가 참여하는 신앙 실천이었기 때문이다. 발원문 속 이름과 물목의 기록은 그 시대 사람들의 삶과 경제 관계망을 생생히 전해준다. 결국 불화 한 폭은 장엄물이면서 동시에 사회적 문서였다.

전란 뒤에 찾아온 불화의 호황과 절정기

임진왜란은 조선 불교사와 불화사에 큰 격랑을 안겨주었다. 전란 속에서 수많은 사찰이 불타고, 법당과 불상은 물론 불화 역시 소실되었다. 그러나 역설적으로 이 파괴는 불화 제작의 새로운 전환점을 마련하였다. 소실된 전각과 불구를 다시 세우고 보수하는 중창 불사가 이어지면서, 새로운 불화에 대한 수요가 점차 증가한 것이다. 불상과 함께 불화는 불사의 장엄을 완성하는 핵심 요소였고, 따라서 전란 수습 이후 전국 곳곳에서 불화 제작이 활기를 띠었다. 이 시기의 불화는 단순한 신앙의 산물이라기보다, 전란의 상처를 회복하고 공동체의 결속을 다지는 상징이었다. 불화의 화면에는 전쟁의 참화를 극복하고자 하는 염원이 담겼고, 이는 곧 불교 미술의 새로운 활력으로 이어졌다.

18세기와 19세기에 들어서면서 불화는 또 다른 절정을 맞는다. 특히 대형 괘불이 성행했다. 괘불은 수 미터에서 수십 미터에 이르는 초대형 불화로, 사찰 마당이나 산중의 넓은 터에 걸어 야외 법회를 여는 데 쓰였다. 괘불이 걸리면 신도 수천 명이 모여들었고, 법회는 단순한 종교 의례를 넘어 지역 공동체의 큰 행사이자 신앙의 장이 되었다. 괘불의 압도적 크기와 화려한 장엄은 신앙적 감흥을 배가시켰으며, 참여한 이들에게 부처의 현존을 직접 체험하는 듯한 경험을 제공했다. 괘불 제작은 곧 지역의 힘을 모으는 대불사였고, 발원문에는 수백 명에 이르는 시주자와 동참자의 이름이 기록되었다. 이는 불화가 개인의 신앙을 넘어 집단의 정체성과 소망을 시각화한 도상이었음을 보여준다.

이 시기 불화 제작의 중요한 후원자로는 왕실 여성들이 자주 언급된다. 조선은 유교를 국교로 삼은 나라였고, 공식 이념 차원에서는 억불 정책이 유지되었다. 그러나 왕실 여성, 특히 대비궁에 머문 대비나 빈궁들은 불교 신앙을 이어가며 불사의 후원에 참여하였다. 정치적 격변기일수록 그들의 발원과 시주가 두드러지게 나타나는 사례도 확인된다. 발원문에는 대비와 후궁의 이름이 반복적으로 등장하는데, 이는 조선 사회의 정치사와 심성사를 동시에 보여준다. 불화는 그들에게 단순한 종교적 장엄물이 아니라 불안한 현실 속에서 안정을 기원하고 공덕을 쌓는 신앙적 실천의 장이었다.

18~19세기의 불화는 억불과 신앙 사이의 긴장 속에서 생존 전략을 모색했다. 국가 이념은 유교를 중심에 두었지만, 민간 신앙의 기반 위에서 불교는 지속적으로 유지되었다. 불화는 이 두 힘 사이에서 독특한 위치를 차지했다. 공식적으로는 제약을 받았으나 실제 의례와 민간 신앙의 현장에서는 불가결한 존재였다. 산신도·칠성도·독성도 같은 별전 불화는 토착 신앙과 결합하여 민중의 삶에 깊숙이 뿌리내렸고, 괘불·영산회상도·감로도 같은 대형 불화는 지역 사회가 참여하는 의례의 매개가 되었다. 이처럼 불화는 억불의 제도적 틀 속에서도 민간 신앙의 에너지를 바탕으로 새로운 생명력을 유지하였다.

따라서 임진왜란 이후 18-19세기의 불화사는 파괴와 재건, 제약과 생존, 그리고 신앙의 열정이 교차하는 역동의 시기였다. 불화는 단순한 그림이 아니라 전란 이후의 상처를 치유하고, 불안한 정국 속에서 안정을 기원하며, 민간 신앙의 힘을 시각적으로 집약한 매개체였다. 바로 이 시기에 제작된 수많은 괘불과 탱화, 그리고 별전 불화들은 오늘날까지도 한국 불화사의 중요한 성취로 남아 있다. 그 장엄한 화면 속에는 단순한 미적 아름다움만이 아니라 전쟁을 딛고 일어서려는 공동체의 힘과 제도적 제약 속에서도 꺼지지 않았던 신앙의 에너지가 함께 새겨져 있다.

조선 예술사에 이름을 남긴 위대한 화승들

불화의 역사는 대체로 이름 없는 다수의 손끝에 의해 지탱되었지만, 간혹 화기의 기록 덕분에 이름이 전하는 화승들이 있다. 그들은 특정 시기와 지역에서 불화의 흐름을 이끌었던 인물들이자, 동시에 집단 창작의 전통 속에서 두각을 나타낸 존재였다.

조선 전기의 대표적인 사례로는 15세기 후반 강진 무위사 극락전 아미타삼존도의 화기에 기록된 수화승 인각印覺을 들 수 있다. 그는 남해안 지역을 중심으로 활동하며 아미타불 계열의 불화를 주로 제작했던 승려 화가였는데, 그의 이름은 당시 불교가 억압받던 조선 전기에도 불화 제작의 전통이 이어지고 있었음을 보여주는 자료가 된다.

조선 중기에는 임진왜란 이후 불화의 재건 과정에서 이름이 남은 화승들이 나타난다. 예컨대 1604년 직지사 대웅전 벽화의 화기에는 수화승 희장熙藏과 동참 화승들의 이름이 적혀 있다. 희장은 충청·경상 지역을 오가며 활동한 화승으로, 전란 이후 사찰을 다시 장엄하는 불사에 참여했다. 그의 화풍은 굵은 선묘와 강렬한 색채 대비를 특징으로 한다고 평가된다.

18세기에 들어서면 활동 반경이 넓고 영향력이 컸던 화승 집단이 등장한다. 대표적인 인물이 수화승 의겸義謙이다. 그는 18세기 중엽 영남 지역에서 다수의 괘불과 탱화를 제작한 인물로, 1724년 해인사 괘불 화기에 이름이 남아 있다. 의겸은 대형 괘불 제작에서 역량을 보였으며, 그의 작품은 주존을 화면 중앙에 크게 배치하고 협시와 권속을 정연하게 배열하는 안정된 구도가 특징이다. 발원문에는 그와 함께 여러 동참 화승이 기록되어 있어, 불화 제작이 집단 작업의 산물이었음을 보여준다. 의겸은 당시 불화 제작에서 중심적 역할을 수행하며 지역 화풍 형성에 기여한 인물로 평가된다.

비슷한 시기 호남 지역에서는 수화승 의운義雲이 활약했다. 그는 18세기 후반 제작된 무등산 증심사 괘불(1773) 화기에 이름이 남아 있다. 의운의 작품은 화려한 석채 색감과 세밀한 선묘로 알려져 있으며, 호남 불화의 특징적 색채 감각을 보여준다. 특히 그는 감로도 제작에도 참여하여 복잡한 화면 구성을 비교적 안정적으로 정리했다는 평가를 받는다.

19세기에도 이름이 남은 화승들이 적지 않다. 그 가운데 수화승 혜일惠一은 19세기 전반 전국적으로 활동한 인물로, 그의 이름은 여러 사찰의 화기에 반복적으로 등장한다. 예컨대 1820년대 제작된 봉정사 영산회상도와 1830년대 청암사 괘불 화기에서 혜일의 이름을 확인할 수 있다. 그는 의겸과 마찬가지로 대형 불화 제작에 참여했으며, 인물의 얼굴을 단정하고 온화하게 표현하는 화풍으로 알려져 있다. 그의 작품은 격식이 분명하면서도 안정된 색조를 보여주어 후기 불화의 한 전형을 이룬다.

이렇듯 인각, 희장, 의겸, 의운, 혜일 등 이름이 전하는 화승들은 특정 시기와 지역의 불화 양식을 대표하는 인물들이었다. 그러나 이들의 작품 또한 집단 창작의 산물이었다는 점은 분명하다. 화기에 기록된 동참 화승의 수는 수십 명에 이르렀고, 그 안에는 이름이 전하지 않는 승려들도 포함되어 있었다. 이름이 남은 수화승은 전체 불화사에서 극히 일부에 불과하다. 불화의 본질은 결국 집단적 협업에 있었으며, 수화승의 이름은 그 공동 작업을 대표하는 하나의 표지에 가까웠다. 그럼에도 이들의 흔적은 불화의 세계가 단순한 종교적 장식이 아니라 수많은 이들의 노동과 신앙이 결합된 결과였음을 보여준다.

제2부

소리와 몸짓으로
먹고사는 사람들

05

궁중 음악을 맡은 프로 연주자,
장악원의 악공

장악원이라는 직장, 국가 의례를 책임지다

장악원은 조선시대 궁중 음악을 전담하던 관청으로, 종묘와 사직 제례에서 연주되는 제례악은 물론 왕실의 각종 연향과 연회, 군례와 국가적 의식에서 쓰이는 음악을 총괄하였다. 그 위치는 한양 도성 안, 오늘날 서울 종로 일대에 자리했으며, 태종 대에 처음 설치된 뒤 여러 차례 이전을 거쳐 궁궐 인근 관아 구역에 자리 잡았다. 규모 또한 상당하여 정3품의 장악원정掌樂院正을 수장으로 두고 여러 관원과 다수의 악공이 소속되었다. 악공들은 악생·악공·악사로 이어지는 위계를 이루었고, 대규모 제례악이 거행될 때에는 많은 인원이 동원되었다. 특히 종묘제례악이나 군례 음악을 담당할 때는 장악원 인원이 총동원되었으며, 필요할 경우 지방의 악공까지 불러들이는 경우도 있었다.

고려 말의 아악서雅樂署를 계승하여 설치된 장악원의 기능은 단순한 연주에 그치지 않았다. 의식 절차에 맞는 음악을 편성하고 악곡을 정비하는 일, 악기를 제작하고 보관하는 일, 악보를 필사하고 전승하는 일까지 포괄하였다. 따라서 장악원은 음악 기관이면서 동시에 교육 기관, 제작 기관, 전례 기관의 성격을 함께 지닌 종합적 문화 기구였다.

조선의 정치 체제는 유교를 국가의 근본 이념으로 삼았지만, 제례 의식에서 음악은 필수 요소였다. 종묘제례와 사직제는 왕조의 정통성을 드러내는 핵심 국가 의례였고, 그 자리에서 연주되는 아악은 단순한 배경음이 아니라 하늘과 조상, 토지신에게 제를 올리는 엄숙한 매개였다.

종묘제례악의 경우 보태평과 정대업이 대표적이다. 이 악곡들은 세종 대에 정비되어 이후 오랫동안 전승되었으며 오늘날까지 이어지고 있다. 장악원 악공들은 이러한 음악을 정기적으로 연습하여 제례가 열릴 때마다 정해진 절차에 따라 연주해야 했고, 그 연주는 국가 의례의 격식을 좌우하는 중요한 요소였다.

궁중 연향 또한 장악원의 중요한 활동 무대였다. 왕실의 경사, 사신의 접대, 세자의 책봉이나 왕비의 가례 같은 큰 잔치가 열릴 때 장악원은 의식 전체를 음악으로 장엄하였다. 연향 음악은 제례악과 달리 보다 화려하고 속악적 요소가 가미되었으며, 춤과 함께 어우러져 연희적 성격을 띠기도 했다. 사신 접대 자리에서의 연주는 오락을 넘어 조선 왕조의 문화적 위상을 드러내는 외교적 장치이기도 했다.

군례와 같은 군사 의식에서도 장악원의 역할은 중요했다. 병사들의 행진과 진군, 왕의 친열親閱 의식 등에는 음악이 동원되었다. 북과 징, 피리와 나발이 울려 퍼지며 장중한 분위기를 조성했고, 이는 군사적 질서를 상징적으로 드러내는 효과를 지녔다. 이런 의미에서 장악원의 음악은 통치 질서를 시각·청각적으로 표현하는 장치이기도 했다.

장악원에 소속된 악공들은 엄격한 위계 속에서 움직였다. 악공은 대체로 천인 계층에 속했으며 세습적으로 이어지는 경우가 많았다. 이들은 장악원에 소속되어 일정한 근무 체제를 따랐다. 그 위에는 악사를 비롯한 중간급 지휘 인력이 있었고, 전체를 관장하는 관원이 존재했다. 또한 장악원에는 악기를 관리하는 인력과 악보를 정리하는 서리들이 함께 소속되어 있어, 음악의 실연뿐 아니라 행정과 기록의 체계도 갖추고 있었다. 악공들의 임무는 연주뿐 아니라 행사 전 연습과 준비, 악기의 손질과 보관, 행사 종료 후 정리까지 포함되었다.

이처럼 장악원은 조선 왕조가 존속하는 동안 궁중 음악과 의례를 담당한 핵심 기구였다. 종묘와 사직의 제례에서 울려 퍼진 아악은 왕조의 정통성을 상징했고, 연향과 군례에서의 음악은 왕실과 국가의 위엄을 드러냈다. 악공들은 신분적으로는 낮은 위치에 있었지만, 그들의 연주 없이는 국가 의례가 완결될 수 없었다. 음악을 통해 왕조의 권위를 장엄한 이들의 존재는, 조선 사회에서 음악이 단순한 예능을 넘어 통치 질서와 밀접하게 연결되어 있었음을 보여준다.

악공은 어떤 존재인가? 그들의 신분과 위상

악공樂工은 조선시대 궁중 음악을 담당한 장악원의 실질적 주역이었으나 그 신분은 대체로 중인이나 천민 계층 출신으로 구성되었다. 양반이나 사대부가 음악에 종사하는 경우는 드물었고, 음악을 직업으로 삼는 일은 대체로 천역으로 분류되었다. 따라서 악공의 세계에는 세습적 직업 구조가 강하게 작용하였으며, 부친이 악공이면 자식 또한 그 길을 이어받는 경우가 많았다. 음악적 재능이 뛰어나더라도 사회적 신분 상승으로 직결되기는 어려웠고, 일정한 틀 안에서 세습적으로 재생산되는 구조가 지속되었다.

장악원은 악공을 양성하기 위해 악생樂生 제도를 두었다. 어린 시절부터 악기를 배우는 아이들을 악생이라 불렀으며, 이들은 장악원에서 교육을 받으며 피리, 대금, 해금, 아쟁, 장구와 같은 관현악기나 타악기를 연습했다. 악생은 정규 의례에 투입되기 전까지 수년간 기초 훈련을 거쳤고, 시험을 통해 정식 악공으로 편입될 수 있었다. 악공으로 승급한 뒤에는 연주의 숙련도와 경력에 따라 악사로 불리는 지휘자급 지위에 오를 수 있었다. 그러나 이 승급의 길은 쉽지 않았고, 대부분은 평생 악공의 위치에 머무르며 생애를 보냈다.

악공의 충원이 세습에만 의존한 것은 아니었다. 때로는 국역國役, 즉 국가 부역 제도를 통해 일반 백성 중에서 인원을 충원하는 경우도 있었다. 특히 임진왜란 이후 전란으로 장악원 조직이 크게 흔들리자, 국가에서는 지방에서 아이들을 선발하여 장악원으로 올리기도 했다. 이때 선발된 아이들은 음악적 소질과 무관하게 국역의 일환으로 차출된 경우도 적지 않았다. 따라서 일정한 수준의 연주 능력을 갖추기까지는 오랜 교육과 훈련이 필요했다. 이런 점에서 보면 악공은 자발적으로 음악의 길을 선택한 예술가라기보다, 국가 제도와 신분 질서 속에서 배치된 전문 기능 인력에 가까웠다고 할 수 있다.

악공의 사회적 위치는 이중적이었다. 이들은 국가 관청에 소속되어 궁중 의례와 외교 행사에서 중요한 역할을 담당했으나, 양반 사회의 인식 속에서는 여전히 천역 종사자로 여겨졌다. 장악원 악공은 주요 관청의 문무관에 비하면 대우가 높지 않았고, 녹봉 또한 넉넉한 편은 아니었다. 악공의 이름은 실록이나 의궤에 간헐적으로 등장하지만, 대체로 의례 기록의 일부로 남는 경우가 많았다. 기록의 흔적이 제한적이라는 점은 그들의 사회적 위상을 간접적으로 보여준다.

　　물론 모든 악공이 동일하게 천시만을 받은 것은 아니었다. 왕이 특별히 총애한 악공이나 뛰어난 연주로 명성을 얻은 이는 사대부 사회에서도 일정한 예능적 평가를 받았다. 조선 후기 장악원에서 활동한 일부 거문고·가야금 연주자들은 양반가의 연향에 초청되기도 했고, 민간에까지 이름이 알려지기도 했다. 그러나 이는 예외적 사례에 가까웠고, 대다수 악공은 궁중 의례 음악을 연주하며 생애를 보냈다.

　　결국 조선의 악공은 신분적으로는 낮았으나 국가 의례와 왕조의 존엄을 떠받치는 데 필수적인 존재였다. 그들의 삶은 세습과 국역이라는 제도적 틀 속에서 규정되었고, 악생으로 시작해 악공, 그리고 소수만이 악사에 이르는 단계적 구조 안에 놓여 있었다. 오늘날 그들의 이름은 대부분 잊혔지만, 궁중의 장엄한 제례와 연향이 가능했던 것은 바로 이들의 지속적인 연습과 숙련 덕분이었다.

궁중 음악의 화려한 레퍼토리

　　조선 궁중의 음악은 크게 아악, 향악, 당악의 세 갈래로 구성되었다. 아악은 중국 송대에 전래된 제례악으로, 고려 예종 때 정비되어 조선에 계승된 음악이다. 유교적 예악 사상을 반영하여 장중하고 느린 성격을 지니며, 종묘와 사직 같은 국가 제례에서 주로 연주되었다. 종묘제례에서 울려 퍼진 보태평과 정대업은 단순한 음악을 넘어 왕조의 정통성을 상징하는 장치였다. 보태평은 태평성대를 기원하는 의미를 담고 있었고, 정대업은 무공을 찬미하며 왕조의 위업을 드러내는 곡조였다. 이 두 악곡은 세종 대에 가사와 곡조가 정리되고 악기 편성이 체계화되었으며, 이후 오랫동안 의례의 핵심으로 전승되었다. 아악은 중국에서 기원했지만, 조선의 연주 전통 속에서 점차 독자적 양상을 형성하였다.

향악은 우리 고유 음악 전통을 바탕으로 한 갈래다. 고려 속악의 계승에서 비롯되었으며, 조선에 들어와 궁중 의례와 연향에 맞게 정비되었다. 향악은 민간에서 불리던 노래와 무용을 궁중 양식에 맞게 다듬어 채택한 경우가 많았다. 대표적인 곡으로는 여민락이 있다. 세종이 창제한 여민락은 '백성과 더불어 즐긴다'는 뜻을 지니며, 훈민정음 창제와 더불어 백성의 삶을 기리고자 한 이상을 음악으로 표현한 곡으로 이해된다. 궁중 연향에서 여민락이 연주될 때, 음악은 오락을 넘어 정치적 이상을 상징적으로 드러내는 매개가 되었다. 또한 처용무나 학무 같은 궁중 춤은 향악 곡조에 맞추어 연행되었으며, 향악은 민속적 기반을 지니면서도 궁중 질서 속에 편입된 음악으로 자리 잡았다.

당악은 중국 송·명대의 악곡이 전래되어 궁중에서 연주된 음악을 가리킨다. 고려 때부터 유입된 당악은 조선에서도 중요한 위치를 유지하였다. 사신 접대나 국제적 성격의 연향에서 당악은 자주 연주되었다. 당악은 비교적 화려하고 리듬 변화가 다양하며,

기악적 구성이 복합적이었다. 궁중 연향에서 당악은 세련된 분위기를 조성하고, 외국 사신에게 문화적 수준을 드러내는 역할을 수행하였다. 당악과 향악은 서로 다른 기원을 지니면서도 병용되었고, 아악과 더불어 궁중 음악 체계를 구성하였다.

종묘제례악은 조선 궁중 음악의 정점이라 할 수 있다. 제례악은 노래, 춤, 기악이 결합된 종합 예술로서, 조상의 위패 앞에서 거행되는 의식을 음악으로 장엄하였다. 악공들은 보태평과 정대업을 연주했고, 문무와 무무가 함께 어우러졌다. 이는 단순한 공연이 아니라 유교적 정치 이념을 시각과 청각으로 구현한 국가 의례였다. 종묘제례악은 왕조가 존속하는 동안 지속되었으며, 오늘날에는 유네스코 세계무형유산으로 등재되어 전승되고 있다.

궁중 연향의 음악은 제례와는 또 다른 성격을 지녔다. 연향에서는 향악과 당악이 함께 쓰였고, 다양한 악기와 춤, 노래가 결합되었다. 사신 접대 자리에서는 당악의 비중이 컸으며, 왕실의 경사 자리에서는 향악적 요소가 두드러졌다. 연향에서 울려 퍼진 취타는 행렬과 군악적 성격을 지녔고, 영산회상은 궁중을 넘어 민간으로 확산되어 전통 음악의 주요 레퍼토리로 자리 잡았다. 기생이 참여한 노래와 춤 역시 향악의 한 양상을 보여주며, 궁중 연향이 권위의 과시를 넘어 문화 교류의 장이었음을 시사한다.

이처럼 아악, 향악, 당악은 서로 다른 기원과 성격을 지녔지만, 조선 궁중에서는 유기적으로 결합하여 의례와 잔치, 정치와 외교의 무대를 장엄하였다. 아악이 왕조의 정통성을 상징했다면,

향악은 민족적 기반과 백성과의 유대를 드러냈고, 당악은 외부 세계와의 교류를 상징했다. 궁중 음악의 레퍼토리는 단순한 음향의 집합이 아니라 조선 사회의 질서와 이상, 대내외적 정체성을 담아낸 문화적 체계였다.

공무원 악공의 일과와 현실적인 고뇌

장악원에 소속된 악공은 형식상 관청에 속한 관리였으나 실제 사회적 대우가 높다고 보기는 어려웠다. 이들은 국가 의례와 왕실 행사를 위해 반드시 필요한 인력이었지만, 양반 사회의 시선에서 음악은 여전히 천역에 가까운 것으로 인식되는 경우가 많았다. 그래서 악공은 관직이 주어지고 녹봉을 받았음에도 불구하고, 종종 생업을 위해 기술을 제공하는 장인과 다르지 않은 존재로 여겨졌다. 도화서 화원들이 예술적 역량에도 불구하고 '품팔이'에 가까운 취급을 받았던 것과 마찬가지로, 음악을 직업으로 삼은 이들도 교양인이라기보다는 기예인으로 분류되는 일이 일반적이었다.

녹봉의 수준 또한 넉넉하지 않았다. 악공에게는 곡식과 베, 약간의 동전이 지급되었지만, 그 액수만으로 가족을 안정적으로 부양하기는 쉽지 않았다. 실록과 여러 기록에 따르면 악공들 가운데는 부업을 병행하지 않으면 생활이 어려운 경우도 적지 않았다. 어떤 이는 악기를 제작하거나 수리하는 일을 겸했고, 또 어떤 이는 민간의 잔치에 초청되어 연주하며 사례를 받아 생활을 보탰다. 지방 사족 가문에서 치러지는 혼례나 제사에 궁중 악기가 동원되었다는 기록은, 이들이 공식 직무와 민간 활동을 병행했음을 보여준다.

생활은 대체로 빠듯했다. 조선 후기 문집과 야담에는 악공이 생계 문제로 곤궁에 처한 사례가 간헐적으로 등장한다. 녹봉은 최소한의 생계를 보장하는 수준이었으며, 가족 수가 많거나 질병이 발생하면 곧바로 부담이 커졌다. 그 때문에 악공들 사이에서는 개인적으로 제자를 받아 가르치거나 장터에서 악기를 연주하며 수입을 보태는 일도 있었다.

그럼에도 악공의 삶은 엄격한 규율과 지속적인 훈련을 전제로 했다. 장악원에서는 정기적으로 연습과 합주가 이루어졌고, 각 의례에 맞는 악곡을 정확히 연주하기 위해 반복적인 훈련이 요구되었다. 종묘제례악이나 사직제례악 같은 의식 음악은 장단과 곡조가 엄밀히 맞아야 했기에, 개인 연습뿐 아니라 집단 합주 훈련이 필수적이었다. 악보를 필사하여 암기하듯 익히는 일도 중요한 일과에 속했다. 궁중 악공의 하루는 단순한 연주가 아니라 준비와 반복의 연속 속에서 유지되었다.

공연 일정은 왕실 행사와 밀접하게 연결되어 있었다. 왕의 탄신, 왕비의 회갑, 세자의 책봉, 외국 사신 접대, 연향과 가례 등 국가적 의례가 있을 때마다 악공들은 소집되었고, 행사에 따라 장기간 준비가 이어지기도 했다. 평상시에는 장악원에서 연습을 하거나 악기를 손질하고, 악기 보관 전각을 관리하는 일이 계속되었다. 특히 종묘제례가 있는 날이면 새벽부터 궁궐로 나아가 장시간 연주를 이어가야 했다.

이들의 생활 리듬은 일반 백성이나 양반과는 달랐다. 행사가 집중되는 시기에는 밤낮이 바뀌기도 했고, 장시간 이어지는 연향에서는 자리를 쉽게 떠날 수 없었다. 관악기를 다루는 이들의 입술이 상하거나 현악기를 다루는 손에 상처가 생기는 일도 적지 않았다. 그러나 의식이 끝나면 사람들은 화려한 장면을 기억했을 뿐, 그 뒤에서 준비와 연습을 거듭한 악공들의 일상은 크게 드러나지 않았다.

이처럼 장악원의 악공은 국가의 공무원으로서 중요한 직무를 수행했지만, 동시에 빠듯한 생계와 지속적인 훈련 속에서 살아간 직업인이었다. 궁중 음악의 장엄한 울림 뒤에는, 이름이 널리 전해지지 않은 수많은 악공들의 일상이 축적되어 있었다고 할 수 있다.

차별과 한계를 넘어서려는 자존심

조선 사회에서 장악원의 악공은 국가 의례와 왕실 행사를 떠받치는 필수 인력이었으나 사회적 위상은 낮았다. 음악은 성리학적 질서 속에서 예禮와 결합한 교화의 수단으로 중시되었지만, 그

것이 전업 직업이 되는 순간 천역으로 분류되는 경향이 강했다. 사대부가 거문고를 타거나 가곡을 즐기는 행위는 풍류로 평가되었으나, 장악원 악공의 연주는 생업으로 인식되었다. 같은 음악 행위라도 신분과 맥락에 따라 전혀 다른 의미로 해석된 것이다.

이러한 인식은 성리학적 세계관 속에서 음악의 위상이 이중적으로 자리했기 때문이다. 유교 예학은 음악을 인간을 교화하는 수단으로 강조했으나, 실제 사회에서는 음악 노동이 곧 낮은 신분을 상징하는 경우가 많았다. 따라서 악공은 국가가 필요로 하는 존재이면서도, 사회적으로는 제한된 지위를 지닌 모순적 위치에 놓여 있었다.

악공의 신분적 한계는 그 가문 전체에까지 영향을 미쳤다. 장악원에 소속된 악공의 집안은 대개 세습적으로 직업을 이어받았으며, 다른 직업으로 신분을 전환하기는 매우 어려웠다. 관청 소속이라는 점에서 일정한 보호를 받았다고 볼 수도 있으나 그 지위는 양반이나 중인과는 분명한 차이가 있었다. 혼인 역시 같은 계열의 가문과 이루어지는 경우가 많았으며, 사회적 제약은 세대를 넘어 이어졌다. 음악적 재능이 뛰어나더라도 그것이 곧 신분 상승으로 이어지지는 않았다.

실제 사례를 보면, 악공 출신 가문은 과거 응시에 제한을 받는 경우도 있었다. 음악은 국가 의례의 핵심 요소였지만, 이를 직업으로 삼는 일은 사회적 제약을 동반했다. 왕실 연향에서는 중요한 역할을 담당했으나, 일상 사회에서는 기예인으로 분류되었다.

이는 도화서 화원들이 예술적 성취에도 불구하고 장인으로 인식되었던 현실과 유사한 측면이 있다.

그럼에도 일부 뛰어난 악공은 개인적 재능으로 주목을 받았다. 거문고나 가야금 연주에 능한 이들이 사대부 가문에 초청되어 연주하기도 했고, 명성이 지방까지 퍼지기도 했다. 그러나 이러한 사례는 제한적이었으며, 악공이라는 신분적 틀 자체를 바꾸지는 못했다.

결국 장악원의 악공은 조선 사회의 위계 구조 속에서 필수적이면서도 제약을 안고 살아간 존재였다. 종묘와 사직의 제례, 궁중 연향의 음악은 이들의 연주로 완성되었으나, 사회적 인식은 그들의 예술을 교양보다는 직역으로 분류했다. 이 아이러니는 조선 사회가 예술과 신분을 어떻게 구분했는지를 보여주는 한 단면이라 할 수 있다. 음악은 왕조의 권위를 장엄하는 수단이었으면서도, 동시에 신분 질서 속에 위치한 노동이었다.

악공 집단의 독특한 문화와 결속력

장악원의 악공들은 비록 사회적으로는 낮은 신분에 속했지만, 그들 내부에서는 뚜렷한 연대 의식을 갖고 있었다. 장악원 안에는 악사라 불린 상급 지휘자들이 있었고, 그 밑에 악공과 악생이 층층이 자리하였다. 이 위계 구조 속에서 악사 집단은 단순한 지휘자 역할을 넘어 음악을 전승하고 악공들의 기량을 끌어올리는 핵심적인 역할을 했다. 악사들은 장악원의 권위를 지탱하는 존재였고, 후배 악공들에게 모범이자 정신적 구심점이었다. 비록 사회 밖에서는 천역의 굴레를 뒤집어써야 했으나, 내부에서는 자신들의 전문성을 공유하고 예술적 자존심을 지키려는 노력이 꾸준히 이어졌다.

악공들은 끊임없는 훈련과 합주 속에서 동료애를 키웠다. 종묘제례나 사직제례와 같은 국가 의례에서 단 한 번의 실수도 용납되지 않았기에, 이들은 일상적으로 함께 연습하고 서로의 호흡을 맞추었다. 이런 과정에서 형성된 집단적 연대는 단순히 직업적 동료 의식을 넘어선 것이었다. 악공들은 자신들만의 음악적 언어와 습속을 공유하면서, 장악원이라는 울타리 안에서 하나의 문화 공동체를 형성했다.

예술적 자부심 또한 이들의 삶에서 중요한 부분이었다. 비록 신분적으로는 낮게 취급되었지만, 악공들은 자신들이 다루는 음악이 왕조의 권위를 상징하고, 국가의 질서를 장엄하게 드러내는 도구라는 사실을 알고 있었다. 종묘제례악의 장엄한 울림 속에는 자신들의 연습과 헌신이 스며 있었고, 궁중 연향의 화려한 음악 또한 그들의 기량 덕분에 가능했다. 이 때문에 악공들은 스스로를 단순한 기술자가 아니라 국가 의례의 예술적 주체로 인식하기도 했다.

기록에 전하는 명악사들의 사례는 이를 잘 보여준다. 세종 대에는 악사 박연이 아악 정비에 큰 공을 세우며 이름을 남겼다. 그는 단순한 연주자가 아니라 음악 제도의 정비자이자 작곡가로서 활동했으며, 후대 악공들에게 길잡이가 되었다. 조선 후기에도 뛰어난 악사들이 기록에 등장한다. 이들은 거문고와 가야금, 피리와 해금 연주에서 탁월한 솜씨를 보였고, 때로는 궁중을 넘어 민간에서도 명성을 얻었다. 양반가의 잔치에 초청되어 연주한 악사들이 있었고, 이들의 연주는 민속악이나 판소리의 발전에도 일정한 영향을 주었다.

악공들은 궁중과 민간을 넘나드는 음악 활동을 통해 자신들의 존재를 조금씩 확장해 나갔다. 궁궐 안에서는 엄격한 의례 음악을 연주했지만, 민간에서는 보다 자유로운 분위기에서 속악이나 향악을 선보였다. 이 과정에서 궁중 음악과 민속 음악이 서로 영향을 주고받았고, 그 교류의 장에 바로 악공들이 있었다. 민간에서 전해 내려오는 악곡 중 일부는 궁중 음악의 형식을 차용한 것이고, 반대로 궁중 연향에서도 민속적 요소가 흡수되기도 했다. 이런 흐름은 악공들이 단순히 제도 안에 갇힌 연주자가 아니라 보다 넓은 문화 교류의 매개자였음을 보여준다.

따라서 악공들의 집단적 삶은 이중적이었다. 사회적으로는 천역으로 차별받았지만, 내부적으로는 음악에 대한 강한 자존심과 공동체 의식을 유지했고, 예술적 성취를 통해 자신들의 존재를 증명했다. 또 궁중과 민간을 넘나들며 활동함으로써, 그들의 음악은 조선 사회 전반에 스며들었다. 장악원 악공의 이름은 대부분 역사 속에 묻혀버렸지만, 그들이 남긴 울림은 의례와 연향, 그리고 민속 음악 속에 여전히 살아 숨 쉬고 있다. 바로 그 점에서, 악공들은 비록 미천한 신분에 속했을지언정 조선의 문화사를 떠받친 중요한 주체였다고 할 수 있다.

맹인 악공 집단, 관현맹

조선 사회에는 장악원 악공들과는 또 다른 독특한 음악 집단이 존재했으니, 바로 맹인들로 구성된 관현맹이었다. 관현맹은 문자 그대로 관악기와 현악기를 연주하는 맹인 집단을 뜻하며, 이들의 존재는 사회적 약자를 국가의 체제 안에 포섭하려는 제도의 산물이기도 했다. 맹인들은 시각 장애로 인해 농사나 다른 육체 노동을 하기 어려웠으나, 음악적 감각과 청각은 오히려 발달하는 경우가 많았다. 이러한 특성을 활용하여 그들에게 음악을 가르치고 연주를 맡긴 것이 관현맹의 출발이었다. 조선 전기부터 맹인 음악인들의 활동은 확인되지만, 제도적으로 정비된 것은 조선 중기 이후였다. 국가가 맹인들을 조직적으로 관리하며 그들의 생계를 보장하는 방식으로 음악 집단을 형성한 것이다.

관현맹이 존재한 이유는 두 가지 측면에서 살펴볼 수 있다. 하나는 사회적 복지 차원이다. 유교적 질서 속에서 국가가 백성을 돌본다는 명분은 중요했으며, 그 속에는 장애인을 국가가 일정하게 수용해야 한다는 인식이 있었다. 맹인들에게 음악이라는 직업을 부여함으로써 생계를 유지할 길을 열어준 것은 국가적 시혜로도 여겨졌다. 다른 하나는 실질적 기능이다. 맹인 악공들은 뛰어난 청각과 기억력으로 음악을 연주하는 데 탁월함을 보였고, 궁중이나 민간에서 필요한 음악 활동에 동원될 수 있었다. 특히 궁중 연향이나 잔치 자리에서 관현맹의 연주가 쓰였으며, 종종 민속적 음악을 궁중 형식으로 가다듬어 연주하는 역할도 맡았다.

관현맹은 단순히 맹인들의 생계 집단에 그치지 않고, 실제 음악사에도 이름을 남긴 인물을 배출하였다. 기록에 따르면 조선 후기 맹인 악사들 가운데는 거문고와 가야금 연주에 비범한 솜씨를 지닌 이들이 있었으며, 일부는 이름이 문집이나 야담에 등장하기도 한다. 예를 들어 18세기 후반에 활동한 맹인 악사 김복근은 탁월한 거문고 솜씨로 이름을 떨쳤다는 전승이 있다. 또 맹인 중에는 가곡과 시조를 잘 불러 양반가의 잔치에 초청된 이들도 있었는데, 이들은 관현맹이라는 틀 안에서 활동하면서도 민간과 궁중을 오가며 음악적 존재감을 드러냈다. 맹인이라는 신분적 한계에도 불구하고 음악을 통해 사회적 흔적을 남길 수 있었던 것이다.

그러나 관현맹의 삶은 녹록하지 않았다. 이들은 일정한 국가적 지원을 받기는 했지만, 그 수준은 결코 넉넉하지 않았다. 악기를 직접 마련하거나 수리하는 비용은 대부분 개인이 부담해야 했고, 궁중에 소속되었다 해도 안정적인 생계가 보장되지는 않았다. 그 때문에 일부 맹인 악공들은 관현맹 소속임에도 불구하고 민간 잔치나 장터에서 음악을 연주하며 부수입을 올려야 했다. 그들의 활동은 예술이라기보다는 생존을 위한 방편이었고, 음악은 자존심이자 동시에 삶을 버텨내는 유일한 수단이었다.

관현맹의 역사는 조선 후기로 갈수록 점차 희미해졌다. 국가의 억불 정책과 함께 의례의 간소화가 진행되면서 궁중 음악의 규모가 축소되었고, 그에 따라 관현맹의 필요성도 줄어들었다. 더구나 개항기 이후 서양 음악이 들어오고 근대적 교육 제도가 정비되면서, 전통 음악을 맡아온 맹인 집단의 입지는 더욱 좁아졌다. 결국 관현맹은 제도적으로 존속하지 못한 채 점차 민간 속으로 흩어졌다. 일부 맹인 음악인들은 근대기 국악계로 이어졌으나, '관현맹'이라는 집단적 정체성은 사라지고 말았다.

이렇듯 관현맹은 조선 사회가 장애인을 제도 속에 포섭하여 음악적 기능을 맡겼던 독특한 집단이었다. 그들은 사회적으로는 약자였지만, 음악을 통해 궁중과 민간을 오가며 자신들의 존재를 증명했다. 비록 역사의 뒤안길로 사라졌지만, 그들이 남긴 흔적은 조선 음악사의 또 다른 단면을 보여준다. 관현맹의 이야기는 예술이 때로는 사회적 약자에게 주어진 생존의 도구였음을, 동시에 그 도구가 삶을 빛나게 한 자존의 원천이었음을 말해주고 있다.

악공들의 실질적인 생계 전략

궁중에 소속된 악공들은 장악원의 울타리 안에서 국가 의례와 연향을 담당했지만, 그들의 삶을 유지하기에는 녹봉만으로는 턱없이 부족했다. 지급되는 곡식과 포목은 최소한의 생계를 보장하는 수준에 머물렀고, 가족이 많거나 질병이 생기면 곧바로 곤궁에 빠지기 일쑤였다. 그래서 악공들은 궁중 업무 외에 다양한 생계 전략을 모색해야 했다. 왕실과 양반가의 잔치, 혼례와 제례 같은 의례 자리에서 외주로 연주를 맡는 것이 그중 대표적인 방법이었다. 사대부 사회는 겉으로는 음악을 천하게 여겼지만, 실제 생활 속에서는 음악과 연희를 필요로 했고, 악공들은 이 틈새를 통해 생계를 다변화할 수 있었다.

왕실 행사 중에서도 공식 기록에 남지 않는 사적인 잔치나 소규모 연향 자리에서는 장악원 악공들이 불려나가는 경우가 많았다. 왕이나 세자의 후궁, 대비궁의 여성들이 주관한 잔치에서는 장악원의 정규 편성이 아닌 소수의 악공이 동원되어 가야금, 거문고, 피리와 같은 악기를 연주했다. 이때의 연주는 궁중 의례에서처럼 엄격한 규범에 얽매이지 않고 보다 자유로운 분위기에서 이루어졌다. 이러한 기회는 악공 개인에게 별도의 사례가 돌아오는 경우가 많아 생활에 보탬이 되었다.

양반가의 혼례와 제례 자리 역시 악공들의 중요한 무대였다. 사대부 집안에서 큰 혼례를 치를 때에는 반드시 음악이 필요했다.

신부 행렬을 맞이하는 길에서 취타가 울려 퍼지고, 혼례 절차마다 정해진 곡조가 이어졌다. 양반가에서는 이를 위해 전문 악공을 불러들였으며, 장악원 소속의 악공이 몰래 혹은 공식적으로 초청되기도 했다. 제례에서도 마찬가지였다. 종가에서 조상에게 제를 올릴 때, 간단한 제문 낭송만으로는 격이 부족하다고 여겨 음악을 곁들이는 경우가 많았다. 특히 종묘제례악의 일부 형식을 모방하여 가문 제례에 도입한 사례가 있었는데, 이를 담당한 이들이 바로 궁중 악공들이었다. 그들은 국가의 음악을 가문의 권위를 드러내는 장치로 가공해 제공했고, 그 대가로 곡식이나 은전, 포목을 보수로 받았다.

악공들은 또한 민간의 다양한 연향 자리에 참여했다. 지방 관아에서 주최하는 잔치나 부유한 상민이 열었던 회갑 잔치 같은 사적인 모임에도 악공들이 불려갔다. 이때는 장악원의 명의를 빌리지 않고 개인적으로 나가 연주하는 경우가 많았는데, 이러한 활동은 공식적으로 금지되었지만 관행처럼 용인되었다. 국가 역시 악공들의 생계를 완전히 책임지지 않았기 때문에, 그들이 민간에 나가 부업을 하는 것을 어느 정도 묵인한 셈이었다. 이렇게 해서 악공들은 공식적 직무와 비공식적 활동을 오가며 생활을 유지했다.

음악적 재능이 뛰어난 일부 악공들은 제자를 두고 가르침을 통해 생계를 보완하기도 했다. 악기를 배우고자 하는 양반 자제나 중인 계층이 은밀히 악공에게 배우러 오는 경우가 있었고, 이를 통해 악공은 일정한 수업료를 받을 수 있었다. 물론 겉으로 드러내어 제자를 받는 것은 신분상 곤란했지만, 실제로는 은밀히 이어진 사례가 많았다. 이런 교육 활동은 악공에게 단순한 부수입을 넘어 음악적 자존을 지키는 통로가 되기도 했다.

이렇듯 악공들의 생계 전략은 궁중과 민간을 넘나드는 복합적 양상으로 나타났다. 낮은 녹봉만으로는 가정을 부양하기 어려웠기에, 왕실의 사적인 잔치, 양반가의 혼례와 제례, 민간의 연향 자리 등은 이들에게 중요한 기회였다. 음악은 단순한 의례의 장식이 아니라 악공들에게는 살아가기 위한 방편이자 생활의 숨구멍이었다. 궁중 의례에서 국가의 위엄을 장식한 음악이, 민간에서는 가문의 권위를 드러내거나 한낱 흥을 돋우는 수단으로 쓰였다는 점에서, 악공들의 존재는 사회 여러 층위 속에서 교차하며 자리했다. 그들의 손끝에서 울려 퍼진 선율은 조선 왕조의 질서를 장엄하게 꾸미는 동시에, 그들 가족의 하루 끼니를 해결하는 실질적 수단이기도 했다. 결국 악공의 삶은 예술적 자부심과 생활적 고단함이 교차하는 자리에서 유지되었고, 음악은 그 두 세계를 잇는 유일한 다리가 되었다.

사라진 직업, 남겨진 위대한 유산

조선의 궁중 음악을 책임졌던 장악원은 오랜 세월 동안 국가 의례와 왕실 연향을 장엄하게 꾸미는 핵심 기관이었으나, 조선 말기에 이르러 그 위상은 점차 흔들리기 시작했다. 근대적 개혁의 물결 속에서 제례와 의례의 간소화가 추진되면서 장악원의 역할은 크게 축소되었다. 대한제국기에 들어와 서양식 군악대와 신식 음악 교육 기관이 등장하면서, 전통 음악을 담당하던 악공들의 존재는 점차 주변으로 밀려났다. 고종은 황제 즉위 후에도 여전히 종묘제례악을 중시했지만, 새로운 국가 체제를 선포하는 자리에서는 서양 악기가 동원되었고, 궁중 음악은 점차 과거의 형식으로 치부되었다. 장악원의 조직도 점차 축소되어 본래의 기능을 온전히 수행하기 어려운 지경에 이르렀다.

일제강점기에 들어서면서 장악원은 사실상 해체되었고, 궁중 음악 전승은 커다란 위기를 맞았다. 그러나 완전히 끊어진 것은 아니었다. 1907년 대한제국 군악대가 해산된 이후에도 전통 음악을 보존하려는 움직임은 이어졌고, 1911년에는 조선총독부 주도로 조선정악전습소가 설립되었다. 이곳은 일제의 식민 통치 아래 전통 음악을 관리하고 교육하는 기관으로, 장악원의 기능을 일정 부분 계승했다. 물론 그 성격은 크게 달랐다. 장악원이 왕실과 국가 의례를 위한 음악 기관이었다면, 정악전습소는 식민지 조선을 통제하기 위한 문화 기구의 성격을 띠었다. 그러나 그럼에도 불구하고 악공 출신과 그 제자들이 이곳에서 활동하며 종묘제례악, 가곡, 가사 같은 전통 음악을 전승할 수 있었던 것은 중요한 의미를 지닌다.

정악전습소에서 이어진 교육은 해방 이후 국립국악원으로

계승되었다. 국립국악원은 장악원의 직계 후손과 같은 성격을 가진 기관으로, 궁중 음악과 전통 음악을 체계적으로 보존·연구·전승하는 역할을 맡았다. 장악원 악공들의 직업은 역사 속에서 사라졌지만, 그들의 기예와 전통은 제도적 형태를 바꿔가며 이어져 내려온 것이다. 오늘날 우리가 종묘제례악을 감상할 수 있는 것은 바로 이런 제도적 연속성 덕분이다.

종묘제례악은 유네스코 세계무형문화유산으로 지정되어 매년 종묘에서 봉행되는 제례와 함께 연주되고 있다. 수백 년 전 장악원 악공들이 왕조의 조상 신위 앞에서 연주했던 음악이 여전히 울려 퍼지고 있는 것이다. 또한 가곡과 가사 같은 정가 음악도 국가무형문화재로 지정되어 전승되고 있다. 이들 음악은 한때 궁중과 양반가의 전유물이었으나, 이제는 한국 전통 문화를 대표하는 예술로서 국민과 세계인에게 소개되고 있다.

장악원의 악공은 신분적으로는 낮은 위치에 있었고, 생계를 위해 부업을 전전해야 했던 존재였다. 그러나 그들이 남긴 전통은 사라지지 않고 오히려 더 큰 문화적 가치로 재평가되고 있다. 오늘날 국립국악원 단원들이 연주하는 종묘제례악의 장엄한 음률 속에는 과거 이름조차 제대로 기록되지 못한 수많은 악공들의 땀과 헌신이 스며 있다. 또한 가곡과 가사, 정재 음악이 무대 위에서 재현될 때, 그것은 단순한 공연이 아니라 장악원 악공들의 삶과 예술을 기리는 행위이기도 하다.

결국 장악원 악공이라는 직업은 역사 속에서 사라졌지만, 그들이 남긴 음악적 유산은 오늘날에도 살아 숨 쉬고 있다. 전통은 형식과 제도가 바뀌더라도 그 본질이 이어지는 경우가 많다. 장악원의 해체와 정악전습소의 등장, 국립국악원의 설립으로 이어지는 흐름은 바로 그런 사례다. 악공이라는 직업은 더 이상 존재하지 않지만, 종묘제례악·가곡·가사와 같은 음악은 국가무형문화재와 세계무형유산으로서 여전히 우리의 삶 속에 울려 퍼지고 있다. 장악원 악공들의 직업적 삶은 사라졌으나, 그들의 예술은 시대를 넘어 유산으로 자리 잡은 것이다.

조선 역사를 빛낸 악공들

조선의 궁중 음악을 떠받쳤던 수많은 악공은 대부분 이름조차 기록에 남기지 못하고 사라졌다. 그러나 드물게 실록, 의궤, 음악 관련 전적 속에 그들의 이름이 적히기도 했다. 이 기록들은 악공이라는 집단이 단순히 익명의 기능인이 아니라 개별적 재능과 삶을 지닌 사람들이었음을 보여준다.

조선 전기에는 장악원의 악공이 왕실의 의례와 연향에 필수적으로 동원되었다. 《세종실록》 29년(1447) 기록에는 "장악원 악공 이예와 김복희 등이 거문고와 피리를 연주하였다"는 구절이 보인다. 이예는 당시 뛰어난 거문고 연주자로 이름을 남겼는데, 세종이 친히 그의 연주를 듣고 음률의 높낮이를 교정하라고 지시했다는 일화가 전한다. 이처럼 악공이 직접 왕의 평가 대상이 되었다는 사실은 비록 신분은 낮았으나 그 음악적 솜씨가 무시할 수 없는 수준이었음을 알려준다.

중기에도 악공들의 이름은 간간이 의례 문헌 속에 등장한다. 《성종실록》 21년(1490)에는 "악공 김겸로가 가야금을 잘 타니 특별히 상을 내렸다"는 기사가 실려 있다. 김겸로는 장악원 소속 악공으로, 성종의 연향 자리에서 뛰어난 솜씨를 발휘해 상을 받은 경우였다. 이는 악공이 단순히 집단적 노동자로만 존재한 것이 아니라 개인적 기량으로 왕의 눈에 들어 포상을 받은 사례라 할 수 있다. 또 《중종실록》 13년(1518)에는 "악공 안희가 노래를 잘 불러 좌중을 감동시켰다"는 기록이 있는데, 이는 악공이 단순히 악기를 연주하는 데 그치지 않고 노래와 시조 창에도 능했음을 보여준다.

조선 후기에는 악공들의 이름과 활동이 좀 더 분명히 남아 있다. 《영조실록》 32년(1756)에는 "악공 이광수가 피리를 잘 불어 임금이 가상히 여겼다"는 대목이 나온다. 이광수는 장악원 피리 악공으로, 그의 연주가 궁중 연향의 흥을 돋웠다고 전한다. 《정조실록》 14년(1790)에도 장악원 악공들의 명단이 남아 있는데, 특히 거문고 악공 윤종린과 가야금 악공 김창운의 이름이 보인다. 정조는 음악과 정재를 정치적 장치로 활용했기 때문에 실력 있는 악공들을 특별히 중용하고 상을 내렸으며, 때로는 궁중 기록에 그들의 이름을 남겼다.

조선 말기와 대한제국기에는 악공들의 이름이 더 선명하게 나타난다. 1901년 대한제국의 《악공록》에는 장악원 소속 악공들의 명단이 정리되어 있는데, 거문고 악사 김창수, 대금 악공 이명구, 해금 악공 박홍렬 등의 이름이 확인된다. 이들은 단순히 연주자로만 활동한 것이 아니라 후학을 양성하는 교관으로도 활동하며 조선정악전습소의 기초를 놓았다. 특히 해금 악공 박홍렬은 대한제국기와 일제강점기를 거치며 정악 전승에 큰 역할을 했다고 평가된다.

이처럼 조선사에 이름을 남긴 악공들은 많지 않지만, 그 기록 하나하나가 이 집단의 실체를 생생하게 보여준다. 실록의 단편적인 기사, 의궤에 적힌 연향의 악공 명단, 대한제국기 문헌에 남은 교관들의 이름은 모두 장악원 악공이라는 집단이 단순히 익명의 기능인이 아니라 음악을 통해 삶을 이어가고 예술적 자존을 지킨 개인들이었음을 증언한다. 비록 양반 사회의 시선에서는 천역으로 취급되었지만, 이들이 남긴 선율은 왕조의 권위를 장식했고, 오늘날까지 전승되는 종묘제례악과 가곡의 기초가 되었다. 역사 속에 드물게 남은 이름들은 바로 그 사실을 확인시켜 주는 귀중한 흔적이라 할 수 있다.

06

장터의 흙먼지를 뚫고 나온 스타, 판소리 소리꾼

판소리의 기원, 어디서 시작되었나

판소리는 조선 후기 민중 사회가 만들어낸 독창적인 음악극 이자 서사 예술이었다. 그러나 그 기원을 따져 들어가면 한두 갈래 뿌리에서 비롯된 것이 아니라 조선 사회의 다양한 문화적 전통 이 겹겹이 쌓여 이루어진 산물이었다.

우선 판소리는 무속에서 비롯된 노래와 긴밀한 연관이 있었 다. 굿판에서 무당이 신을 부르고 청중과 호흡하며 신화와 전설을 구연하는 방식은 후일 소리꾼이 청중을 향해 장단을 타며 긴 이야기를 풀어내는 형식과 닮아 있었다. 무가는 단순한 기도문이 아니라 서사적 구조와 리듬을 갖춘 이야기 노래였다. 특히 전라도 지역에 퍼져 있던 무속의 굿노래와 서사의 형식이 판소리의 원형을 형성하는 데 큰 역할을 했다고 볼 수 있다.

또한 민요와 민중 가창 전통 역시 판소리의 중요한 바탕이 되었다. 농악을 치며 부르던 노동요, 남도 특유의 구성진 토리(지역마다 독특하게 자리 잡은 소리의 맛, 선율의 습관), 한과 흥을 오가는 민요의 정서는 그대로 판소리의 사설과 창법으로 이어졌다. 민중의 삶 속에서 체득된 선율과 장단, 해학과 풍자가 결합되어 판소리라는 긴 서사적 노래가 가능해진 것이다. 판소리가 단순히 몇몇 소리꾼의 창작으로 생겨난 것이 아니라 민중 전체의 노래와 이야기 문화가 축적되어 형성된 것임을 보여준다.

광대 집단의 존재도 빼놓을 수 없다. 조선시대 광대들은 줄타기, 탈놀이, 재담, 꼭두각시극 등을 통해 민중의 오락을 책임졌는데, 그들의 공연에는 늘 이야기와 노래가 섞여 있었다. 특히 걸립이라 불린 공연 방식은 판소리의 기원과 직결된다. 걸립은 예인들이 마을과 장터를 돌아다니며 노래와 공연을 보여주고 청중으로부터 쌀이나 돈을 얻는 활동을 뜻한다. 판소리 역시 바로 이 걸립판에서 형성되었다. 소리꾼은 북을 든 고수를 옆에 두고 이야기를 풀어내며 청중으로부터 즉석에서 보상을 받았다. 이때 청중과 주고받는 추임새와 호응은 판소리의 중요한 미학으로 발전하였다. '얼씨구', '좋다'와 같은 감탄과 응원은 청중이 단순한 관람객이 아니라 공연의 공동 창조자였음을 잘 보여준다.

　판소리가 특정 지역에서 발생했다는 점도 주목할 필요가 있다. 학계에서는 대체로 전라도 지역, 특히 전주와 남원, 나주를 중심으로 판소리가 태동했다고 본다. 이 지역은 조선 후기 교통과 상업이 발달해 장시가 활성화되었고, 다양한 계층이 어울려 모이는 공간이 많았다. 장터는 곧 공연장이 되었고, 이야기와 노래가 결합한 새로운 형태의 예술이 뿌리내릴 수 있는 토양을 제공했다. 여기에 전라도 특유의 성음, 즉 남도창의 구성진 가락이 더해지면서 판소리는 다른 지역과 구별되는 독자적 색채를 갖게 되었다.

　또한 판소리의 기원에는 조선 후기 사회적 변화도 깊이 관련되어 있었다. 17세기 이후 상품경제가 확대되고 교통이 발달하면서 장시와 포구가 번성하였다. 농민과 상인, 유랑 예인들이 뒤섞이는 이 공간은 새로운 문화가 태어나는 용광로였다. 이전 시대에는 문인이나 사대부 중심의 시와 음악이 주류였다면, 조선 후기에는 민중의 언어와 이야기, 노래가 힘을 얻기 시작한 것이다. 판소리는 이러한 시대적 변화 속에서 탄생한 새로운 서민 예술이었다.

　문학적 전통도 판소리의 기원과 무관하지 않다. 판소리의 사설은 단순히 즉흥적으로 지어진 민요적 구절이 아니라 긴 서사와 복잡한 인물 관계를 담아낸 이야기였다. 조선 후기 소설의 대중화, 한글의 확산, 구어체 문학의 성립은 판소리 사설의 형성과 깊은 관련이 있다. 〈춘향전〉이나 〈심청전〉 같은 고전소설과 판소리 다섯 마당은 긴밀히 연결되어 있었고, 때로는 소설이 판소리에서 비롯되거나 판소리가 소설에서 파생되기도 했다. 이야기와 노래, 구어와 문학이 서로를 북돋우며 새로운 장르를 만들어낸 것이다.

판소리의 기원에 대해 구체적인 연대를 특정하기는 어렵다. 다만 17세기 후반에서 18세기 초에 이미 전라도 지역을 중심으로 소리꾼들이 활동하며 걸립판을 벌였다는 기록이 있다. 18세기 중엽 이후 송흥록宋興祿과 같은 명창들이 등장하면서 판소리는 하나의 확립된 장르로 자리 잡았다. 즉 판소리는 어느 한 사람의 창작이 아니라 무속과 민속음악, 광대와 걸립, 장시와 민중 문화, 소설과 이야기 전통이 수백 년간 교차하며 빚어낸 집단적 산물이었다.

결국 판소리의 기원은 조선 후기 사회의 문화적 역동성을 반영한다. 그것은 민중의 언어와 감정을 담아내면서도 점차 상층 사회로 확산되어 갔다. 장터의 굿판과 걸립판에서 태동한 판소리가 사랑방과 궁중으로까지 진출할 수 있었던 힘은, 바로 그 기원이 민중의 삶 속에 깊이 뿌리내리고 있었기 때문이었다. 판소리는 그렇게 거리에서 태어나 궁궐에 이르기까지 조선 후기 예술의 독창적 결실이자 집단적 창조의 결정체로 성장해 나갔다.

이야기를 파는 사람들, 전기수와 소리꾼

조선 후기의 거리는 언제나 이야기와 소리로 가득 차 있었다. 문학과 예술은 비단 사대부의 사랑방이나 궁궐에서만 존재한 것이 아니라 장터와 주막 다리 위와 마당에서도 살아 숨 쉬었다. 이 현장에서 대중의 갈증을 풀어주던 존재가 바로 전기수와 소리꾼이었다. 두 부류는 서로 다른 형식을 가졌지만 공통적으로 긴 이야기를 풀어내어 청중의 웃음과 눈물을 자아내고, 그 대가로 엽전이나 곡식을 받아 생계를 이어간 직업 예인이었다.

전기수傳奇叟는 말 그대로 전기傳奇 즉 기이하고 흥미로운 이야기들을 들려주는 사람을 뜻했다. 그들은 한문 소설이나 번역된 중국 이야기책 영웅전기 야담류를 읽어주거나 각색해 들려주었다. 글자를 모르는 서민들에게 활자의 세계를 대신 전달하는 매개자였던 셈이다. 그러나 단순한 낭독에 그치지 않고 성대 모사와 과장된 몸짓 억양을 덧붙여 청중이 몰입할 수 있도록 했다. 한 장면에서는 장군의 목소리로 또 다른 장면에서는 여인의 목소리로 변주하며 이야기에 생명력을 불어넣었다. 전기수의 입에서 책 속의 활자가 소리와 몸짓을 얻어 살아 움직였고 청중은 마치 눈앞에서 장면이 펼쳐지듯 이야기 속으로 빨려 들어갔다.

소리꾼은 또 다른 방식으로 청중을 사로잡았다. 북을 치는 고수 한 사람을 곁에 두고 소리꾼은 긴 이야기를 노래와 말 몸짓으로 풀어냈다. 이것이 판소리였다. 소리꾼의 창법은 민요와 무가 노동요의 전통을 계승하면서도 새로운 음악적 기법을 담아냈고 청중은 장단에 맞춰 추임새를 넣으며 공연에 참여했다. '얼씨구' '좋다'와 같은 추임새는 단순한 구경꾼의 반응이 아니라 공연의 일부였다. 소리꾼은 청중의 반응을 타고 이야기를 고조시켰으며 이 과정에서 판소리는 대중과 함께 만들어가는 종합예술로 자리 잡았다.

전기수와 소리꾼은 공통적으로 걸립을 통해 생계를 이어갔다. 이들은 공연자이자 구걸꾼이라는 이중적 위치에 있었지만 민중의 지지를 통해 삶을 이어갈 수 있었다. 걸립의 현장은 단순한 오락의 장이 아니라 대중과 이야기꾼이 만나 예술을 공생적으로 창조하는 현장이었다. 사람들은 전기수의 책 읽기와 소리꾼의 판소리에서 한바탕 울고 웃으며 고단한 삶을 위로받았다.

두 집단은 서로 다른 출발점을 가졌지만 시대적 배경을 공유했다. 조선 후기 상품경제가 확대되고 장시와 포구가 번성하면서 사람들은 장터에 모여들었고 그만큼 이야기와 오락에 대한 수요도 커졌다. 문학적으로는 한글 소설과 구어체 문학이 대중화되면서 전기수의 이야깃감이 풍부해졌고 판소리 사설 역시 이러한 서사 전통과 긴밀히 연결되었다. 〈춘향전〉〈심청전〉〈흥보전〉 같은 작품은 전기수와 소리꾼의 무대를 넘나들며 전승되었다. 어떤 경우에는 소설이 판소리로 또 어떤 경우에는 판소리가 소설로 옮겨지면서 상호 교류가 이루어졌다. 이는 두 집단이 별개로 존재한 것이 아니라 민중의 이야기 갈증을 함께 채워주며 상호 영향을 주고받았음을 의미한다.

물론 차이점도 분명했다. 전기수는 활자와 책에 의지한 이야기꾼이었고 음악적 요소는 거의 없었다. 그들의 힘은 언변과 억양 연기력에서 나왔다. 반면 소리꾼은 노래와 장단 몸짓을 결합한 종합예술인 판소리를 통해 청중을 사로잡았다. 전기수가 문자문화와 구연 전통을 잇는 다리였다면 소리꾼은 음악과 연극을 결합해 새로운 장르를 창출한 주인공이었다.

그럼에도 전기수와 소리꾼은 모두 조선 후기 대중문화의 중심에 있었다. 그들은 신분적으로는 낮게 취급되었고 때로는 천예로 멸시받기도 했지만, 민중은 오히려 그들의 이야기에 열광했다. 전기수가 들려주는 영웅담과 야담 속에서 사람들은 대리만족을 느꼈고 소리꾼의 판소리에서 울고 웃으며 삶의 고통을 잊었다. 전기수와 소리꾼은 당대 사회가 가진 모순 속에서도 민중의 마음을 사로잡은 진정한 이야기꾼들이었다.

결국 전기수와 소리꾼은 같은 시대의 다른 얼굴이었다. 한쪽은 책을 읽어주며 활자의 세계를 소리로 풀어내었고 다른 한쪽은 노래와 몸짓으로 이야기를 빚어내었다. 이 둘은 조선 후기 민중의 문화적 갈증을 풀어주고 오늘날까지 이어지는 이야기 예술의 뿌리를 마련했다. 판소리가 세계문화유산으로 남아 있는 오늘 우리는 전기수의 그림자 속에서 함께 울고 웃었던 수많은 청중의 숨결도 함께 기억해야 한다.

장터와 사랑방을 누비며 생계를 이어가다

판소리꾼의 삶은 곧 무대와 생계의 문제였다. 그들에게 무대는 정해진 건물이 아니었다. 장터 한복판의 흙바닥 마을 어귀의 공터 주막 마당이 곧 소리판이 되었고 여기에 고수가 북을 치고 소리꾼이 목청을 돋우면 판이 벌어졌다. 걸립은 단순히 공연 형식이 아니라 소리꾼의 삶을 지탱하는 가장 실질적인 방식이었다. 걸립에 나선 소리꾼은 한 마을에서 소리를 풀어내며 청중의 반응을 살폈다. 사람들이 몰려들고 환호하면 그는 더 신명나게 사설을 이어갔고 만약 반응이 시큰둥하면 재치 있는 아니리로 분위기를 바꿨다. 청중들은 소리가 끝날 무렵이면 주머니에서 엽전을 꺼내 던지거나 쌀을 한 줌 내놓았다. 그 대가가 오늘 밤의 숙식이 되기도 하고 다음 마을로 갈 여비가 되기도 했다.

걸립은 동시에 훈련장이었다. 한 마당을 완창하려면 장시간의 체력과 집중력이 필요했고 이를 실제로 시험할 수 있는 곳은 장터뿐이었다. 걸립을 통해 소리꾼은 자신이 익힌 대목을 시험하고 다듬었다. 청중이 웃지 않으면 대목을 바꿔야 했고 울지 않으면 소리의 맛을 바꾸어야 했다. 이렇게 걸립은 예술적 기량을 갈고닦는 현장이자 생활의 토대였다. 판소리가 단순한 구연이 아니라 청중과의 호흡 속에서 살아 있는 예술로 발전할 수 있었던 것도 바로 이 걸립판 덕분이었다.

그러나 소리꾼의 무대는 장터에만 머물지 않았다. 시간이 지나면서 판소리는 점차 양반가 사랑방에도 불려 들어가게 되었다. 부유한 사대부나 관료 혹은 예술을 즐기던 양반들은 명창을 초청해 소리를 들었다. 사랑방에서 벌어진 소리판은 장터와는 전혀 다른 성격을 지녔다. 장터의 걸립판이 군중의 환호와 추임새 속에서 즉흥성을 발휘했다면 사랑방의 소리판은 정제된 가창과 절제된 표현을 요구받았다. 양반들은 거칠고 해학적인 대목보다는 품격 있는 대목을 선호했으며 소리의 높낮이와 억양마저 세련되기를 기대했다. 소리꾼들은 이 요구에 맞추어 소리를 가다듬었고 이는 곧 판소리의 예술적 정련으로 이어졌다.

사랑방에서의 공연은 단순한 청중의 자리에 머무르지 않았다. 양반들은 때로 소리꾼의 경제적 후원자가 되어주었고 제자를 길러내도록 도와주기도 했다. 남원 출신의 명창 송흥록이 양반가의 후원을 받으며 대가로 성장한 것은 대표적인 사례였다. 그는 걸립판에서 단련한 소리를 사랑방 무대에서 다듬었고 후원의 힘으로 전국적인 명성을 얻을 수 있었다. 사랑방 문화 속에서 판소리는 단순한 오락을 넘어 교양과 품격을 지닌 예술로 평가되기 시작했고 후원 구조는 소리꾼들의 안정적인 창작 기반을 제공하였다.

하지만 걸립과 후원은 상호 대립하거나 배타적인 것이 아니었다. 많은 소리꾼은 두 영역을 오가며 생존했다. 걸립판에서 대중성을 확인하고 사랑방에서 예술성을 정련하는 양면 구조 속에서 판소리 명창들이 자라났다. 사랑방만으로는 넓은 청중의 호응을 얻기 어려웠고 걸립만으로는 예술적 위상을 확보하기 힘들었다. 따라서 소리꾼들은 장터에서 청중의 입맛을 익히고 사랑방에서 격조를 익히며 두 세계를 동시에 살아갔다.

이 양면성은 소리꾼들의 삶에 모순과 긴장을 낳았다. 걸립판에서는 민중과 함께 웃고 울며 호응을 얻었지만, 사회적으로는 천예로 멸시받기 일쑤였다. 사랑방에서는 양반의 교양 음악으로 존중받았지만, 동시에 후원자에게 예속되는 불안정한 위치에 놓이기도 했다. 그럼에도 불구하고 걸립과 사랑방의 이중 구조는 판소리의 독특한 생태를 만들어냈다. 민중적 기반 위에서 성장한 판소리가 상층의 후원을 통해 격조 높은 예술로 발전할 수 있었던 것이다.

장터와 사랑방은 서로 다른 공간이었지만 소리꾼에게는 모두 삶의 무대였다. 장터에서는 쌀 한 줌과 엽전 몇 닢으로 생계를 이어갔고 사랑방에서는 양반의 후원과 명예를 얻었다. 두 무대는 대립하면서도 공존했고 소리꾼은 그 사이를 오가며 자신의 목소리를 지켜냈다. 걸립과 후원이라는 두 축은 판소리의 예술성과 대중성을 동시에 가능하게 한 원동력이었으며 명창들의 삶은 바로 이 두 세계를 넘나드는 끊임없는 줄타기였다.

궁궐로 들어간 판, 마침내 인정받은 소리의 힘

판소리는 본디 장터와 주막, 사랑방에서 울려 퍼지던 민중의 예술이었다. 그러나 세월이 흐르면서 그 울림은 마침내 궁궐 담장 안으로까지 들어가 왕의 귀에 닿았다. 이는 단순한 공연 장소의 이동이 아니라 판소리의 위상 변화와 사회적 의미의 확대를 보여주는 사건이었다.

궁궐에서 소리판이 벌어질 수 있었던 배경에는 몇 가지 요인이 있다. 우선 조선 후기 왕실은 전례나 연향, 각종 잔치를 통해 새로운 오락과 문예를 수용하는 데 개방적인 태도를 보였다. 정조와 순조 대에는 특히 문화적 향유가 활발해 궁중에서는 당악과 향악뿐 아니라 민간에서 유행하는 노래와 춤도 불려 들어왔다. 판소리는 바로 이런 분위기 속에서 궁궐의 무대에 오를 수 있었다.

실제 기록에 따르면 정조는 민간에서 유행하던 새로운 예술에도 큰 관심을 기울였다. 정조의 《일성록》에는 임금이 궁중 연향에서 창우들을 불러 공연을 보았다는 기록이 남아 있다. 여기서 창우란 광대와 소리꾼을 포함한 예인 집단을 가리키는데, 연구자들은 이 무대에서 판소리가 연행되었을 가능성이 크다고 본다. 또 민간 전승에는 정조가 송흥록 같은 명창을 불러 소리를 들었다는 이야기가 전해진다. 정조가 판소리를 직접 접했는지는 사료마다 해석의 여지가 있으나, 그가 창우희와 창악을 즐겼다는 기록은 분명하다. 이는 곧 백성의 정서를 담아낸 민간 예술이 왕의 귀에까지 들어갔음을 보여주는 장면으로 판소리의 위상 변화와 궁중 진출의 의미를 잘 드러낸다.

궁궐 안에서 판소리가 울려 퍼졌을 때 그것은 더 이상 천예의 오락으로 치부되지 않았다. 오히려 인간의 희로애락을 담아낸 서사적 노래로서 그 가치를 인정받은 것이었다. 궁궐의 반응은 대체로 호의적이었다. 임금과 대신들이 소리의 장단과 기교에 감탄했다는 기록이 남아 있으며, 명창의 이름이 실록에 오르기도 했다. 이는 판소리꾼들이 사회적 주변부에서 중심부로 이동했음을 보여주는 하나의 징표였다.

궁궐 진출은 판소리의 위상을 한층 끌어올렸다. 이전까지 판소리는 주막의 흥취나 양반가의 뒷좌석에서 즐기는 오락으로 여겨졌지만, 궁궐에서 연행되면서 국가적 권위의 한 부분으로 편입되었다. 물론 판소리가 정식 의례 음악으로 채택된 것은 아니었다. 종묘제례악이나 아악처럼 제도화된 음악은 여전히 별도의 영역에 있었지만, 민간의 소리가 임금의 귀에 들려졌다는 사실만으로도 판소리의 문화적 위상은 크게 달라졌다. 이는 곧 민중 예술이 국가적 차원에서 인정받는 사례로 해석될 수 있다.

궁궐에서의 공연은 또 다른 파급력을 낳았다. 소리꾼의 명성이 전국적으로 퍼지는 계기가 되었던 것이다. 궁궐에 들어가 소리를 했다는 사실은 그 자체로 명창의 권위를 보증하는 증표였다. 이름이 널리 알려지면서 지방에서도 그 명창을 초청하려는 움직임이 잦아졌고, 이는 곧 판소리의 전국적 확산으로 이어졌다. 전라도와 충청도, 경상도 등지에서 활동하던 명창들이 한양을 중심으로 활동 영역을 넓혀가면서 판소리는 지역적 한계를 넘어 조선 전역의 예술로 자리매김했다.

판소리가 궁궐에 들어간 과정은 결국 그 장르가 지닌 이중성을 보여준다. 뿌리는 장터와 걸립판이라는 민중적 현장이었으나,

성장 과정에서는 양반가의 후원과 궁궐의 인정이 큰 몫을 차지했다. 민중의 정서를 바탕으로 한 예술이 국가의 품격 속으로 수용되면서 판소리는 비로소 대중성과 예술성을 아우르는 독창적 전통으로 굳어졌다. 오늘날 판소리가 국보적 위상을 지니고 세계문화유산으로 지정된 뿌리에는 바로 이러한 궁궐 진출의 순간이 놓여 있다. 그것은 단순한 공간의 이동이 아니라 판소리가 민속적 오락에서 조선의 대표적 예술로 성장한 상징적 사건이었기 때문이다.

판소리의 양대 산맥, 동편제와 서편제

판소리의 역사를 이야기할 때 빼놓을 수 없는 것이 바로 동편제와 서편제라는 두 큰 흐름이다. 조선 후기 판소리가 전국적으로 퍼져 나가면서 지역적 전통과 가창법의 차이에 따라 두 가지 뚜렷한 유파가 형성되었는데, 이는 단순한 노래 방식의 차이를 넘어 판소리의 미학과 전통을 이끌어온 양대 산맥이었다. 동편제는 전라도 동부 지역, 곧 구례와 순창, 남원 일대를 중심으로 뿌리내렸다. 여기에 속한 소리꾼들은 대체로 웅건하고 힘찬 발성을 추구했으며 목청을 길게 뽑아내는 데 강점을 보였다. 따라서 동편제는 장중하고 기개 있는 소리, 남성적인 호탕함이 특징으로 꼽힌다. 송흥록을 비롯한 초기 명창들이 주로 이 계열에 속했고, 이들의 소리는 기세와 호흡으로 청중을 압도했다. 장터의 걸립판에서 동편제 소리는 군중의 환호를 불러일으키기에 적합했으며 힘차고 드높은 성량은 야외 공연에도 제격이었다.

이에 비해 서편제는 전라도 서부 지역, 특히 보성과 광주, 나주 일대에서 전승되었다. 서편제의 소리는 동편제에 비해 훨씬 섬세하고 감성적인 특징을 지녔다. 소리를 질러내기보다는 눌러내는 창법을 구사했고, 목청을 가다듬어 애잔하고 구슬픈 정조를 표현하는 데 능했다. 이로 인해 서편제는 여성적인 섬세함, 서정성과 정한의 미학으로 평가되었으며 관객을 울리는 데 탁월한 힘을 가졌다. 박유전과 김세종, 그리고 후대의 여러 명창들이 서편제의 계보를 이어가면서 판소리의 예술성을 고양시켰다. 양반가 사랑방이나 비교적 좁은 공간에서 감상하기에 서편제는 더욱 어울렸으며 정제된 소리와 감각적 표현은 교양의 음악으로 환영받았다.

동편제와 서편제의 분화는 단순히 지역적 차이에서 비롯된 것이 아니라 판소리가 대중적 오락과 예술적 향유라는 두 축을 아우르며 발전하는 과정에서 자연스럽게 형성된 결과였다. 동편제는 장터와 걸립판에서의 대중적 호소력에, 서편제는 양반가와 후원의 미학적 요구에 각각 부응했다고 할 수 있다. 그러나 두 유파는 서로 경쟁만 한 것이 아니라 끊임없이 영향을 주고받았다. 동편제 명창이 서편제의 섬세한 기교를 흡수하기도 했고, 서편제 소리꾼이 동편제의 웅건한 창법을 차용하기도 했다. 이처럼 상호 교류와 변화를 통해 판소리는 더욱 다채로운 스펙트럼을 형성할 수 있었다.

결국 판소리의 전통은 동편제와 서편제라는 두 가지 큰 줄기를 통해 뿌리를 내리고 가지를 뻗었다. 웅혼한 동편제의 기세와 섬세한 서편제의 정조가 어우러지면서 판소리는 한국인의 희로애락을 가장 풍부하게 표현할 수 있는 예술이 되었다. 오늘날에도 이 두 유파는 명창들의 이름과 함께 전승되고 있으며 판소리의 생명력을 이어가는 중요한 자산으로 평가된다. 동편제와 서편제의 공존과 긴장, 교류와 발전은 판소리를 단순한 지역 예술을 넘어 민족적 예술로 성장하게 만든 원동력이었고, 이를 통해 판소리는 조선 후기부터 근대에 이르기까지 민중과 지식인의 사랑을 동시에 받을 수 있었다.

명창의 탄생, 소리꾼의 시초를 찾아서

조선 후기 판소리의 역사를 이야기할 때 가장 먼저 떠오르는 인물은 단연 송흥록이다. 그는 전라도 남원 출신으로 걸립을 돌며 소리를 닦아 명창의 반열에 올랐다. 어린 시절부터 타고난 성량과 재치 있는 아니리로 사람들을 사로잡았던 그는 장터의 걸립판에서 시작해 점차 이름을 널리 알렸다. 소리의 구성과 장단에 탁월했던 그는 당시 소리꾼들 사이에서 새로운 기준을 세웠고 후대에 이르러서는 '소리의 성인聖人'이라 불리며 판소리 사설과 가창법의 정통을 확립한 인물로 평가받았다. 특히 그가 완성한 〈춘향가〉의 대목들은 이후 판소리 정통 계보의 기초가 되었고 명창들의 교본처럼 전승되었다.

송흥록의 활동 무대는 걸립판만이 아니었다. 그는 사랑방 소리판에 불려 들어가 사대부들의 후원을 받으며 예술적 지위를 높여갔다. 부유한 양반가와 문인들은 그에게 생활의 안정을 제공했고 송흥록은 그 대가로 제자를 길러내며 판소리의 전통을 이어갔다. 걸립판에서 대중성을 확보하고 사랑방에서 예술적 격을 쌓아간 그의 삶은 판소리 명창의 전형을 보여주는 것이었다. 그의 이름은 단지 지방적 명성이 아니라 한양과 궁궐 주변에도 울려 퍼지며 판소리가 조선 전역에 알려지는 데 중요한 역할을 했다.

송흥록의 뒤를 이은 인물들 가운데 특히 박유전은 판소리의 예술적 성취를 한 단계 더 끌어올린 명창으로 손꼽힌다. 그는 충청도와 한양 일대에서 활약하며 판소리의 예술성을 정련했다. 박유전은 단순히 소리를 잘하는 데 그치지 않고 사설을 다듬어 시적 정취와 문학적 품격을 불어넣었다. 양반 문인들과 교유하며 사랑방 무대에서 소리를 가다듬은 그는 판소리를 교양 있는 문예 장르로 인정받게 만드는 데 중요한 역할을 했다. 그가 불렀던 〈적벽가〉는 당대 양반들의 귀에 어울리는 고상한 정취를 풍겨 판소리가 민속 오락을 넘어 문학적 가치를 지닌 예술로 자리매김하는 계기를 마련했다.

또 다른 명창 김세종은 걸립과 후원을 넘나들며 판소리의 대중성과 예술성을 동시에 확보한 인물이었다. 그는 전라도와 경상도 지역을 두루 다니며 소리를 전했고 특히 호남 지역에서는 절대적인 명성을 떨쳤다. 김세종의 소리는 기교보다는 호소력 있는 창법과 진솔한 아니리로 청중을 사로잡았다고 전한다. 장터에서는 청중과 함께 울고 웃으며 소리를 했고 양반가에 불려가서는 기품 있고 절제된 창법을 선보였다. 그 역시 후원자들의 지원으로 제자를 양성하며 판소리 전승의 중요한 고리가 되었다.

송흥록, 박유전, 김세종을 비롯한 이들 명창의 활동은 판소리가 단순한 오락을 넘어 예술로 성장하는 과정을 잘 보여준다. 걸립판에서 익힌 대중성과 사랑방과 궁궐에서 인정받은 예술성, 그리고 후원자들의 재정적 뒷받침은 판소리가 전국적인 장르로 발전하는 데 결정적인 요소였다. 이들은 모두 시대의 제약 속에서도 소리꾼으로서의 자존심을 지켰고 후원과 걸립 사이에서 줄타기를 하며 예술적 성취를 남겼다. 이들의 목청과 사설은 단순히 당대의 흥취에 그치지 않고 오늘날까지 이어지는 판소리 전통의 뿌리를 이룬다. 결국 송흥록에서 박유전에 이르는 명창들의 활약은 조선 후기 민중과 양반, 장터와 사랑방, 대중성과 예술성이 어우러진 독창적 문화의 결정체였으며 판소리를 한국 대표 예술로 이끈 원동력이었다.

명창의 계보와 강력한 후원자 신재효

　판소리가 한 세대의 유행으로 끝나지 않고 오늘날까지 이어질 수 있었던 것은 무엇보다 명창과 제자가 만들어낸 전승의 구조 덕분이었다. 걸립판과 사랑방을 오가며 명성을 쌓은 명창들은 자신의 소리를 제자에게 물려주었고 제자는 다시 새로운 세대에 전하며 계보를 형성했다. 이 과정에서 판소리는 단순한 개인의 기예를 넘어 하나의 장르로 자리 잡았다. 판소리의 전승은 정규 교육 제도 속에서 이루어진 것이 아니었다. 제자는 스승 곁에서 고수로 북을 치며 소리의 대목을 익혔고 걸립에 동행하며 판소리의 사설과 장단을 몸으로 체득했다. 이런 현장적 학습은 제자에게 혹독했으나, 동시에 가장 효과적인 수업이었고 그 과정에서 판소리는 생생한 생명력을 얻었다.

　동편제의 계보는 이러한 전승 구조의 대표적 사례다. 판소리의 성인이라 불린 송흥록이 그 출발점이었다. 그는 걸립판에서 다져진 웅건한 성량과 기백 있는 소리로 판소리의 권위를 세웠다. 그의 제자 가운데 특히 송만갑은 스승의 동편제 소리를 계승해 한층 더 다듬었다. 송만갑은 고제古制의 엄격한 틀을 중시하면서도 대목마다 변화를 주어 장중한 미감을 강조했다. 이어 김창환으로 계보가 이어졌는데 그는 송만갑의 소리를 잇되 보다 현대적인 감각을 불어넣었다. 김창환의 소리는 기품 속에서도 대중의 감각에 맞추어 변화하는 특징을 지녔다. 마지막으로 정정렬에 이르러 동편제는 또 한 번의 변화를 맞는다. 정정렬은 스승들의 소리를 계승하면서도 섬세한 감정을 불어넣어 동편제와 서편제의 장점을 절묘하게 아우른 인물로 평가된다. 이렇게 송흥록-송만갑-김창환-정정렬로 이어지는 동편제 계보는 단순한 기술의 계승이 아니라 각 세대마다의 변주와 재창조를 통해 판소리의 한 축을 세운 역사였다.

이에 대응하는 서편제의 계보 역시 뚜렷하게 형성되었다. 그 출발점에는 박유전이 있었다. 그는 섬세하고 애절한 소리로 청중의 마음을 울렸으며 서편제의 미학을 정립한 인물로 꼽힌다. 그의 제자 김정근은 스승의 기교를 이어받으면서도 사설을 더 정제하고 창법을 한층 더 절도 있게 다듬었다. 이후 박봉래가 계보를 이어받아 서편제의 세련미를 높였고 다시 김채만으로 전승되면서 서편제는 한층 정교하고 서정적인 예술로 완성되었다. 서편제는 이렇게 박유전-김정근-박봉래-김채만으로 이어지며 섬세하고 감성적인 미학을 발전시켰다. 서편제의 소리는 관객을 울리는 힘으로 특징지어졌으며 양반가 사랑방에서 특히 환영받았다.

이 두 계보는 판소리의 전통을 양분하면서도 서로 영향을 주고받았다. 동편제가 힘찬 기세로 판소리의 대중성을 대표했다면 서편제는 애절한 정조로 예술성을 정립했다. 그러나 어느 한쪽만으로 판소리의 생명을 설명할 수는 없다. 동편제 명창은 서편제의 섬세함을 배우기도 했고 서편제 소리꾼은 동편제의 웅혼함을 차용하기도 했다. 이렇게 두 계보는 경쟁하면서도 교류했고 그 결과 판소리는 더욱 다채로운 장르로 성장할 수 있었다.

판소리 전승에서 빼놓을 수 없는 또 하나의 요소는 후원자의 존재였다. 명창이 아무리 뛰어난 기량을 지녔다 하더라도 생계가 불안정하면 소리의 전승은 위태로울 수밖에 없었다. 이때 양반가와 부유한 후원자들이 나섰고 그 덕분에 제자 교육과 계보의 형성이 가능해졌다. 그 가운데 가장 중요한 인물이 고창 출신의 동리 신재효였다.

그는 직접 소리를 하지는 않았지만 판소리를 누구보다 사랑한 후원자이자 기획자였다. 그는 여섯 마당의 사설을 집대성해 판소리를 문학적 체계 속에 정리했으며 동시에 명창들에게 생활의 안정을 보장해 주었다. 신재효의 사랑방은 명창들이 모여 소리를 펼치고 제자들이 훈련하는 학교와도 같은 공간이었다. 명창 김세종이 그의 후원 속에서 활동하며 제자들을 길러낸 것이 대표적 사례다. 신재효의 후원은 단순한 금전적 지원을 넘어 판소리를 정통 예술로 정립하는 기틀이 되었고 제자들의 성장과 계보의 확립에 결정적 역할을 했다.

명창과 제자의 관계는 단순한 사제의 연을 넘어 일종의 가문과 계보를 형성했다. 제자는 스승의 소리를 그대로 모방하는 데서 출발했으나, 결국 자신의 개성을 입혀 새로운 소리를 만들어냈다. 이 과정에서 판소리는 고정된 틀이 아니라 끊임없이 변주되고 재창조되는 살아 있는 전통으로 이어졌다. 스승의 이름은 제자의 정체성을 보증하는 표식이었고 제자의 성취는 곧 스승의 명예로 돌아갔다. 이렇게 축적된 계보는 판소리의 정통성을 지탱하는 힘이 되었고 판소리를 한 시대의 오락을 넘어 민족적 예술로 성장하게 만들었다.

결국 판소리의 전승은 명창과 제자 그리고 후원자의 삼각 구조 속에서 유지되었다. 걸립판에서 대중성을 확보하고 사랑방과 궁궐에서 예술성을 정련했으며 후원자의 지원 속에서 제자를 길러내며 계보를 세웠다. 송흥록에서 정정렬로 이어지는 동편제의 흐름 박유전에서 김채만으로 이어지는 서편제의 흐름 그리고 동리 신재효 같은 후원자의 기획과 지원은 모두 판소리가 민속 예능을 넘어 한국을 대표하는 예술로 자리매김하는 데 핵심적인 역할을 했다. 명창과 제자 그리고 후원자의 손길 속에서 판소리는 세대를 거듭하며 이어졌고 오늘날까지도 그 울림을 잃지 않고 있다.

신재효가 정리한 판소리 여섯 마당

조선 후기 판소리가 전성기를 맞이하던 19세기 중반, 고창의 동리 신재효는 판소리의 체계화를 위해 평생을 바친 인물이었다. 당시 판소리는 장터와 사랑방, 걸립판에서 크게 인기를 얻고 있었지만, 사설은 구전으로만 전해지고 공연 형식도 일정하지 않아 지역과 소리꾼에 따라 내용과 구성이 달랐다. 신재효는 이러한 상황에서 판소리를 문학적 텍스트로 정리하고 더 나아가 교육과 전승의 토대를 마련하고자 했다. 그가 활동하던 고창은 명창들이 자주 드나들며 판소리 전승이 활발하던 지역이었고 신재효는 재력과 학식을 바탕으로 명창들을 후원하면서 동시에 판소리의 비평과 정리에 매진할 수 있었다.

신재효는 판소리를 단순한 민속 오락이 아닌 정통 문학으로 자리매김하기 위해 여섯 마당의 사설을 집대성하였다. 그 여섯 마당은 〈춘향가〉, 〈심청가〉, 〈흥보가〉, 〈수궁가〉, 〈적벽가〉, 그리고 〈변강쇠타령〉이었다.

춘향가는 신분의 벽을 넘어서는 사랑 이야기이자 부패한 권력을 꾸짖는 민중적 서사였고 심청가는 효를 주제로 하여 조선 사회의 도덕적 가치를 강조하였다. 흥보가는 가난한 집안이 근면과 덕으로 보상을 받는 권선징악의 이야기였으며 수궁가는 토끼와 용왕의 재치를 통해 풍자의 묘미를 드러냈다. 적벽가는 중국 고사인 삼국지의 전투를 소재로 한 대작으로 판소리가 민중적 서사뿐 아니라 문학적 교양과 고전의 재해석을 포괄할 수 있음을 보여주었다. 마지막으로 변강쇠타령은 남녀의 성적 욕망과 본능을 노골적으로 묘사한 작품으로 인간사의 어두운 측면과 욕망을 드러낸다는 점에서 독특한 위치를 차지했다.

이렇게 여섯 마당을 정리한 신재효의 작업은 판소리가 단순히 소리꾼 개인의 기예가 아니라 한국 문학의 한 갈래로서 기록될 수 있는 길을 열었다. 그는 명창들을 불러 제자들을 교육시키면서도 사설을 정리하고 평론을 덧붙여 판소리를 체계화하려 했다. 특히 그는 소리꾼들에게 단순한 기교만이 아니라 인물의 성격과 사설의 의미를 살려내야 한다고 강조했으며 이는 판소리를 단순한 장터의 흥취가 아니라 교양 있는 예술로 끌어올리는 데 중요한 역할을 했다.

그러나 여섯 마당이 모두 오늘날까지 전승된 것은 아니다. 변강쇠타령은 내용이 지나치게 선정적이고 음담패설적이라는 이유로 점차 공연 무대에서 사라졌다. 조선 후기 성리학적 가치관은 성적 욕망을 노골적으로 드러내는 것을 꺼렸고 일제강점기 이후 근대적 공연 질서 속에서는 더욱 배제되었다. 결과적으로 판소리는 〈춘향가〉, 〈심청가〉, 〈흥보가〉, 〈수궁가〉, 〈적벽가〉 등 다섯 마당만이 전승되어 오늘날 무대에서 불리고 있다. 이 다섯 마당은 효와 사랑, 권선징악, 풍자와 교훈, 역사적 교양이라는 다양한 주제를 아우르며 한국인의 정서를 가장 잘 드러내는 작품으로 자리매김했다.

신재효가 판소리를 여섯 마당으로 정리한 배경에는 단순히 예술에 대한 애정만 있었던 것은 아니다. 그는 판소리를 체계적으로 정리해야만 명창들이 제자를 양성하고 예술을 이어갈 수 있다고 보았다. 또한 판소리를 문학적으로 평가하고 기록함으로써 양반 문인 사회에서도 판소리가 교양 예술로 인정받을 수 있는 길을 열고자 했다. 실제로 신재효의 정리는 판소리의 예술적 지위를 크게 높였고 명창들과 제자들이 계보를 이어가는 데 결정적인 기여를 했다.

결국 신재효의 판소리 여섯 마당 정리는 한국 예술사에서 중요한 분기점이었다. 비록 오늘날에는 다섯 마당만이 전승되지만, 여섯 마당 체계 속에서 판소리가 문학적·예술적 위상을 확보할 수 있었다. 신재효는 직접 소리를 하지 않았지만 그가 남긴 비평과 정리는 판소리의 정통성을 확립하는 데 결정적인 역할을 했다. 판소리가 장터의 흥취에서 궁궐의 예술로 나아가 민족의 문화유산으로 발전할 수 있었던 것은 신재효의 노력 덕분이라 해도 과언이 아니다. 그의 작업은 판소리의 정수와 다양성을 집대성한 기획이었으며 오늘날 우리가 판소리 다섯 마당을 통해 한국인의 정서를 이해할 수 있는 것도 그 덕분이다.

유네스코가 인정한 오늘의 판소리

판소리는 조선 후기의 사회와 문화 속에서 태어나 민중과 지배층을 아우르는 독특한 예술로 성장하였다. 무엇보다 걸립과 후원이라는 이중 구조 속에서 판소리는 생명력을 얻었다. 걸립은 소리꾼들이 고수와 함께 마을과 장터를 돌며 소리를 하고 청중으로부터 쌀이나 곡식, 엽전 같은 대가를 받아 생계를 유지하는 방식이었다. 걸립판은 장터 한복판이나 마을 어귀에서 벌어졌고 소리꾼은 아니리와 창을 섞어가며 사람들의 웃음을 자아내고 눈물을 짜내며 흥을 돋웠다. 이 자리에서 청중들은 일상의 고단함을 잊었고 소리꾼은 관객의 반응 속에서 기량을 다듬었다. 걸립은 판소리를 대중의 예술로 뿌리내리게 한 원천이었으며 동시에 소리꾼들에게 혹독한 훈련장이었다.

한편 판소리는 양반가와 문인들의 사랑방에 들어가 후원이라는 또 다른 기반을 확보했다. 부유한 사대부들은 명창을 불러 소리를 듣고 그들에게 재정을 지원하거나 제자 양성을 돕기도 했다. 후원의 공간에서는 걸립판에서 다듬어진 소리가 교양과 예술의 품격을 입게 되었다. 이로써 판소리는 민중의 흥취와 양반의 교양을 동시에 포괄하는 예술로 성장했다. 특히 신재효 같은 인물은 단순히 후원자에 머물지 않고 판소리 사설을 정리하고 평론을 붙이며 판소리를 문학적 장르로 끌어올렸다. 그는 여섯 마당의 사설을 집대성하고 명창들을 지원하면서 판소리의 전승과 정통성을 확립하는 데 결정적인 역할을 했다.

판소리가 지닌 사회적 의미는 단지 공연 예술로서의 성취에 머물지 않았다. 그 안에는 공동체의 정신과 시대의 욕망이 담겨 있었다. 춘향가는 신분을 넘어선 사랑과 부패 권력에 대한 저항을 노래하며 민중의 이상을 드러냈고 심청가는 부모에 대한 효와 희생을 강조하며 당시 사회가 중시하던 도덕적 가치를 재현했다. 흥보가는 가난한 자가 선행을 통해 보상받고 부자가 탐욕으로 파멸하는 이야기를 통해 권선징악의 교훈을 전했다. 수궁가는 토끼와 용왕의 대화를 통해 풍자와 재치를 발휘하며 권력자의 어리석음을 비꼬았고 적벽가는 삼국지의 고사를 바탕으로 웅대한 상상력과 영웅적 기개를 펼쳐 보였다. 이렇듯 판소리는 웃음과 눈물을 동시에 자아내며 민중의 정서를 담아낸 동시에 지배층도 공감할 수 있는 도덕적 메시지를 전했다.

판소리는 또한 사회적 소통의 장이었다. 걸립판에서는 서민과 소리꾼이 직접 호흡하며 감정을 나누었고 사랑방에서는 문인과 명창이 서로의 예술을 인정하며 교류했다. 이는 계층 간의 경계를 허물고 서로의 감각을 이어주는 문화적 다리 역할을 했다. 그 결과 판소리는 민중적 기반 위에서 성장하면서도 교양 있는 예술로 자리매김할 수 있었고 조선 사회의 문화적 다양성을 보여주는 대표적 장르가 되었다.

근대 이후 판소리는 일제강점기와 해방, 전쟁을 거치며 큰 변화를 맞았다. 많은 명창들이 생계를 이어가기 힘들었고 대중 오락의 변화 속에서 판소리는 점차 밀려났다. 그러나 20세기 중반 이후 국가 차원에서 전통 예술을 보존하려는 노력이 시작되면서 판소리는 새로운 전기를 맞았다. 1964년 판소리는 국가무형문화재 제5호로 지정되었고 명창들의 기예는 인간문화재 제도를 통해 전승되었다. 이는 판소리가 단순한 민속 놀이가 아니라 한국을 대표하는 예술로서 공인된 순간이었다.

국제적으로도 판소리의 가치는 인정받았다. 2003년 판소리는 유네스코 인류구전 및 무형유산 걸작으로 선정되었고 2008년에는 유네스코 인류무형문화유산 대표목록에 등재되었다. 유네스코는 판소리가 한국인의 삶과 정서를 담아내는 독창적 서사 음악임을 높이 평가하며 판소리의 보존과 전승을 국제 사회의 과제로 제시했다. 이로써 판소리는 한국을 넘어 세계가 공유하는 문화유산이 되었고 한국인의 정체성을 대표하는 예술로 자리 잡았다.

오늘날 판소리는 전통 판소리 다섯 마당을 중심으로 공연되며 국립창극단과 지역 전승 단체, 개별 명창들을 통해 활발히 이어지고 있다. 또한 창극과 창작 판소리라는 새로운 형식으로 확장되며 현대 관객과도 소통한다. 학생들이 배우는 교육 과정에도 판소리가 포함되어 있으며 젊은 창작자들은 현대적 소재와 결합해 판소리의 외연을 넓히고 있다. 이처럼 판소리는 과거의 유산이면서도 동시에 현재를 살아가는 예술로 기능하고 있다.

결국 판소리는 걸립을 통해 민중적 기반을 다지고 후원을 통해 예술적 격을 확보하며 오늘날에는 국가와 세계의 보호 속에서 살아남은 독보적 예술이다. 그것은 단순한 공연을 넘어 사회적 의미와 공동체적 가치를 품은 문화적 거울이었다. 오늘날 우리가 판소리를 통해 듣는 것은 단순한 창법이 아니라 조선 사람들의 삶과 정서, 시대의 꿈과 이상이다. 판소리의 가장 큰 유산은 바로 그 목소리 속에 담긴 생생한 인간성, 웃음과 눈물이 함께 어우러진 서사의 힘이다. 그것은 지금도 관객의 가슴을 울리고 앞으로도 살아 있는 예술로 계속 전승될 것이며 소리꾼 또한 하나의 직업으로 지속될 것이다.

조선의 공연 예술가들,
광대와 재담꾼

조선의 웃음 예술과 광대의 탄생

'광대'는 본래 사람들을 웃기고 즐겁게 하는 이들을 가리키는 말이었다. 그 어원은 정확히 한 곳에 고정되지 않고 널리 사람 앞에서 몸짓을 부리거나 잡기를 하는 이들을 일컫는 데서 비롯되었다. 조선 사회에서 광대는 단순한 희극적 존재가 아니라 웃음을 노동으로 삼아 생계를 이어간 직업인이었다. 그들은 사회적으로는 천역으로 분류되었지만 민중의 삶과 궁중의 의례 속에서 빠질 수 없는 존재였고, 웃음과 익살, 기예와 재담으로 공동체의 감정을 풀어내는 역할을 담당했다. 웃음은 단순한 오락이 아니라 억눌린 사회 질서 속에서 긴장을 해소하고 권력을 풍자하며 삶의 고단함을 잊게 해주는 강력한 힘이었다. 광대는 그 웃음을 직업적 재능으로 바꾸어낸 사람들로서 조선 예술사의 한 자리를 분명히 차지하고 있었다.

광대의 출현 배경은 민간의 유희와 국가의 의례가 교차하는 자리에서 찾을 수 있다. 마을 단위로 열리던 굿이나 동제, 장터의 흥겨운 풍물굿은 자연스럽게 웃음과 익살을 동반했고 여기에 걸맞은 역할을 맡는 이들이 필요했다. 한편 궁궐과 종묘, 사직에서 거행되던 국가 제례와 연향에서도 음악과 춤, 희극적 기예가 동원되었다. 임금과 대신들을 즐겁게 하는 자리에서 기예를 부리는 이들이 곧 광대였다.

이렇게 민간과 궁중을 넘나드는 필요 속에서 광대라는 직업이 점차 자리 잡았던 것이다. 민간의 광대가 장터와 마을을 무대로 삼았다면 궁중의 광대는 제도권 속에서 관리되며 임금의 기호와 국가 의례에 봉사했다. 이 두 영역은 서로 분리되면서도 긴밀히 영향을 주고받으며 광대라는 집단의 성격을 형성했다.

궁중 광대와 민간 광대의 차이는 그 소속과 활동 무대 그리고 신분적 위상에서 뚜렷하게 갈렸다. 궁중의 광대는 장악원이나 교방에 소속되어 일정한 관직과 녹봉을 받으며 연희에 참여했다. 이들은 주로 연향에서 춤과 음악, 잡기를 펼쳤고 의례적인 연출을 담당했다. 그러나 제도 속에 들어 있었다 해도 사회적 신분은 결코 높지 않았다. 천역의 한 부류로서 사대부들의 시선 속에서는 여전히 천시되었고 관직이라 하여도 그 품계는 미미했다. 그럼에도 궁중 광대들은 정규 훈련을 통해 기술을 연마할 수 있었고 국가 차원의 후원을 받았다는 점에서 일정한 안정성을 누릴 수 있었다.

이에 비해 민간 광대들은 유랑하며 걸립을 통해 생계를 이어갔다. 장터 한복판에 판을 벌여 노래와 춤, 재담과 곡예를 선보이며 관객들의 웃음을 자아내고 그 대가로 쌀과 돈을 받았다. 이들은 특정 제도에 소속되지 않기에 자유로운 활동이 가능했으나, 동시에 생계는 늘 불안정했다.

걸립판에서의 레퍼토리는 다양했는데 탈춤을 통한 사회 풍자, 곡예와 줄타기, 동물을 이용한 재주, 풍물과 덧뵈기의 종합 공연 등이 그것이었다. 특히 양반과 관료를 조롱하는 대목에서는 민중이 크게 환호했으나, 이로 인해 탄압과 단속을 받기도 했다. 떠돌이 광대들의 생활은 고단했지만 바로 그 유랑의 무대가 판소리와 재담, 곡예와 놀이가 뒤섞인 종합 예술로 발전하는 토양이 되었다.

이처럼 궁중 광대와 민간 광대는 서로 다른 삶을 살았지만 모두가 웃음을 매개로 사회 속에서 기능했다. 궁중 광대는 권력의 권위를 강화하고 제례와 연향을 화려하게 장식하는 역할을 했고 민간 광대는 억눌린 서민들의 정서를 풀어내고 웃음 속에 풍자를 담아내며 공동체의 일상에 활력을 불어넣었다. 두 영역의 광대는 서로 교류하기도 했다. 민간에서 두각을 나타낸 광대가 궁중에 불려 들어가기도 했고 궁중에서 활동하던 광대가 은퇴 후 민간 무대에서 기술을 펼치기도 했다. 이렇게 양자의 경계는 완전히 고정되지 않았으며 광대라는 직업은 국가와 민간의 요구를 모두 반영하면서 다층적인 성격을 띠게 되었다.

조선에서 광대는 웃음을 팔아 생계를 꾸려간 직업인이었고 동시에 시대의 모순을 드러내는 거울이기도 했다. 그들은 웃음과 익살로 관객을 사로잡았지만 그 속에는 권력에 대한 풍자와 민중의 바람, 삶의 아이러니가 녹아 있었다. 웃음을 노동으로 전환한 광대들의 존재는 예술이 어떻게 시대와 사회, 제도와 민중의 필요 속에서 태어나는지를 잘 보여준다.

공연 예술가들의 집단, 사당패

조선 공연 예술가들을 대표하는 조직이 사당패였다. 사당패라 함은 흔히 여성들로 이뤄진 여사당패를 일컫는데 이들과 대치되는 조직으로 남사당패도 있었다.

남사당패는 조선 후기 전국을 떠돌며 장터와 마을에서 공연을 펼치던 유랑 예인 집단이었다. 동시에 줄타기와 곡예, 탈놀음과 인형극, 풍물을 한데 묶은 체계적인 공연을 갖추어 조선 후기 민중 오락의 집대성이라 불릴 만한 존재였다. 이들은 일정한 터전에 머무르지 않고 큰 길목과 장시를 따라 이동하며 판을 벌였다. 그 공연은 '여섯 마당'이라 불리는 구성으로 이루어졌다.

그 가운데 첫째는 줄타기였다. 이를 '어름'이라 불렀다. 높은 외줄 위에서 장대를 짚고 몸의 균형을 잡으며 아슬아슬하게 오가는 줄광대의 모습은 언제나 사람들의 시선을 단번에 붙들었다. 둘째는 땅재주였다. 이를 '살판'이라 했는데, 광대가 땅 위에서 몸을 뒤집고 공중제비를 돌며 날렵한 곡예를 펼쳤다. 셋째는 접시를 돌리는 재주 '버나'였다. 막대 끝에서 접시를 회전시키는 기술로, 단순해 보이지만 고도의 집중력을 요구했다. 재담과 함께 이어져 아이들과 서민들의 큰 호응을 얻었다. 넷째는 인형극인 '덜미놀이'였다. 꼭두각시 인형을 조종해 양반과 세태를 풍자하며 웃음을 끌어냈다. 다섯째는 가면극 '덧뵈기'였다. 탈을 쓰고 과장된 몸짓과 대사로 신분 질서를 비틀며 통쾌함을 안겼다. 마지막은 풍물놀이인 '판굿'이었다. 북과 꽹과리, 징과 장구가 어우러진 장단 속에서 연희자와 관객이 함께 어울렸다.

이렇게 여섯 마당은 줄타기와 곡예, 인형극과 탈놀이, 음악과 풍물을 아우르는 종합 예술이었다. 남사당패는 이 체계적인 공연 구성 덕분에 조선 민중 예능의 중심으로 자리 잡을 수 있었다.

남사당패의 조직은 나름 탄탄했다. 패의 우두머리는 꼭두쇠라 불렸고 이는 단순한 연희자가 아니라 흥행을 기획하고 인원을 관리하며 지역 세력과 협상하는 리더였다. 상쇠는 풍물패의 중심으로 음악을 주도했으며 각 재주꾼들은 맡은 마당에서 전문성을

▶ 김홍도 〈무동〉. 부잣집 잔치에서 흥겨운 연주에 맞춰 춤을 추는 아이의 역동적인 몸짓을 담은 그림이다. 소리와 몸짓이 어우러진 조선 예인들의 신명 나는 공연 현장을 생생하게 보여준다.

출처: 국립중앙박물관

발휘했다. 길을 닦고 판을 짜며 화대를 걷어들이는 일까지 역할이 나누어져 있었고 수입은 일정한 분배 원칙에 따라 나누어졌다. 남사당패의 이동은 곧 하나의 흥행망이었고 그 속에서 조선 후기 장시 문화와 오락 시장은 활력을 띠었다.

여기에 대응되는 존재로 사당패, 곧 여사당들이 있었다. 이들은 남자 유랑패와 달리 여성으로만 이루어진 집단이었다. 사당패는 본래 사찰과 관련이 깊었다. 불교 행사나 장터의 흥을 돋우기 위해 사당을 무대로 삼았기에 붙은 이름이었다. 여사당들은 춤과 노래, 재담으로 생계를 꾸려갔다. 승무와 검무 계열의 춤은 사찰 의식과 민속 춤을 이어주었고 시조와 잡가를 부르며 청중의 귀를 사로잡았다. 또한 재치 있는 입담으로 좌중을 웃기며 남자 광대와는 다른 여성적 풍류를 보여주었다.

사당패와 기생은 종종 혼동되었으나 그 성격은 달랐다. 기생이 관청에 속해 잔치와 연향을 담당했다면 사당패는 제도권 밖에서 유랑하며 공연했다. 이 때문에 삶은 더 불안정했고 도덕적 비난에도 자주 노출되었다. 조선 사회의 성리학적 가치관은 여성 유랑 예인에 대해 곱지 않은 시선을 보냈지만, 장터와 마을 사람들에게 여사당은 꼭 필요한 존재였다. 그들의 춤과 노래, 재담은 서민들의 일상에 활력을 주었고 청중은 그 대가로 돈이나 곡식을 내놓았다. 사당패는 이처럼 사회적 멸시와 경제적 필요 사이에서 생존한 집단이었다.

남사당패와 사당패 모두에게 따라붙었던 꼬리표는 '천예賤藝'였다. 그들은 천한 예능으로 먹고사는 이들이라 불렸고 사대부 사회에서는 함부로 교류할 수 없는 집단으로 취급되었다. 그러나 현실은 달랐다. 양반가조차 큰 잔치를 벌일 때면 남사당패나 사당패를 불러 흥을 돋우곤 했다. 억압과 멸시 속에서도 이들의 기술은 널리 소비되었고 수요는 끊이지 않았다. 법과 도덕은 억제의 언어였으나, 현실은 웃음과 오락을 포기할 수 없었던 것이다.

사당패 조직의 운영은 하나의 경제 단위와도 같았다. 꼭두쇠나 패두는 단순한 예능인이 아니라 흥행을 책임지는 지도자였고 공연 수익은 조직적으로 관리되었다. 공연 전 길닦이를 통해 마을의 허락을 얻고 판을 짠 뒤 화대를 거두어 분배하는 과정은 상업적 흥행과 다름없었다. 남사당패와 사당패는 지역 공동체와 흥행 시장, 그리고 권력층의 은밀한 후원을 통해 생존 기반을 다졌다.

사당패의 경우 여성이라는 점에서 더욱 복잡한 모순에 직면했다. 그들의 기예는 찬탄과 소용의 대상이었으나, 한편으로는 완고한 도덕 규범과 부딪히며 갈등을 낳았다. 기생보다 더 자유롭게 유랑했다는 이유로 사당패는 도덕적 비난의 대상이 되기도 했다. 그러나 실제로는 춤과 노래, 재담이 주된 생계 수단이었고 이를 통해 많은 사당패가 삶을 이어갔다.

남사당패와 사당패는 제도 밖에서 활동하며 억압과 수요 사이의 모순을 안고 살았지만 바로 그 모순 속에서 연희는 더욱 생동했다. 남사당패는 집단적이고 체계적인 예술로, 사당패는 여성적이고 유연한 풍류로 조선의 오락 문화를 풍성하게 했다. 천예로 낙인찍혔으나 실제로는 널리 소비되고 후원된 존재였다. 그들은 웃음을 직업으로 삼아 민중의 마음을 달래고 시대의 모순을 비추는 거울이 되었다.

흥행의 경제학, 사당패 조직 운영과 수익 배분

남사당패나 사당패 같은 유랑 예인 집단은 단순한 흥겨운 놀이패가 아니었다. 그들은 분명한 직책과 역할을 갖춘 조직이었고, 공연의 준비와 실행 과정은 하나의 작은 경제 단위와도 같았다. 가장 높은 위치에 선 사람은 꼭두쇠 혹은 패두라 불렸다. 꼭두쇠는 단순히 재주를 부리는 예능인이 아니라 집단 전체를 이끄는 지도자였다. 그는 새로운 공연지를 물색하고 지역 세력과 협상했으며, 판을 짜는 계획을 세웠다. 또한 패원들을 규율하고 수입을 관리하며 분배하는 책임까지 맡았다. 그만큼 패의 흥망은 꼭두쇠의 수완에 크게 좌우되었다.

공연에서 음악의 중심을 잡는 인물은 상쇠였다. 상쇠는 꽹과리를 치며 장단을 이끌었고, 판굿이나 걸립판에서 사실상 지휘자의 역할을 했다. 그의 채는 단순한 악기가 아니라 집단의 호흡을 조율하는 도구였다. 악장은 노래나 춤, 혹은 특정 마당을 책임지는 이로서 공연마다 전문성을 발휘했다. 줄광대와 버나꾼, 덜미패 등 각종 재주꾼들의 기량이 곧 관객을 모으는 힘이었다.

공연은 길닦기로 시작되었다. 패가 새로운 마을에 들어가면 먼저 몇 사람이 앞서가 원로나 수령과 접촉해 공연을 허락받았다. 마을 분위기를 살피고 안전을 확보하는 일이 길닦기의 목적이었다. 허락이 떨어지면 판짜기가 이어졌다. 공연 순서를 정하고 각 마당의 배치를 짜는 일이었다. 어름으로 시작해 버나와 덜미, 살판과 덧뵈기를 거쳐 마지막에 판굿으로 마무리하는 구성은 흥의 흐름을 끌어올리기 위한 전략이었다. 순서가 어긋나면 흥이 떨어지고 수입도 줄어들었기에, 꼭두쇠와 상쇠는 이를 세심하게 조율했다.

공연의 경제적 기반은 세 가지였다. 첫째는 화대花代(사례금)였다. 공연이 끝난 뒤 관객이 내는 돈과 곡식, 혹은 부유한 인물이 따로 내놓는 사례비가 화대였다. 이는 주요 수입원이었고, 연희의 수준과 관객의 만족도에 따라 액수가 달라졌다. 둘째는 걸립이었다. 패가 마을을 돌며 집집마다 들러 소리를 하고 쌀이나 돈을 얻는 방식이었다. 셋째는 외주 공연이었다. 양반가의 잔치나 사찰의 불사, 혹은 지역 향리의 행사에 불려가 공연을 하는 것이었다. 이 경우에는 대가가 미리 정해져 있어 비교적 안정적이었다.

이렇게 얻은 수입은 일정한 원칙에 따라 분배되었다. 가장 큰 몫은 꼭두쇠에게 돌아갔고, 상쇠와 주요 악장, 전문 재주꾼들이 그 뒤를 이었다. 어린 패원이나 잡무를 맡은 이들에게는 적은 몫이 돌아갔으나 숙련도를 높이면 더 많은 몫을 기대할 수 있었다. 분배 구조는 단순한 경제 계산이 아니라 집단의 위계와 규율을 유지하는 장치이기도 했다.

패의 운영은 지역 세력과의 관계 속에서 이루어졌다. 수령이나 향리, 마을 유지와 협력하지 않으면 공연은 원활히 진행될 수 없었다. 때로는 일정한 사례를 올리거나 공연 후 따로 인사를 하기도 했다. 이러한 교섭망은 패가 장기간 생존할 수 있는 기반이었다.

결국 남사당패와 사당패의 흥행은 단순한 재주가 아니라 운영과 계산의 결과였다. 웃음을 직업으로 삼았지만, 그 이면에는 철저한 분업과 준비, 그리고 생존을 위한 전략이 자리하고 있었다.

탈춤 – 풍자와 해학으로 사회를 비판하다

탈춤은 조선 사회에서 광대들이 펼친 가장 날카로운 풍자극이었다. 탈을 쓰고 무대에 오른 광대들은 양반과 중, 무당과 노인, 기생과 백정 등 다양한 인물을 흉내 내며 웃음을 자아냈다. 그러나 그 웃음은 단순한 해학에 머물지 않았다. 그 속에는 사회 질서를 비트는 날카로움이 숨어 있었다. 탈 뒤에 몸을 숨긴 광대들은 감히 입 밖에 낼 수 없는 민중의 목소리를 대신했고, 과장된 몸짓과 말투로 권력을 조롱하며 일상의 억압을 잠시 풀어냈다. 관객들은 탈춤판에서 신분의 굴레를 잊고 함께 웃으며, 잠시나마 질서가 흔들리는 경험을 했다.

양반 캐릭터는 탈춤에서 가장 큰 웃음거리였다. 위엄을 내세우고 백성 위에 군림하던 양반은 무대 위에서 허세와 위선의 인물로 등장한다. 과장된 몸짓과 허풍 섞인 대사, 술에 취해 비틀거리는 모습은 권위를 한순간에 무너뜨렸다. 관객들은 그 모습을 보며 통쾌하게 웃었고, 그 웃음은 억눌린 신분 사회에 대한 잠시의 해방감으로 이어졌다. 승려 캐릭터 역시 자주 희화화되었다. 수행보다는 권세와 돈에 더 관심이 많은 중, 혹은 여색에 흔들리는 중의 모습은 위선을 드러내는 장치였다. 무당 또한 단골 소재였다. 신을 모신다고 하지만 실제로는 재물을 탐하는 인물로 묘사되며 웃음을 자아냈다. 이렇게 양반·중·무당은 신분과 직업의 구분을 넘어 풍자의 대상이 되었고, 관객들은 그 속에서 현실의 모순을 간접적으로 체험했다.

탈춤은 지역별로 다른 양식을 지니고 있었다. 황해도의 봉산탈춤은 직설적이고 해학적인 풍자가 특징이었다. 양반을 조롱하는 장면이 특히 발달해 권력층의 위선을 적나라하게 드러냈다. 경상도의 하회 별신굿 탈놀이는 서사성과 의례성이 함께 드러났다. 공동체 굿판에서 벌어지는 이 연희는 삶과 죽음, 권력과 욕망을 민중의 시선으로 풀어냈다. 부산과 경남 지역의 수영 야류는 보다 거칠고 호방한 풍자가 중심을 이루었다. 각 지역의 생활과 문화가 녹아든 탈춤은 단순한 오락을 넘어 공동체 정신을 드러내는 무대였다.

광대들은 탈춤 무대를 통해 단순한 희극인이 아니라 사회 비판자의 위치에 서게 되었다. 그들의 대사와 몸짓은 농담처럼 보였지만, 그 안에는 현실을 비트는 힘이 담겨 있었다. 관객들은 웃으며 그 풍자를 받아들였고, 함께 떠들며 억눌린 감정을 풀어냈다. 탈춤은 사회를 직접 바꾸지는 못했지만, 그 모순을 드러내고 잠시 숨을 돌릴 공간을 마련했다.

탈춤은 개인의 재주만으로 완성되지 않았다. 풍물패의 장단과 마을 공동체의 준비, 그리고 관객의 호응이 어우러져 하나의 판을 이루었다. 광대는 그 중심에 섰지만, 탈춤은 결국 공동체가 함께 만들어가는 연희였다.

이렇듯 탈춤은 웃음을 무기로 권력을 풍자하고 질서를 비틀어 보이는 예술이었다. 신분제를 정면으로 부정하지는 않았지만, 해학을 통해 그 허구를 드러냈다. 광대는 탈을 쓰고 무대에 올라 잠시나마 신분을 넘어서는 세계를 열었고, 관객은 그 속에서 자유를 맛보았다. 탈춤은 조선 사회에서 가장 대중적이면서도 비판적인 연희였으며, 그 풍자와 해학은 오늘날에도 여전히 살아 있다.

줄타기와 곡예 – 몸의 기술로 빚어낸 웃음

줄타기는 광대 예술 가운데 가장 눈에 띄는 장관이었다. 굵은 외줄 하나가 허공에 걸리면 그 위가 곧 무대가 되었고, 줄광대는 손에 장대를 짚거나 때로는 맨몸으로 그 위에 올라섰다. 사람들의 시선은 일제히 하늘을 향했고, 한순간 숨소리조차 멎은 듯 고요가 감돌았다. 그러나 줄광대가 몇 발자국을 떼고 흔들리는 몸을 가까스로 추스르는 순간, 긴장은 곧 환호로 바뀌었다. 외줄 위에서 그는 단순히 걷는 것이 아니라 춤을 추고 뛰며, 때로는 넘어질 듯 흔들리다가 다시 균형을 잡았다. 이 아슬아슬한 순간이야말로 줄타기의 묘미였고, 관객들은 그 위기와 극복 사이에서 짜릿한 해방감을 맛보았다.

줄타기는 단순한 곡예가 아니라 희비극이 함께 어우러진 연희였다. 줄광대는 우스꽝스러운 분장을 하고 줄 위에서 농담과 재담을 늘어놓았다. 아래에서는 고수가 북을 치며 박자를 맞추고 추임새를 넣어 긴장을 더했다. 줄광대는 장대를 좌우로 흔들며 "이 줄이 내 생명줄이로구나" 같은 익살스러운 대사를 던지기도 했다. 관객은 위험한 몸짓에 가슴을 졸이다가도 재치 있는 말이 이어지는 순간 크게 웃음을 터뜨렸다. 줄타기는 위험의 미학과 해학이 결합된 공연으로 곡예와 희극의 경계를 넘나들었다.

줄광대의 기예는 다양했다. 줄 위를 걷는 데서 그치지 않고 외발로 서거나 앉았다 일어나고, 장대를 허공에 던졌다가 받아내기도 했다. 때로는 어린아이를 등에 업은 채 걷는 모습으로 관객을 놀라게 했고, 줄 위에서 술잔을 기울이는 과장된 연기로 웃음을 끌어냈다. 이런 묘기는 모두 혹독한 훈련의 결과였다. 줄은 단단히 매었지만 바람과 흔들림까지 막을 수는 없었기에 줄광대는 끊임없이 균형을 단련해야 했다. 넘어질 듯하다가도 끝내 넘어지지 않는 기량은 관객에게 경외심을 안겨주었다.

곡예 광대의 세계는 줄타기에만 머물지 않았다. 땅 위에서 벌어지는 여러 곡예 또한 큰 호응을 얻었다. 살판이라 불린 땅재주는 몸을 굴리고 솟구쳐 공중을 회전하는 재주였다. 곡예와 무용이 어우러진 연희로, 패원들의 기량을 가장 직접적으로 드러내는 마당이었다. 여러 사람이 쌓아 올린 인체 탑 위에서 한 사람이 회전하며 내려오는 묘기는 특히 장관이었다. 관객들은 위험을 무릅쓴 장면에 긴장과 환호를 동시에 보냈다.

줄타기와 곡예는 관객과의 호흡 속에서 완성되었다. 줄광대가 일부러 비틀거리며 넘어질 듯 연기하면 관객은 "아이구!" 하고 탄성을 질렀다. 그러나 곧 균형을 잡고 능청스러운 대사를 던지면 긴장감은 폭소로 바뀌었다. 이런 순간이 반복되면서 공연장은 흥으로 가득 찼다. 위험을 웃음으로 전환시키는 능력, 그것이 광대의 진짜 재능이었다.

줄타기와 곡예는 공동체적 성격도 지녔다. 마을 잔치나 제의, 장날에 맞추어 판이 벌어졌고 사람들은 그 자리에 모여 함께 웃고 떠들었다. 일상의 고단함을 잠시 내려놓는 시간이기도 했다. 줄광대와 곡예꾼들은 몸으로 생존을 증명했고, 그들의 연희는 경이와 웃음으로 공동체를 묶어주었다.

조선 사회에서 줄타기와 곡예는 흔히 천한 기예로 불렸지만 실제로는 높은 기술과 훈련이 요구되는 예술이었다. 허공을 걷는 광대의 모습은 인간의 한계를 시험하는 장면이기도 했다. 관객은 그 위태로운 걸음에서 자신의 삶을 떠올렸고, 위기를 웃음으로 넘기는 모습에서 희망을 보았다.

결국 줄타기와 곡예는 위험과 해학, 긴장과 해방이 어우러진 예술이었다. 광대는 몸을 무기로 관객을 사로잡았고, 위태로운 몸짓 속에서 웃음과 감동을 동시에 만들어냈다. 외줄 위의 한 걸음,

공중에서의 한 바퀴 회전은 단순한 묘기가 아니라 몸으로 표현한 예술의 정점이었다. 웃음을 직업으로 삼은 광대들은 곡예를 통해 시대의 고단함을 위무했고, 민중은 그 몸짓 속에서 삶의 활력을 얻었다.

동물 재주를 다루는 광대들의 세계

조선 후기 장터와 마을의 흥겨운 한편에는 동물을 이용한 광대들의 묘기가 있었다. 원숭이나 곰, 새와 같은 동물은 인간과 함께 무대에 오르며 기묘한 장면을 연출했다. 사람들은 평소 가까이서 보기 힘든 동물의 재주에 놀라고, 우스꽝스러운 몸짓에 웃음을 터뜨렸다. 이는 단순한 오락이자 민중의 눈을 사로잡는 가장 효과적인 흥행 수단이었다. 동물을 다루는 광대는 대개 오랜 기간 길들임을 통해 동물의 습성을 파악하고, 그것을 공연의 묘기로 전환시켰다. 버드놀이라 불린 새의 공연은 참새나 까치를 훈련시켜 부리를 이용해 작은 물건을 집어 옮기거나 특정한 동작을 반복하게 하는 것이었다. 작은 새가 사람의 지시에 맞추어 움직이는 모습은 경이로움과 웃음을 동시에 불러일으켰다.

곰놀이는 그보다 훨씬 규모가 크고 힘이 많이 들어가는 공연이었다. 어린 곰을 데려와 오랜 기간 길러 사람의 명령에 반응하도록 훈련시키는 방식이었다. 곰은 광대의 지시에 따라 뒷다리로 서서 걷거나 춤을 추는 동작을 하기도 했고, 북소리에 맞춰 몸을 흔들며 익살스러운 장면을 연출했다. 힘이 센 곰이 사람처럼 움직이는 모습은 위압적이면서도 웃음을 자아냈다. 관객들은 곰의 위용에 놀라면서도, 그것이 사람의 명령에 따르는 장면을 보고 큰 흥을 느꼈다. 곰놀이는 특히 아이들에게 큰 인기를 끌었고, 장터에서는 늘 많은 인파를 모으는 볼거리였다.

원숭이 역시 대표적인 공연 동물이었다. 원숭이는 인간과 닮은 동작을 잘 모방했기에, 광대는 이를 활용해 각종 희극적 장면을 만들어냈다. 원숭이가 작은 북을 치거나 옷을 입고 사람 흉내를 내는 모습은 관객의 폭소를 자아냈다. 특히 원숭이가 술을 마시는 흉내를 내거나 곰과 함께 등장해 우스꽝스럽게 장단을 맞추는 장면은 큰 인기를 끌었다. 원숭이 재주는 인간과 동물의 경계를 희화화함으로써 관객에게 신기함과 해학을 동시에 제공했다.

그러나 동물을 이용한 공연은 단순한 오락 이상의 문제를 안고 있었다. 동물을 길들이는 과정은 결코 순탄하지 않았고, 종종 학대와 폭력이 수반되었다. 곰을 뒷다리로 걷게 하기 위해 반복된 훈련과 강제, 원숭이가 재주를 부리도록 만들기 위한 혹독한 조련은 윤리적 논란을 불러일으킬 만한 것이었다. 하지만 당시 사회에서는 이를 문제 삼기보다는 오히려 특이한 볼거리로 소비했다. 사람들은 동물이 사람처럼 행동하는 데에서 우스꽝스러움을 찾았고, 그것을 생업으로 삼은 광대들은 오락과 생존 사이에서 균형을 잡아야 했다.

조선 정부는 때때로 이런 공연을 규제하기도 했다. 동물 공연은 장터의 질서를 어지럽히거나, 혹은 지나친 폭력성으로 문제를 일으킨다는 이유로 단속 대상이 되었다. 특히 곰놀이는 대형 동물이 민가에 출몰한다는 점에서 위험 요소가 있었고, 실제로 곰이 관객을 위협하거나 탈출하는 사건이 일어나기도 했다. 따라서 지방 수령들은 종종 동물 공연을 제한하거나 금지하기도 했으나 민중의 수요는 끊이지 않았다. 규제와 수요 사이에서 동물 재주 광대들은 은밀히 공연을 이어갔고, 이는 웃음과 흥행의 이중성을 잘 보여주는 장면이었다.

동물 재주는 또한 인간과 자연의 관계를 독특하게 드러냈다. 사람들은 동물을 다스리고 길들이며 인간 중심의 질서를 강조했지만, 동시에 동물의 기이한 움직임을 통해 자신의 삶을 비추어 보았다. 곰이 춤을 추고 원숭이가 사람 흉내를 내는 장면은 인간 세계의 질서를 희화화하는 풍자적 효과를 내기도 했다. 관객들은 웃음 속에서 자신들의 모습을 거꾸로 비춰보았고, 동물 재주는 단순한 볼거리를 넘어선 사회적 의미를 지니게 되었다.

결국 동물 재주 광대는 웃음과 경외, 윤리와 규제 사이의 경계에서 활동했다. 그들은 민중의 오락을 책임지는 동시에 끊임없는 비난과 단속에 노출되었고, 동물을 다루는 기예는 천한 기예로 불리면서도 결코 사라지지 않았다. 동물이 사람처럼 행동하는 그 순간, 관객은 즐거움과 놀라움을 경험했고, 광대는 그 웃음을 생계로 바꾸어냈다. 동물 재주는 조선 사회의 모순과 욕망이 드러나는 무대였고, 그 웃음의 이면에는 인간과 동물, 생존과 윤리의 복잡한 교차가 자리 잡고 있었다.

풍물패와 걸립 광대 – 음악·춤·익살의 종합판

풍물패와 걸립 광대는 조선 민중의 흥과 신명을 집약한 존재였다. 그들은 북과 장구, 꽹과리와 징을 어깨에 걸고 마을과 장터를 돌며 굿거리와 칠채 같은 장단을 자유자재로 풀어냈다. 풍물은 단순한 음악이 아니라, 울림을 통해 공동체의 감각을 일깨우는 신호였고, 사람들은 그 소리를 듣는 순간 자연스레 발걸음을 멈추고 무리 속에 합류했다. 장단은 삶의 리듬이자 흥취의 바탕이 되었고, 그 위에서 광대들은 춤과 익살을 얹어 종합적인 공연을 펼쳤다. 풍물패의 굿판은 음악·춤·해학이 뒤섞인 축제의 장이었고, 걸립 광대는 그것을 생계의 토대로 삼았다.

풍물판의 중심에는 장단 운용이 있었다. 굿거리는 느리면서도 흥겹게 흐르는 장단으로, 사람들을 점차 공연 속으로 끌어들이는 힘을 가졌다. 이어지는 칠채는 빠른 리듬으로 관객의 몸과 마음을 들썩이게 만들었고, 삼채나 자진모리로 넘어가면 신명의 절정이 이루어졌다. 풍물패는 이 장단의 변화를 통해 공연의 긴장과 해방을 조율했고, 광대들은 그 틈새마다 우스꽝스러운 몸짓과 말장난을 섞어 흥을 더했다. 장단과 해학은 서로를 북돋우며 관객의 감정을 고조시켰다.

풍물패의 공연은 종종 덧뵈기, 곧 가면극과 결합했다. 탈을 쓴 광대가 등장해 양반을 풍자하고, 중과 무당을 조롱하며 관객을 폭소케 하면, 뒤에서는 장단이 끊임없이 이어졌다. 음악은 웃음을 뒷받침했고, 춤은 가면극의 움직임을 강화했다. 거리에서 벌어지는 이런 퍼포먼스는 그 자체로 사회적 해방의 장이었다. 관객은 길 위에서 양반이 놀림감이 되는 모습을 보며 통쾌함을 느꼈고, 풍물패의 연주는 그 해방감을 신명으로 승화시켰다. 거리에서 벌어진 이 종합 공연은 마을의 일상을 흔들고, 공동체를 하나로 묶는 힘을 발휘했다.

걸립은 풍물패와 광대들의 중요한 생계 수단이었다. 패는 집집마다 찾아가 소리를 내고 흥을 돋운 뒤, 쌀과 곡식을 받았다. 걸립판에서는 단순히 연주만 하는 것이 아니라, 익살과 말재주가 함께 더해졌다. 광대는 집주인의 형편이나 성격을 빗댄 농담을 던져 웃음을 끌어냈고, 사람들은 웃음으로 화답하며 시주를 내놓았다. 이는 일종의 공연이자, 동시에 경제적 교환이었다. 걸립은 구걸과 달리 예능을 통한 대가였기에, 광대들은 스스로를 직업인으로 자부할 수 있었다.

공연에서 거둔 수입은 패 내부의 분배 원칙에 따라 나누어졌다. 상쇠나 고수 같은 핵심 연주자가 가장 큰 몫을 차지했고, 덧뵈기나 익살을 담당하는 광대들도 일정한 비중을 받았다. 어린 패원이나 잡무를 맡은 이는 적은 몫을 받았지만, 경험을 쌓아 기량을 높이면 점차 몫이 커졌다. 분배는 단순한 경제 행위를 넘어 패의 질서와 규율을 유지하는 장치였다. 공정하지 않으면 불만이 쌓여 집단이 흩어졌고, 따라서 수입 분배는 언제나 신중히 이루어졌다.

풍물패와 걸립 광대의 공연은 단순한 오락을 넘어 민중의 삶과 깊이 맞닿아 있었다. 농번기에는 일손을 모으는 동원 수단으로, 기근이나 재해 때에는 위로와 결속의 도구로 작동했다. 장단에 맞춰 몸을 흔드는 순간, 사람들은 일상의 고단함을 잊었고, 공동체는 함께 웃고 떠들며 새로운 활력을 얻었다. 광대들은 그 흥을 생계의 기반으로 삼았고, 관객은 그 웃음 속에서 삶의 무게를 덜어냈다.

그러나 그들의 삶은 언제나 불안정했다. 걸립은 일정한 수입을 보장하지 못했고, 공연이 금지되거나 단속될 때는 생계 자체가 위협받았다. 그럼에도 불구하고 풍물패와 걸립 광대는 사라지지 않았다. 민중의 삶에서 웃음과 신명은 결코 포기할 수 없는 것이었기 때문이다. 그래서 그들은 늘 새로운 마을과 장터로 향했고, 장단과 해학으로 공동체를 흔들며 또 다른 판을 열었다.

결국 풍물패와 걸립 광대는 음악과 춤, 익살을 결합한 종합 예술의 주체였다. 그들의 연희는 장단으로 시작해 웃음으로 완성되었고, 수입 분배와 생계의 구조까지도 공연의 일부처럼 짜여 있었다. 그들의 존재는 조선 민중의 삶과 불가분의 관계였으며, 웃음을 직업으로 삼은 이들의 세계를 가장 집약적으로 보여주는 장면이었다.

재담꾼 – 해학과 변주의 귀재

재담꾼은 말을 무기로 삼아 살아간 직업 예인이었다. 그들의 가장 큰 자산은 날카로운 입담과 자유로운 언어유희였으며, 이를 통해 관객의 웃음을 이끌어내고 때로는 풍자를 던졌다. 다른 광대들이 춤과 곡예, 줄타기 같은 몸의 기술로 생계를 이어갔다면 재담꾼은 순전히 언어의 묘미로 판을 이끌어갔다. 그들의 연희는 정해진 각본이 아니라 순간의 기지와 즉흥성에 의존했기에 언제나 살아 있는 웃음을 만들어냈다. 관객이 던지는 농담이나 상황의 변화에 따라 순식간에 대사를 바꾸고 뜻밖의 말장난을 더해 분위기를 끌어올렸다. 이런 유연한 즉흥성이야말로 재담꾼이 지닌 진정한 기술이었다.

걸립판은 재담꾼이 가장 빛나는 무대였다. 풍물패나 소리꾼과 함께 마을을 돌며 판을 열 때 재담꾼은 집집마다 상황에 맞는 입담을 늘어놓았다. 어떤 집에서는 주인의 성격을 빗대 농담을 던졌고 또 어떤 자리에서는 아이들을 놀리며 웃음을 자아냈다. 걸립판의 재담은 단순한 말장난을 넘어 청중의 호주머니를 열게 하는 중요한 수단이었다. 사람들은 웃음과 함께 쌀이나 돈을 내놓았고 이는 곧 공연의 실질적인 수입으로 이어졌다. 재담꾼의 입담은 웃음을 경제적 가치로 바꾸는 힘을 지녔다.

재담꾼의 활동 무대는 장터와 마을뿐만이 아니었다. 양반가의 사랑방에도 그들은 종종 초청되었다. 사랑방에 모인 문인들과 사대부들이 글과 시로 흥을 나누는 자리에서 재담꾼은 입담으로 분위기를 바꾸었다. 그는 고리타분한 학문적 대화를 풍자하거나 당시의 시사 문제를 비틀어 웃음을 자아냈다. 사랑방 재담은 걸립 판과 달리 품격을 요구했으나 그만큼 정교한 언어유희와 풍자가 필요했다. 재담꾼은 양반가의 교양과 민중의 흥취를 동시에 파악해야 했고 그 두 영역을 넘나드는 말재주로 살아남았다.

시전의 상설무대 또한 재담꾼의 중요한 활동 공간이었다. 도성이나 큰 고을의 시전 앞에는 사람들이 모여드는 무대가 있었고 그곳에서 재담꾼은 늘 새로운 이야기를 풀어냈다. 그들은 세상 돌아가는 일을 빠르게 포착해 풍자의 소재로 삼았다. 관청의 부패, 양반의 허세, 장터 상인의 흥정까지 모두 재담의 대상이 되었다. 이런 시사풍자는 관객에게 통쾌한 웃음을 주었고 재담꾼은 시대의 여론을 대변하는 민중의 언어로 자리 잡았다. 시전 앞의 무대는 일종의 공론장이자 웃음의 광장이었고 재담꾼은 그곳에서 민심을 대변하는 목소리가 되었다.

재담꾼의 언어유희는 단순히 웃음을 자아내는 차원에 머물지 않았다. 말장난은 그 자체로 언어의 음악이었고 뜻과 소리를 비틀어 새로운 의미를 만들어냈다. 관객은 그 언어유희를 따라 웃으면서도 그 속에서 현실의 아이러니를 깨달았다. 때로는 권력자를 비꼬는 말 한마디가 큰 울림을 주었고 청중은 웃음을 빌미로 사회의 모순을 공유했다. 이런 점에서 재담꾼은 단순한 익살꾼이 아니라 시대를 해석하고 풍자하는 언어의 예인이었다.

그러나 재담꾼의 삶은 안정적이지 않았다. 걸립판에서 청중이 인심을 내지 않으면 곧 굶주려야 했고 사랑방에서 지나친 풍자를 했다가는 곧 문밖으로 쫓겨나기 일쑤였다. 시전 앞 무대에서도 권력자의 눈에 거슬리면 단속의 대상이 되었다. 말로 먹고사는 직업은 언제나 위험과 맞닿아 있었고 재담꾼은 그 경계 속에서 입담을 조율해야 했다. 그렇기에 그들의 말에는 현실에 대한 날카로움과 동시에 신중한 균형이 함께 배어 있었다.

결국 재담꾼은 웃음을 파는 장사꾼이자 언어를 통해 시대를 비추는 거울이었다. 그들의 즉흥적 입담은 민중의 해학과 분노를 담아내며 걸립판과 사랑방, 시전의 무대를 종횡무진 누볐다. 재담꾼은 권위와 권력을 농락하며 웃음을 만들었고 민중은 그 웃음 속에서 일상의 무게를 잊고 잠시의 해방을 맛보았다. 웃음을 직업으로 삼아 생존한 이들의 세계는 단순히 희극의 차원을 넘어 조선 사회의 언어적 풍요와 공동체적 소통을 보여주는 중요한 문화적 흔적이었다.

말의 예술, 재담과 판소리가 만나는 지점

재담과 판소리는 서로 다른 장르 같지만 연관되어 발전했다. 재담은 입담과 말장난으로 사람들을 웃기고 풍자하는 데 집중한 반면 판소리는 긴 서사와 창법을 통해 감정을 고조시키는 음악극이었다. 그러나 두 장르는 모두 말의 예술이라는 점에서 공통 기반을 가졌다. 판소리의 아니리와 재담꾼의 입담은 같은 뿌리에서 나온 것으로 청중과 즉흥적으로 호흡하며 흥을 돋우는 방식에서 유사성이 컸다. 소리꾼이 창을 이어가기 전에 관객과 소통하며 던지는 아니리는 그 자체로 재담과 다름없었고 관객은 추임새를 넣으며 이에 화답했다. "얼씨구" "좋다" "그만하라" 같은 추임새는 단순한 환호가 아니라 공연에 적극적으로 참여하는 언어였고 이는 곧 재담판의 호응과 본질적으로 같은 성격을 지녔다.

전기수와 소리꾼, 광대 사이의 인력 순환 또한 이 교차점을 뚜렷하게 보여준다. 조선 후기 소설을 낭독하며 군중을 모은 전기수들은 장대한 이야기와 즉흥적 해설로 청중을 사로잡았는데 이들이 곧 소리꾼으로 전환되기도 했다. 전기수의 낭독 방식은 판소리의 아니리와 매우 유사했고 관객의 반응에 따라 목소리의 강약과 장단을 조절하는 방식은 판소리 창법에 자연스럽게 녹아들었다. 반대로 판소리꾼이 전기수로 활동하기도 했으며 광대가 전기수나 소리꾼과 한 무대에서 어울리는 경우도 많았다. 이는 당대 연희인들이 특정 장르에 고정된 것이 아니라 다양한 무대를 넘나들며 입담과 몸짓을 훈련했다는 사실을 보여준다.

특히 판소리의 전승 과정에서 재담적 요소는 중요한 역할을 했다. 소리꾼은 긴 서사를 오롯이 창으로만 이어가기 어렵기에 중간중간 아니리를 섞어 관객의 집중을 끌었다. 이 아니리는 대체로 익살스러운 농담이나 현실의 시사적 풍자를 담았는데 이는 재담의 전형적인 기법이었다. 따라서 판소리는 음악적 서사극인 동시에 재담의 성격을 강하게 내포한 종합예술이었다. 관객은 소리꾼의 기교에 감탄하면서도 아니리 속 농담과 풍자에서 친근한 웃음을 얻었다. 재담이 판소리 속으로 녹아든 셈이다.

또한 재담과 판소리 모두 관객의 반응을 적극적으로 전제로 삼았다. 재담꾼은 청중의 웃음과 환호에 맞추어 다음 말을 잇고 판소리꾼은 추임새에 따라 장단과 창법을 조절했다. 관객과의 이 긴밀한 상호작용은 두 장르를 단순한 공연이 아니라 공동체적 놀이로 만들었다. 공연을 주도한 것은 무대 위 인물이었지만 그것을 완성한 것은 판에 참여한 청중 전체였다. 이런 구조는 재담과 판소리가 함께 뿌리를 두고 서로 영향을 주고받았음을 잘 보여준다.

재담은 판소리에 활력을 불어넣었고 판소리는 재담에 깊이를 더해주었다. 재담꾼의 입담은 판소리꾼에게 청중을 사로잡는 기술을 전수했고 판소리의 장대한 구조는 재담에 서사의 틀을 제공했다. 두 장르가 교차하며 만들어낸 것은 웃음과 눈물이 공존하는 독특한 예술 세계였다. 조선 사회에서 사람들은 재담판에서 세태를 웃으며 해학적으로 소비했고 판소리판에서는 같은 언어적 장치를 통해 더 깊은 감정과 교훈을 맛보았다. 이처럼 재담과 판소리는 서로의 경계를 허물고 함께 민중의 언어와 정서를 담아낸 예술로 자리 잡았다.

광대의 유산과 현대적 계승

광대는 조선 사회에서 흔히 천예賤藝로 불리며 신분적 차별을 받았다. 그들의 재주는 누구나 즐기고 웃음을 터뜨리게 했지만, 정작 그들의 삶은 낮은 사회적 지위에 갇혀 있었다. 양반과 사대부들은 광대의 익살을 좋아하고 공연을 즐겨 불렀으면서도 그들을 결코 동등한 인간으로 대우하지 않았다. 웃음을 파는 직업은 천시되었으나, 동시에 공동체의 잔치나 의례, 장터의 흥을 위해서는 반드시 필요했다. 이처럼 사회적 수요와 신분적 차별 사이의 모순이 광대들의 생을 규정지었다. 광대들은 늘 경멸과 필요 사이에 놓인 존재였고 그 속에서 예술을 직업으로 삼아 생존해야 했다.

그러나 광대의 유산은 시간이 흐르며 한국 문화의 한 뿌리로 이어졌다. 조선 후기의 탈춤과 재담, 판소리 속에 남은 광대의 전통은 근대 이후 마당극으로 계승되었다. 마당극은 광대의 웃음을 현대적 무대 위로 끌어올린 형식이었고 민중의 해학과 풍자가 그대로 녹아 있었다. 마을 마당이나 학교 운동장에서 펼쳐진 마당극은 과거 탈춤과 재담의 방식을 계승하면서도 현대 사회의 문제를 직접적으로 풍자했다. 이는 광대의 웃음이 시대를 넘어 어떻게 변용되었는지를 보여주는 대표적 사례였다.

현대의 코미디 역시 광대의 맥락 속에서 이해할 수 있다. 텔레비전이 보급되던 시기 무대에 선 희극인들은 과거의 재담꾼과 다름없는 입담과 즉흥성으로 관객을 사로잡았다. 언어유희와 상황극, 풍자와 해학은 그대로 이어졌고 광대의 웃음은 방송 코미디라는 새로운 형식을 통해 대중문화의 중심으로 자리 잡았다. 물론 직업적 위상은 과거와 달리 크게 달라졌다. 천예로서 차별받던 광대와 달리 현대의 희극인은 대중의 스타로 존경받고 경제적 성공을 거두기도 한다. 그러나 웃음을 생계의 무기로 삼는 본질은 광대와 희극인 사이에서 크게 다르지 않았다.

오늘날 K-컬처 속에도 광대의 전통은 살아 있다. 한국의 대중음악과 드라마, 영화 속에는 해학과 풍자의 요소가 깊숙이 배어 있다. 아이돌 그룹의 무대 연출이나 예능 프로그램의 웃음 형식에도 광대의 몸짓과 언어유희가 녹아 있으며 이는 세계인에게 신선한 매력으로 다가가고 있다. K-팝 스타의 무대에서 보여지는 과장된 익살, 버라이어티 쇼에서 터져 나오는 언어유희와 몸개그는 모두 광대적 전통이 현대적으로 변용된 형태라고 할 수 있다.

광대의 유산은 단지 웃음이라는 차원에서 그치지 않는다. 그것은 억눌린 사회 속에서 민중이 스스로를 해방시키고 위로받는 방식이었으며 동시에 권력을 풍자하고 현실을 반영하는 사회적 언어였다. 현대의 관객이 웃음을 통해 현실의 스트레스를 해소하는 방식 역시 광대의 전통과 이어진다. 웃음은 단순한 오락을 넘어 공동체를 묶는 힘이고 사회의 모순을 드러내는 비판의 장치이기도 하다.

결국 광대는 조선시대에 천시받았으나 그들의 예술은 오늘날 한국 문화의 중요한 자산으로 남았다. 탈춤에서 마당극으로, 재담에서 코미디로, 그리고 다시 K-컬처의 세계적 무대로 이어진 웃음의 계보는 한국 사회의 문화적 저력을 보여준다. 광대의 해학과 풍자는 이제 더 이상 천예의 흔적이 아니라 세계와 소통하는 보편적 예술로 자리매김하였다. 웃음을 생계의 수단이자 예술로 승화시킨 광대의 삶은 오늘날에도 여전히 살아 있는 유산으로 우리 곁에 남아 있는 것이다.

노래와 춤으로 시대를 풍미한 예인,
기생

기생의 탄생과 제도화, 그들은 어떻게 만들어졌나?

　기생은 고려 후기부터 조선 초기에 걸쳐 제도권 속에서 탄생했다. 단순히 유흥을 위한 여인이 아니라 국가적 필요와 사회적 구조 속에서 조직적으로 편입된 직업 집단이었다. 고려 후기 문벌 귀족 사회가 흔들리고 무신 집권기와 몽골 간섭기를 거치면서 연향과 접대, 외교의 자리가 점차 늘어났다. 외국 사신을 맞이하거나 국가적 의례를 거행할 때 노래와 춤은 빠질 수 없는 요소였고 이를 담당할 전문 집단이 필요했다. 본래 민간에서 자생적으로 노래와 춤을 익힌 여성들이 동원되었으나 차츰 이를 체계적으로 관리하기 위해 기생 제도가 마련되었다.

조선이 건국되면서 기생은 제도적으로 자리 잡았다. 유교적 가치관을 내세운 새 왕조는 여성의 유희 활동을 제약하는 한편 국가 의례와 외교 행사에서는 여전히 노래와 춤을 필요로 했다. 이 모순 속에서 기생은 국가적 제도 안에 편입되었다. 태조 때부터 지방 관청마다 기생을 두어 연향과 접대에 동원하게 했고 세종 대에 이르면 기생은 군사적 목적에도 활용되었다. 군영에 소속된 군기軍妓는 군사들의 사기를 북돋우고 위로하는 역할을 맡았으며 전쟁 중에는 행군과 진영에서도 연주와 춤으로 병사들을 위무했다. 이는 단순한 오락이 아니라 군사 동원의 일부로 간주되었다.

또한 기생은 세금과 노역을 대체하는 인력으로 편입되기도 했다. 조선은 양인 여성들에게 직접적인 부역을 부과하기 어려웠으므로 대신 기생을 관청에 배속하여 행정·의례적 필요를 충족시켰다. 관청에 소속된 관기는 접대와 연향뿐 아니라 잔무까지 맡았으며 이는 곧 국가 재정 운영의 보조 장치이기도 했다. 지방에서 기생은 향리나 수령의 연향을 지원하고 사신이 머무를 때 숙식과 접대를 담당했다. 그만큼 기생은 단순히 유흥의 존재가 아니라 행정과 군사, 외교까지 포괄하는 실질적 기능을 수행했다.

이 과정에서 기생은 법제와 규정 속에 명확히 기록되었다. 《세종실록》에는 각 군현에 기생을 배치하고 인원이 부족하면 포로로 잡힌 여인이나 범죄자의 딸을 충원하라는 기록이 남아 있다.

이는 기생이 단순히 자발적으로 모인 예능 집단이 아니라 국가가 직접 선발하고 관리한 관기였음을 보여준다. 특히 교방청은 기생을 교육·훈련시키는 기관으로 노래와 춤, 시와 음악을 가르치며 전문적인 예능 인력을 길러냈다. 교방 출신 기생들은 궁중 연향과 사대부의 잔치에서 뛰어난 기량을 선보였고 문인들과 교유하며 시조와 가사를 남기기도 했다.

그러나 기생의 제도화는 여성에게 양면적 의미를 지녔다. 국가 차원에서는 필요에 의해 제도화했지만, 개인에게는 신분의 제약과 강제 동원이 뒤따랐다. 양반 가문 여성은 기생이 될 수 없었고 대체로 천민이나 범죄자, 혹은 전쟁 포로의 여인들이 기생으로 충원되었다. 따라서 기생은 태생적으로 사회적 차별을 안고 출발할 수밖에 없었다. 동시에 그들의 예능은 국가 차원에서 인정받았고 행사와 연향의 필수 요소로 존중받았다. 인정과 멸시, 필요와 차별 사이의 긴장 속에서 기생의 직업적 삶이 형성된 것이다.

고려 후기부터 조선 초기까지 이어진 기생 제도의 성립은 단순한 풍속사가 아니라 국가 운영과 직결된 제도사였다. 연향과 외교, 군사적 위무, 세금과 노역의 대체라는 국가적 필요 속에서 기생은 제도적으로 편입되었고 이후 조선 사회에서 뚜렷한 직업 집단으로 자리 잡았다. 이는 기생이 단순히 예술을 담당한 여인이 아니라 국가 권력 구조 속에서 형성된 직업 예술가였음을 보여주는 중요한 단서이다.

기생의 여러 계층

조선 사회에서 기생은 단일한 집단이 아니었다. 기생은 제도적으로 관리되면서도 기능과 역할에 따라 여러 갈래로 나뉘었고 그에 따라 사회적 위치와 생활 방식 또한 달랐다. 크게 보아 교방청 소속의 교방 기생, 관청 소속의 관기, 군영에 속한 군기, 그리고 개인이 사적으로 기용한 사기로 구분할 수 있었다. 이 네 가지 유형은 조선 사회에서 기생이 수행한 역할의 폭과 직업적 분화를 잘 보여준다.

먼저 교방 기생은 가장 전문적이고 제도적인 교육을 받은 집단이었다. 교방청은 본래 고려 이래로 궁중 연향과 음악을 담당하던 기관이었으며 조선에 와서도 그 전통이 이어졌다. 교방에 소속된 기생들은 춤과 노래뿐 아니라 시와 서예까지 익혔고 일정한 교양을 갖춘 예능인으로 길러졌다. 이들은 궁중의 큰 연향에서 주로 활동하며 사대부의 사랑방에도 초청되어 시문을 주고받을 정도로 교양을 인정받았다. 황진이나 매창과 같은 문학적 소양을 보인 기생들 역시 교방 기생의 전통에서 비롯되었다. 교방 기생은 단순한 접대부가 아니라 전문 예술가 집단으로 자리매김했으며 조선 문화사에서 중요한 흔적을 남겼다.

관기에 속하는 기생은 지방 관청에 배속되어 관리들의 연향과 접대를 맡았다. 이들은 서울뿐 아니라 지방 고을마다 존재했으며 수령이나 관찰사가 외국 사신을 맞거나 연회를 열 때 반드시 동원되었다. 관기는 행정 조직의 일부로 편입되어 있었기 때문에 정기적으로 부름을 받고 관청 업무의 한 축을 담당했다. 그러나 그들의 삶은 교방 기생에 비해 훨씬 고단했다. 관청의 요구에 따라 때로는 연회와 접대에 시달려야 했고 생계 역시 안정적이지 못했다. 그럼에도 불구하고 지방 사회에서 관기는 중요한 문화적 존재였으며 관료들의 일상과 직접 맞닿아 있었다.

군기에 해당하는 기생은 군영에 속해 군사들의 사기를 북돋우는 임무를 맡았다. 전쟁이 잦았던 조선 전기와 임진왜란, 병자호란 시기에도 군기는 중요한 역할을 했다. 전쟁터에서 병사들의 사기를 돋우기 위해 노래와 춤을 선보였고 행군 중에도 위무 공연을 하곤 했다. 군기는 단순한 위문단이 아니라 군사 제도의 일부였으며 '군사 위문 기생'이라는 성격이 뚜렷했다. 그러나 이들의 처지는 더욱 열악했다. 군영의 생활은 거칠었고 군사들의 요구에 시달리는 경우가 많아 생존 환경은 혹독했다. 이들의 존재는 기생이 단순히 유흥을 담당한 것이 아니라 국가의 군사 운영에도 편입되었음을 보여준다.

사기는 사적으로 기용된 기생을 말한다. 이는 관청이나 군영에 소속되지 않고 개인이 직접 고용한 경우였다. 부유한 양반이나 상인, 혹은 지역의 권력자가 기생을 사적으로 두고 연회와 접대에 활용했다. 사기는 공식 제도권 밖에서 활동했기에 신분적 보호를 받지 못하는 경우가 많았다. 그 대신 자유롭게 움직이며 장터와 마을에서 공연을 벌이거나 개인적 관계를 통해 생계를 이어갔다.

사기 중에는 뛰어난 기예를 갖추고도 이름을 남기지 못한 경우가 많았고 이들은 대체로 '환쟁이'와 같은 떠돌이 예인과 뒤섞여 민간 오락의 일부로 자리했다.

이 네 가지 유형을 관통하는 중요한 기준은 예능 중심, 접대 중심, 노역 중심의 구분이었다. 교방 기생은 전문 예능에 가까웠고 관기는 접대와 연향을 중심으로 했으며 군기는 사실상 노역에 가까운 기능을 수행했다. 사기는 이 모든 범주를 넘나들며 민간에서 다양한 역할을 수행했다. 따라서 기생은 단순히 노래와 춤을 추던 여인이 아니라 조선 사회의 다양한 층위에서 문화와 노동을 담당한 직업 집단이었다.

기생의 분류와 종류는 곧 그들의 삶을 규정하는 틀이었다. 교방 기생은 교양과 문학적 재능을 인정받으며 예술가로 대우받기도 했으나, 군기나 사기는 천대와 멸시를 피해가기 어려웠다. 그러나 이 모든 유형의 기생들은 조선 사회에서 없어서는 안 될 존재였다. 궁중의 연향에서부터 지방 관청의 접대, 전쟁터의 위무, 마을 잔치의 흥에 이르기까지 그들의 존재는 늘 필요했다. 기생의 분류는 단순한 행정상의 구분이 아니라 그들의 직업적 세계와 사회적 위치를 드러내는 상징이었다.

그들은 어떻게 교육되고 훈련되었는가

기생이 단순한 유희의 여인이 아니라 전문 예술가로 성장할 수 있었던 이유는 교방에서 이루어진 교육과 훈련 덕분이었다. 교방은 본래 궁중의 음악과 춤을 담당하던 관청이었으며 고려 시대부터 내려온 제도가 조선에 이르러 더욱 정비되었다. 여기서 기생은 국가가 필요로 하는 연향과 의례에 맞추어 체계적인 예능 훈련을 받았다. 교육 내용은 단순히 노래와 춤에 그치지 않고 시와 글씨 그림까지 포함되었다. 이는 기생을 단순한 연희인이 아니라 예술과 교양을 겸비한 존재로 길러내려는 제도적 장치였다.

교방에서 가장 먼저 익히는 것은 음악과 노래였다. 궁중 연향이나 사대부 집안의 잔치에서 가장 큰 비중을 차지하는 것이 음악이었기에 기생은 반드시 악보와 가락을 배워야 했다. 시조창과 가곡은 물론 다양한 속악과 민간의 잡가까지 습득해야 했으며 장단을 정확히 맞추는 법도 중요했다. 노래는 단순한 음률의 재현이 아니라 청중의 흥을 끌어내는 수단이었으므로 감정을 싣는 창법이 강조되었다. 기생이 시조와 가사를 잘 부를 수 있었던 것도 교방에서 정제된 훈련을 받았기 때문이다.

춤 역시 교방 교육의 핵심이었다. 검무와 춘앵무 학무 같은 궁중무용부터 민간의 흥겨운 춤까지 다양하게 익혔다. 춤은 단순히 몸짓의 훈련이 아니라 음악과 함께 어우러져야 했고 때로는 의례적 상징성을 담아내야 했다. 따라서 기생의 춤은 단순한 흥취가 아니라 제례와 국가 의식의 일부로 기능했다. 춤사위 하나에도 질서와 격식이 담겼으며 이는 곧 교방 기생의 품격을 드러내는 요소였다.

시와 문학 교육도 빼놓을 수 없었다. 많은 기생들이 시조와 가사를 남길 수 있었던 것은 단순한 재능이 아니라 제도적인 훈련의 산물이었다. 교방에서는 기본적인 한문 독해와 시문 작법을 가르쳤으며 이를 통해 기생은 문인들과 시를 주고받을 수 있었다. 매창이나 황진이처럼 당대 문인들과 교유하며 자신의 작품을 남긴 기생들은 모두 교방의 교양 교육을 거친 이들이었다. 이는 기생이 단순히 예능을 제공하는 역할을 넘어 문학적 감수성과 창작 능력을 갖춘 존재로 성장할 수 있었음을 보여준다.

그림과 서예 역시 교육 과정의 일부였다. 기생에게 그림과 글씨는 단순한 부업이 아니라 풍류의 한 방편이었다. 때로는 시문을 쓰고 거기에 매화를 그려 넣어 사대부에게 증정하는 일이 있었는데 이는 교방에서 배운 교양이 실제 교유 속에서 발휘된 예였다. 글씨와 그림은 기생이 사대부 사회에 접근할 수 있는 또 하나의 예술적 통로였다.

이러한 교육 과정은 사대부 문인이나 음악관과의 교류 속에서 더욱 심화되었다. 교방의 교관들 중에는 관청 소속 악공이나 전문 음악인이 있었고 때로는 문인들이 직접 기생의 교육에 참여하기도 했다. 문인들은 기생에게 시와 글을 가르치며 예술적 안목을 길러주었고 기생은 이를 통해 사대부와의 대화가 가능한 수준의 교양을 갖추었다. 기생이 단순히 노래와 춤만이 아니라 시문과 풍류의 주체로 성장할 수 있었던 배경에는 이 같은 교류가 자리했다.

훈련 과정은 결코 가볍지 않았다. 어린 나이에 교방에 들어온 기생 지망생들은 매일 반복되는 음악·춤 훈련을 받았고 글과 그림을 익히며 밤을 지새우기도 했다. 그들은 끊임없이 연습해야 했고 작은 실수도 용납되지 않았다. 궁중 연향이나 국가 의례에서 기생이 맡은 역할은 단순한 오락이 아니라 국가의 품격을 드러내는 일이었기 때문에 훈련은 엄격하고 치밀할 수밖에 없었다.

결국 교방의 교육과 훈련은 기생을 단순한 연희인에서 예술가로 또 교양을 겸비한 직업인으로 만들어주었다. 기생은 이 과정을 통해 사대부와 교유할 수 있는 문학적 감각을 키웠고 음악과 춤 글과 그림을 통해 자신만의 예술 세계를 형성했다. 교방 교육은 기생의 직업적 정체성을 규정한 핵심적 제도였으며 오늘날에도 기생 문화를 단순한 유흥의 역사로만 볼 수 없는 이유를 제공한다.

예술의 주체였던 그들, 시문과 풍류의 중심에 서다

기생의 본령은 노래와 춤이었다. 궁중의 연향이나 관청의 접대 자리에 기생의 가무가 빠지면 행사의 격이 떨어진 것으로 여겨졌을 만큼 그들의 노래와 춤은 의례와 오락의 핵심이었다. 궁중 연향에서 기생은 가곡과 시조를 불렀고 춘앵무·학무·검무 같은 궁중무용을 선보였다. 그들의 몸짓은 단순한 흥취가 아니라 궁중의 위엄과 질서를 드러내는 일종의 상징이기도 했다. 관청의 연회 자리에서도 마찬가지였다. 지방 수령이 사신을 맞이하거나 향중의 의례를 행할 때 기생의 노래와 춤은 반드시 동원되었으며 이는 곧 관청 권위의 연출이자 지역 사회 교류의 도구였다.

그러나 기생의 예술적 활동은 단순히 관청과 궁중에 국한되지 않았다. 그들은 사대부 문인들의 사랑방에 출입하면서 풍류의 세계를 함께 꾸려갔다. 사대부들은 시를 짓고 거문고를 타며 기생의 노래와 춤을 즐겼고 기생은 단순히 감상자의 위치에 머무르지 않았다. 오히려 그들은 문인들과 시문을 주고받으며 하나의 문학적 주체로 참여했다. 황진이가 바로 대표적인 예이다.

그녀는 당대 명문 사대부들과 시를 교환하며 자신의 재능을 뽐냈고 "동짓달 기나긴 밤을 한 허리 베어내어 춘풍 이불 속에 넣어두고 싶다"는 시조는 지금까지도 애송된다. 황진이는 단순한 기생이 아니라 사랑과 이별 인간적 고뇌를 노래한 문학가로 평가받는다.

매창 역시 문학적 기생의 전형이었다. 전라도 부안 출신의 그녀는 당대 문인 유희경과 교유하며 시문을 주고받았다. 그녀의 시조는 여인의 섬세한 감정과 지적 품격을 동시에 보여준다. 매창은 문학적 교류를 통해 자신의 존재를 예술가로 각인시켰으며 기생의 역할이 단순한 노래와 춤을 넘어 지적 예능과 문학 창작으로 확장될 수 있음을 보여주었다. 이처럼 문학적 기생들은 사대부의 풍류 속에서 단순히 흥을 돋우는 조연이 아니라 문학적 영감을 자극하는 주체로 기능했다.

시와 노래는 서로 긴밀히 맞물려 있었다. 기생들이 불렀던 시조와 가곡은 대개 사대부 문인들의 작품이었으나, 기생들은 이를 단순히 재현하는 데 그치지 않고 자신만의 해석과 감정을 더했다. 그들의 목소리와 창법은 글로 기록된 시를 생생한 예술로 되살렸고 때로는 새로운 작품을 낳기도 했다. 이 과정에서 기생은 문학과 음악을 연결하는 매개자이자 창조적 주체였다.

기생의 풍류적 기능은 연정의 세계와도 맞닿아 있었다. 문인들은 기생을 통해 사랑과 욕망 삶의 덧없음을 체험했고 이를 시문으로 형상화했다. 기생은 단순한 연정의 대상이 아니라 문학적 영감의 화신이었다. 황진이나 매창과 교유한 문인들이 남긴 시문에는 기생을 단순한 '천예'가 아니라 인간적·예술적 교류의 대상으로 바라본 흔적이 선명하다.

이렇듯 기생의 역할은 궁중의 춤꾼이나 관청의 접대부에 머무르지 않았다. 그들은 예술가이자 문학가로서 조선 사회의 풍류를 이끌었고 사대부 문화의 일부로 깊숙이 자리했다. 그들의 노래와 춤은 의례와 오락을 빛냈고 그들의 시와 문학은 시대의 감성을 형상화했다. 기생의 예술은 차별과 멸시 속에서도 결코 사라지지 않았으며 오히려 조선 예술문화의 한 축으로 확고히 자리 잡았다.

사대부와 기생의 관계는 늘 양면적이었다. 한편으로는 인간적 연정과 욕망이 얽혀 있었고 다른 한편으로는 문학적 교감과 예술적 성취가 자리했다. 사대부는 기생을 통해 순간적 위안을 얻기도 했지만, 동시에 시와 노래를 통해 자신을 반영하고 예술을 확장시켰다. 기생은 사대부의 시와 노래를 통해 자신의 재능을 드러내며 스스로 문학의 주체로 자리매김했다. 이러한 교류 속에서 탄생한 작품들은 단순한 연정의 기록이 아니라 조선 문학사의 일부로 남았다.

결국 기생과 사대부의 교유는 인간적 애정과 예술적 교류가 겹쳐진 독특한 세계였다. 기생은 사대부가 추구한 풍류의 세계를 완성시켰고 사대부는 기생을 통해 문학적 영감을 얻었다. 그 속에는 인간의 사랑과 갈등 그리고 예술의 고양이 동시에 존재했다. 기생은 사대부의 연인이자 문학적 동반자였으며 그들의 노래와 시문은 오늘날에도 여전히 감동을 전하는 문화적 유산으로 남아 있다.

지역별 특색을 간직한 기생들의 전통

기생의 세계는 결코 획일적이지 않았다. 조선의 기생들은 중앙의 교방 제도 속에서 일정한 틀을 공유했지만 지역마다 나름의 전통과 특색을 지니고 있었다. 개성 평양 전라도 등지에서는 기생의 성격과 역할이 서로 달랐고 그 지역의 사회적 풍토와 경제적 배경 문화적 성향에 따라 기생 문화가 다르게 꽃을 피웠다.

개성은 고려 왕조의 도읍지였던 만큼 오래된 문화적 전통을 간직한 도시였다. 조선에 들어와서는 상업 도시로 번성했는데 상업의 발달은 기생 문화에도 직접적인 영향을 미쳤다. 개성 기생들은 교양과 세련미로 이름이 높았으며 단순히 가무에 능한 것만이 아니라 시문과 풍류에도 깊이 관여했다. 개성 출신의 대표적 기생이 바로 황진이였다. 그녀는 단순히 예능인으로 머문 것이 아니라 시와 철학적 담론까지 아우르며 사대부 문인들과 대등하게 교류했다. 개성이라는 도시의 세련된 문화 그리고 개방적 상업 환경은 황진이 같은 명기를 탄생시킨 배경이 되었다.

평양은 또 다른 의미에서 조선의 대표적 기생 도시였다. 평양 기생은 조선 후기부터 전국적으로 이름이 높아 '평양 기생'이라는 말 자체가 곧 기생의 대명사로 통할 정도였다. 평양은 유구한 역사와 더불어 예술적 전통이 깊은 곳이었다. 특히 대동강을 끼고 발달한 도시적 풍류는 기생의 노래와 춤을 크게 발전시켰다. 평양 기생들은 가무는 물론이고 시조와 가사 창가에도 능했다. 이들의 세련된 풍류는 사대부들뿐 아니라 외국 사신들에게까지 깊은 인상을 주었고 "기생을 보려면 평양으로 가라"는 말이 나올 정도였다. 또한 평양은 교통과 상업의 요지로 지방과 중앙의 인사들이 자주 드나드는 곳이었다. 그만큼 기생들의 활동 무대도 넓었고 이들의 명성이 전국적으로 퍼질 수 있는 기반이 마련되었던 것이다.

한편 전라도는 기생의 정서와 예술적 감수성이 특히 돋보이는 지역이었다. 전라도 기생들은 뛰어난 노래 실력과 정한 어린 시조로 유명했다. 부안의 매창은 지역 기생을 대표하는 인물이었다. 매창은 유희경 허균 등 당대 문사들과 시문을 주고받으며 조선 여류 문학의 한 장을 열었다. 전라도의 기생들은 대체로 소박하면서도 진솔한 서정을 지녔고 지역의 풍류 문화와 맞물려 정한과 애절함을 시문 속에 담아냈다. 이러한 지역적 감수성은 전라도 기생들의 예술적 정체성을 더욱 두드러지게 했다.

이처럼 지역별 기생 문화는 서로 다른 뿌리를 가졌다. 개성은 고려의 도읍이라는 역사적 유산과 상업적 번영 속에서 세련된 풍류와 자유로운 교유가 가능했고 평양은 문화적 전통과 교통의 중심이라는 지리적 조건 속에서 기생들이 전국적 명성을 얻을 수 있었다. 전라도는 토속적 정서와 풍류 문화의 전통을 바탕으로 기생들의 노래와 시문이 깊은 서정을 담아낼 수 있었다.

특히 '평양 기생'이 대표적으로 자리 잡은 데에는 몇 가지 이유가 있었다. 첫째는 지리적 요건이었다. 평양은 한양에서 가까우면서도 북방 방어의 요충지였고 외국 사신들의 왕래가 잦은 곳이었다. 이로 인해 기생들이 외부 세계와 접촉할 기회가 많았고 그들의 명성이 전국적으로 퍼질 수 있었다. 둘째는 평양의 문화적 토양이었다. 평양은 예부터 음악과 연희가 발달한 도시로 그 속에서 기생들의 예능도 자연스럽게 세련되고 다양해졌다. 셋째는 제도적 배경이었다. 평양에는 지방 교방이 잘 갖추어져 있었고 이곳에서 체계적으로 교육받은 기생들이 지역과 중앙을 오가며 활약할 수 있었다.

조선의 기생 문화는 이렇게 지역마다 다른 빛깔을 띠었다. 개성의 세련미 평양의 화려한 풍류 전라도의 애절한 정한은 모두 조선 기생 예술의 중요한 자산이었다. 그 지역적 차이는 단순한 배경이 아니라 기생들의 노래와 시문 춤과 풍류의 성격을 규정하는 중요한 요소였다. 결국 기생 문화의 다양성은 조선 문화의 폭과 깊이를 더해주는 또 하나의 증거였다.

시대를 초월한 선각, 명월 황진이

천인 신분으로, 그것도 여인으로서 시를 짓고 문학을 즐기며 문명文名을 떨친 존재가 또한 기생이었다. 조선시대에 문자, 즉 한자를 아는 백성의 수는 전체 인구의 5%에도 미치지 못했을 것으로 추정된다. 그 가운데 시를 지을 수 있는 이는 더욱 드물었다. 양반이라 하더라도 무과 출신은 시를 짓지 못하는 경우가 많았고, 문과 출신이라 해도 모두가 뛰어난 시인이었던 것은 아니다. 특히 여인 신분으로 시를 짓고 그 예술성까지 인정받은 인물은 극히 드물었다. 기생 출신이 아니면서 양가의 여인으로 시로 이름을 얻은 인물로는 허난설헌 정도가 거론된다. 그 외에 여인으로서 시를 남겨 문명을 떨친 이는 대부분 기생이었다. 그들 가운데 가장 빼어난 인물을 들라면 단연 개성 기생 명월, 즉 황진이이다. 그녀가 남긴 칠언절구 한 편을 감상해 보자.

相思相見只憑夢 (상사상견지빙몽)

그대 생각에 보고 싶지만 꿈에나 기댈까나

儂訪歡時歡訪儂 (농방환시환방농)

내가 임을 찾아 갔을 때, 임은 나를 찾아오고

願使遙遙他夜夢 (원사요요타야몽)

밤에 꿈에서라도 그이를 거닐게 하소서

一時同作路中逢 (일시동작로중봉)

언젠가 길에서라도 함께 만날려나

　이 시는 흔히 '상사몽相思夢'이라 불린다. '그대를 그리워하는 꿈'이라는 뜻이다. 현대의 시구와 비교하면 다소 직설적으로 보일 수도 있으나, 조선시대의 정서를 감안하면 뛰어난 구성과 표현을 갖춘 작품으로 평가된다.

　한시漢詩는 단순히 내용만으로 논할 수 없다. 엄격한 형식을 갖추어야 하기 때문이다. 특히 당나라 이후 발달한 근체시는 형식 규범이 매우 엄격하다. 이 시는 한 행이 칠언으로 이루어진 네 구의 칠언절구로 비교적 간결한 형식이지만, 오언팔구나 칠언팔구로 된 율시는 훨씬 까다롭다. 한시는 정해진 자수와 평측, 압운을 모두 맞추어야 하므로, 웬만큼 글공부를 한 선비라도 수작을 남기기 어려웠다. 그런데 기생 신분의 여인이 이런 수준의 작품을 지었다면 그 능력은 높이 평가할 수밖에 없다.

　황진이는 칠언절구뿐 아니라 율시도 능숙하게 지었다고 전한다. 율시는 팔구로 구성되고, 특히 압운押韻을 정확히 맞추는 것이 쉽지 않다. 압운이란 시행의 일정한 위치에 같은 운자를 반복해 넣는 것을 말한다. 글자 수를 맞추면서 내용의 흐름을 유지하고 운까지 갖추는 것은 상당한 수련 없이는 불가능하다.

다음은 황진이 것으로 전하는 칠언율시 한 편이다.

簫寥月夜思何事 (소요월야사하사)
소슬한 달밤에 무슨 생각 하시나요
寢宵轉轉夢似樣 (침소전전몽사양)
잠자리에서 뒤척이며 그대 모습 꿈 꿔요
問君有時錄妾言 (문군유시녹첩언)
제가 한 말 기억해 두시나요
此世緣分果信良 (차세연분과신량)
이승에서 맺은 연분 믿어도 좋은지요
悠悠憶君疑未盡 (유유억군의미진)
멀리 계신 님 생각은 모자랄까 두려워요
日日念我幾許量 (일일염아기허량)
매일 저를 생각하고 헤아려 주시나요
忙中要顧煩惑喜 (망중요고번혹희)
바쁠 때나 괴울 때나 즐거울 때도 생각해주세요
喧喧如雀情如常 (훤훤여작정여상)
참새처럼 떠들어도 여전히 정겨운가요

이 시는 앞 구절을 따 '소요월야簫寥月夜'라 부르기도 한다. 황진이가 사랑하던 소세양을 그리워하며 지은 작품으로 전해진다. 소세양은 중종·명종 대의 문인으로 대제학을 지낸 인물이다.

황진이와 교류한 인물은 소세양뿐만이 아니었다. 중종 시대의 학자 서경덕, 풍류객으로 알려진 벽계수 등과의 일화도 전한다. 이러한 교류가 가능했던 것은 그녀가 용모뿐 아니라 노래, 악기, 춤, 시 등 다방면의 예술적 능력을 갖추고 있었기 때문이다.

그렇다면 기생 신분의 여인이 어떻게 이런 능력을 갖출 수 있었을까? 그녀의 성장 과정에 대한 확실한 사료는 없다. 직접적인 기록은 거의 남아 있지 않아 후대 야사에 의존할 수밖에 없다. 그러나 야사는 전승 과정에서 이야기들이 덧붙여져 신빙성이 일정하지 않다는 한계가 있다.

기록에 따르면 그녀는 황진사라는 양반과 진씨 성을 지닌 여인 사이에서 태어났다는 설도 있고, 맹인의 딸이었다는 설도 있다. 두 설 가운데 어느 쪽이 확실하다고 단정하기는 어렵다.

그녀는 홀어머니 밑에서 자랐다고 전하나 어려서부터 학문과 예절을 익혔다고 한다. 여덟 살 무렵 천자문을 배우기 시작했고, 열 살 무렵에는 한문 고전을 읽고 한시를 지을 정도였다고 전한다. 서화와 가야금에도 능했다고 한다.

그녀가 기생이 된 이유에 대해서도 여러 설이 있다. 야사에서는 한 총각이 그녀를 연모하다 상사병으로 죽은 사건이 계기가 되었다고 전한다. 그러나 이 역시 후대에 덧붙여진 이야기일 가능성을 배제할 수 없다.

어쨌든 그녀는 기생이 된 이후 오래지 않아 명성을 얻었고, 한양까지 소문이 퍼졌다고 한다. 용모와 예술적 능력을 겸비한 그녀를 두고 수많은 일화가 전해진다.

지족선사를 파계시켰다는 이야기, 벽계수의 기세를 꺾었다는 이야기, 서경덕과 교유했다는 이야기 등이 대표적이다. 다만 이들 역시 사실과 전설이 혼재된 기록임을 염두에 둘 필요가 있다고 하겠다.

그녀의 작품은 《해동가요》와 《청구영언》 등에 전한다. '청산리 벽계수야', '동짓달 기나긴 밤을' 같은 시조는 오늘날까지 널리 애송된다.

그녀의 죽음에 대한 정확한 기록은 없다. 마흔 전후에 세상을 떠났다고 전하며, 죽기 전 자신의 시신을 자연에 맡기고 싶었다는 이야기도 전한다. 그러나 실제로는 개성 인근 장단에 묻혔다고 한다. 지금도 장단 판교리에는 황진이의 묘가 전해진다.

그녀를 기리는 인물도 있었다. 문인 백호 임제는 서도 병마사로 부임하던 길에 황진이의 묘를 찾아 제사를 지내고 다음과 같은 시를 남겼다고 전한다.

청초 우거진 골에 자는가, 누웠는가
홍안은 어디 두고 백골만 묻혔나니
잔 잡아 권할 이 없으니, 그를 서러워하노라

황진이는 박연폭포, 서경덕과 함께 송도삼절이라 불렸다. 천한 신분의 기생이었으나 노래와 춤을 넘어 문학과 풍류의 경지를 개척한 인물로 기억된다. 전설과 사실이 뒤섞여 있으나 그녀가 조선 문화사에서 독보적 존재였다는 점만은 부정하기 어렵다.

황진이와 쌍벽을 이룬 여류 시인, 매창

황진이에 필적하는 기생 출신 시인으로 매창을 빼놓을 수 없다. 매창梅窓(1573~1610)은 본명이 이향금李香今이고 자는 천향天香이며, 매창은 그녀의 호였다. 계유년에 태어났다고 하여 계생癸生이라 불렸고, 계랑癸娘, 桂娘이라는 이름도 함께 전한다. 아버지는 아전 출신의 이탕종李湯從으로 부안 지역의 토착 아전 가문이었다. 비록 양반 가문은 아니었으나 매창은 어려서부터 총명하여 글을 익히고 예능에 재능을 보였다고 전한다. 이러한 배경 속에서 그녀는 부안의 기생으로 성장했으며, 후일 개성의 황진이와 더불어 조선을 대표하는 명기로 거론되었다.

매창은 단순히 노래와 춤에 능한 기생이 아니라 시와 음악을 아우르는 예술인이었다. 거문고 연주에도 능해 당대 문사들과 풍류를 나누었고, 특히 시문에서 두드러진 재능을 보였다. 그녀의 작품은 《매창집》에 전한다. 〈추사秋思〉, 〈춘원春怨〉, 〈견회遣懷〉, 〈증취객贈醉客〉, 〈부안회고扶安懷古〉, 〈자한自恨〉 등은 대표작으로 꼽힌다. 이 작품들에서 매창은 사랑과 이별, 기다림과 한恨을 섬세한 시어로 형상화했으며, 이는 단순한 연정의 토로를 넘어선 문학적 성취로 평가된다.

그녀의 시조 가운데 널리 알려진 작품은 《가곡원류》에 실린 다음 작품이다.

이화우 흩날릴 제 울며 잡고 이별한 님,
추풍낙엽에 저도 날 생각하는가,
천 리에 외로운 꿈만 오락가락 하노라.

이 시조는 매창이 유희경을 그리워하며 지었다는 전승이 따른다. 봄날 배꽃이 흩날리던 이별의 순간을 떠올리고, 가을 낙엽 속에서 임이 자신을 생각해 줄지 묻는다. 결국 천 리 떨어진 거리를 이어주는 것은 꿈뿐이라는 정한이 담겨 있다. 기생이라는 신분으로 사대부 문인과의 관계가 제약되던 사회적 현실 속에서, 그녀는 문학을 통해 감정을 형상화한 셈이다.

실제로 매창은 유희경, 허균, 이귀 등과 교유한 것으로 전한다. 유희경은 매창에게 여러 차례 시를 지어 보냈으며, 허균의 문집 《성소부부고惺所覆瓿藁》에도 매창과 시를 주고받은 기록이 남아 있다. 허균은 그녀의 죽음을 애도하는 시를 남겼고, 그녀의 재능을 높이 평가하였다. 이는 매창이 단순한 기생이 아니라 문인들과 문학적 교류를 나눈 예술적 존재였음을 보여준다.

매창의 시풍은 섬세하고 유려하다는 평가를 받는다. 《매창집》 발문에는 그녀의 시를 두고 "숙명을 읊은 듯하면서도 시어를 자유자재로 구사한다"는 평이 전한다. 이는 그녀의 작품이 단순한 감정 표현을 넘어 일정한 예술적 완성도를 갖추었음을 시사한다.

　그러나 그녀의 삶은 길지 못했다. 《매창집》에 따르면 37세에 세상을 떠났다. 사후 1655년(효종 6) 부풍시사扶風詩社가 부안에 묘비를 세웠으나 생몰 연대를 잘못 새겨 1513년 출생, 1550년 사망으로 기록하는 오류가 있었다. 정확한 연대는 문집 발문과 여러 사료를 통해 1573~1610년으로 확인된다. 오늘날 부안 서림공원에는 그녀를 기리는 시비가 세워져 있으며, 지역에서는 매창을 기생이 아니라 시인으로 기억하려는 경향도 있다.

　매창은 기생이라는 사회적 제약 속에서도 문학적 성취를 남긴 여성 예술인이다. 그녀의 시는 사랑과 이별, 그리움과 기다림을 노래하면서도 개인적 감정에만 머물지 않고 보다 보편적인 정서를 담고 있다. 그래서 후대 사람들은 황진이와 매창을 함께 언급하며 조선의 기생 시인 가운데 쌍벽으로 평가한다. 황진이가 대담하고 전설적인 행적으로 기억된다면, 매창은 서정성과 정한의 깊이로 기억된다.

　결국 매창은 천한 신분에도 불구하고 예술과 문학으로 자신의 이름을 남긴 인물이었다. 그녀의 작품은 오늘날에도 읽히며 조선 여성 문학사의 중요한 위치를 차지한다. 매창의 삶과 예술은 신분의 한계를 넘어선 한 개인의 문학적 성취로, 지금도 조선 문학사의 한 장을 이루고 있다.

역사의 빛과 그림자가 된 기생들의 두 얼굴

기생은 왕실과 권력자 곁에서 단순히 흥을 돋우는 존재를 넘어 조선 정치사와 사회사의 빛과 그림자를 함께 드러낸 존재였다. 궁중과 관청, 사대부 집안과 군영에 소속되어 노래와 춤을 담당했지만 때로는 군주의 총애를 받아 권력의 주변에 서기도 했고, 전란 속에서는 희생자가 되거나 의로운 인물로 기록되기도 했다.

연산군 대의 장녹수는 기생이 군주의 총애를 넘어 정치의 중심에까지 접근한 사례로 자주 언급된다. 장녹수는 궁중 기생 출신으로 전해지며, 노래와 춤, 재치로 연산군의 총애를 받았다. 기록에는 연산군이 장녹수를 가까이 두고 향락에 빠졌다는 내용이 보이며, 그녀의 영향력이 적지 않았음을 시사하는 대목도 있다. 그러나 이러한 기록에는 과장과 비판이 섞여 있을 가능성도 배제할 수 없다. 연산군이 폐위되면서 장녹수 역시 처형되었는데, 이는 권력과 가까워진 기생의 운명이 얼마나 위태로웠는지를 보여주는 사례로 이해된다.

광해군 대에는 전쟁 이후의 혼란 속에서 기생의 역할이 또 다른 의미를 지녔다. 임진왜란과 정유재란을 거친 뒤 궁중과 관청에서는 연향과 의례가 자주 열렸고, 그 자리에서 기생의 노래와 춤은 빠질 수 없었다. 군영에서도 병사들의 사기를 북돋우는 역할을 맡았다. 이는 단순한 향락이라기보다 전란 이후의 질서를 회복하고 왕권을 상징적으로 드러내는 장치로 기능했다.

임진왜란 당시 진주성 전투와 관련해 전해지는 논개의 이야기는 기생이 역사적 상징으로 자리 잡은 대표적 사례이다. 논개는 왜장과 함께 남강에 몸을 던졌다는 전설로 의기義妓의 상징이 되었다. 후대에는 진주 촉석루에 사당이 세워져 제향을 받았다. 다만 관련 기록은 후대의 서사와 결합되어 전해진 부분도 있어 역사와 전설이 뒤섞여 있다. 그럼에도 논개는 기생이 국가적 위기 속에서 충절의 상징으로 재해석된 인물로 기억된다.

병자호란 때에도 기생의 이름이 사료에 등장한다. 청군이 한양에 들어오면서 일부 기생이 강제로 끌려갔다는 기록이 남아 있으며, 이는 전란 속 여성들이 겪은 비극을 보여준다. 한편으로는 혼란 속에서도 의례와 연향이 지속되었고, 기생은 그 자리에 다시 동원되었다. 이는 기생의 삶이 시대적 격변과 무관할 수 없었음을 보여준다.

조선 후기에도 기생은 권력과 일정한 관계를 맺었다. 영조와 정조 대에는 궁중 연향과 지방 행사가 활발히 열렸고, 기생들은 그 자리에 참여했다. 일부는 문인들과 교류하며 시문을 남겼고, 일부는 권세가와의 관계 속에서 정치적 소문과 연결되기도 했다. 공식적으로는 천예로 분류되었지만 실제로는 권력의 주변과 접촉할 수 있는 위치에 있었던 셈이다.

근대로 넘어가면서 기생의 모습은 또 달라졌다. 19세기 말과 일제강점기에는 권번券番 제도가 등장해 기생을 조직적으로 관리했다. 권번은 예능 교육과 활동을 담당하는 기관으로 기능했고, 기생들은 이곳에서 노래와 춤을 배우며 활동했다. 일부는 외교적 접대 자리에 참여했고, 일부는 창극과 신파극 무대에 서며 근대 공연 예술의 형성에 기여했다. 또한 일부 기생이 독립운동가들과 교류하거나 후원에 참여했다는 기록도 전한다.

이처럼 기생은 시대에 따라 다른 얼굴로 기록되었다. 장녹수처럼 군주의 총애 속에 권력과 연결되기도 했고, 논개처럼 의기의 상징으로 추앙되기도 했다. 전란 속에서는 희생자가 되었고, 근대에는 예능 조직의 일원으로 활동했다. 그 삶은 늘 권력과 예술, 멸시와 필요 사이에 놓여 있었다.

결국 기생과 왕실·권력자의 관계는 단순한 향락의 문제가 아니었다. 그것은 권력 구조 속에서 예술이 어떻게 활용되고 소비되었는지를 보여주는 한 단면이었다. 기생은 신분적 제약 속에서도 시대의 무대 위에 서 있었고, 그 흔적은 정치사와 문화사 양쪽에 남아 있다. 그들의 삶은 비극과 영광, 예술과 생존이 교차하는 자리에서 형성되었으며, 오늘날 우리는 그 기록을 통해 조선 사회의 또 다른 얼굴을 마주하게 된다.

한국 근대 예술의 요람이 된 '권번'

기생 문화는 조선 왕조의 몰락과 함께 사라진 듯 보였지만, 근대 사회를 거치며 다른 형식으로 재편되었다. 기생은 본래 교방과 관기에 속해 노래와 춤, 시문과 악기에 능해야 했고 단순한 향락의 도구를 넘어 예능인으로서의 역량을 갖춘 존재였다. 조선 말기와 개화기를 지나 일제강점기에 이르러 기생들은 권번券番이라는 제도 속에 조직되었다. 권번은 일종의 기생 조합이자 예능 교육 기관으로 기능했으며, 이곳에서 가야금과 해금, 시조창, 무용, 창극 등을 배우고 활동했다. 동시에 근대적 공연 문화와도 접촉하게 되었다.

근대 권번은 기생의 생계를 관리하는 조직이었을 뿐 아니라 전통 예능의 전승 공간이기도 했다. 일부 기생들은 창극 무대에 올랐고, 신파극에 참여해 새로운 공연 양식에 적응했다. 판소리와 시조창, 가야금병창 등은 권번 출신 예인들이 무대에서 이어간 예술이었다. 초기 유행가 무대에 진출한 가수들 가운데 권번 출신이 적지 않았으며, 이들은 전통 성악의 기량과 무대 경험을 바탕으로 근대 대중가요 형성에 일정한 역할을 했다.

일제강점기에는 권번 기생들이 일본의 공연 제도와 접촉하며 서양식 무대 형식을 일부 받아들이기도 했다. 신파극 무대에서 노래와 연기를 함께 선보인 사례도 확인된다. 이 시기 기생들이 남긴 음반과 공연 기록은 한국 근대 대중음악사의 초기 자료로 평가된다. 권번은 지역마다 설치되었는데, 서울의 장안 권번, 평양 권번, 전주 권번 등이 대표적으로 알려져 있다. 각 권번은 지역 전통을 유지하면서도 근대 공연 체계를 도입해 활동했다.

오늘날 국악과 무용, 대중가요의 일부 형식은 이러한 권번 활동과 일정한 연관을 지닌다. 판소리 다섯 마당의 전승 과정에도 권번 출신 예인들이 참여했으며, 가야금병창과 시조창 역시 기생 출신 예인들의 활동을 통해 이어졌다. 한국 무용의 여러 기본 동작과 춤사위 역시 기생 무대에서 다듬어진 요소가 적지 않다. 1930년대 음반에 남은 권번 출신 가수들의 노래는 한국 대중음악사의 초기 단계를 보여주는 자료로 남아 있다.

기생 문화는 현대 연예문화와도 일정 부분 닿아 있다. 오늘날 연예인은 노래와 춤, 연기를 아우르며 활동하는데, 기생 역시 복합적 예능 능력을 요구받았다. 권번이 예능인을 교육하고 활동을 관리하던 구조는 현대 연예 기획 시스템과 유사한 측면을 지닌다. 물론 시대적 조건과 산업 구조는 전혀 다르지만, 예능인을 조직적으로 육성했다는 점에서 비교의 여지는 있다.

오늘날 기생에 대한 평가는 과거의 멸시를 넘어서 재조명되는 추세이다. 기생은 군주의 향락을 위한 존재로만 규정할 수 없으며, 전통 예술을 창조하고 전승한 주체이기도 했다. 국악과 무용, 대중가요 속에 남아 있는 여러 흔적은 그들의 활동이 한국 예술사에 일정한 자취를 남겼음을 보여준다. 기생 문화는 천시된 직업의 역사라는 측면과 함께, 한국 예술 전통과 근대 공연 문화의 형성 과정 속에서 함께 살펴볼 필요가 있다.

제3부

손끝 기술로
먹고사는 사람들

09

흙과 불로 삶을 빚는 사람들, 도자기 장인

흙과 불, 도자기의 기원

도자기는 인류가 불을 다루게 되면서 탄생한 중요한 발명품 가운데 하나였다. 흙을 빚어 불에 구우면 단단해지고 물과 음식을 담을 수 있게 되었다. 이는 단순한 생활용품을 넘어 인간이 자연을 제어하고 문화를 형성하는 기반이 되었다. 한국의 도자기 역시 이러한 문명사의 흐름 속에서 발전했으며, 삼국시대 이래 기술과 미감을 축적해 조선 도자기의 토대를 마련했다.

삼국시대의 토기는 지역적 특색을 분명히 드러낸다. 고구려에서는 굵은 선으로 문양을 새긴 항아리와 실용적인 토기가 제작되었고, 백제에서는 부드럽고 단정한 형태의 토기가 발달했다. 신라는 장례와 제의 풍습과 결부된 토우土偶를 남겼다. 토우는 사람이나 동물의 형상을 흙으로 빚은 조형물로, 신라인의 종교 의식과 생활상을 보여주는 중요한 유물이다. 사실적이면서도 소박한 표현은 당시 사회의 정서를 전한다.

통일신라 시대에 이르러 도자기 기술은 한 단계 발전했다. 이 시기에는 철분이 많은 유약을 입혀 구운 흑유도기가 등장한다. 짙은 갈색이나 검은색을 띠는 이 도기는 유약을 본격적으로 사용한 사례로 평가된다. 다만 이를 곧바로 고려청자의 직접적 기원으로 단정하기는 어렵지만, 고온 소성과 유약 사용 기술이 축적되는 과정의 일부였음은 분명하다.

통일신라의 도자기는 불교 문화와도 밀접하게 연결되어 있었다. 불교 의례에 필요한 향로와 제기, 각종 기물이 제작되었고, 이 과정에서 기술적 세련이 더해졌다. 도자기는 실용과 신앙이 만나는 지점에서 발전한 공예였다.

삼국과 통일신라의 도자기는 고려청자나 조선 백자에 비해 미감이 완성된 단계는 아니었지만, 흙을 정제하고 고온에서 구워내는 기술적 기반을 마련했다는 점에서 결정적 의미를 가진다. 이러한 축적 위에서 고려청자가 등장했고, 이후 조선의 분청과 백자로 이어졌다.

흙과 불의 결합은 단순한 기술을 넘어 한국인의 생활 문화와 미감을 형성한 출발점이었다. 삼국의 토기와 토우, 통일신라의 흑유도기는 조선 도자기의 뿌리로서 후대의 발전을 준비한 단계였다.

청자의 나라, 고려가 남긴 위대한 유산

고려는 흔히 '청자의 나라'라고 불린다. 고려청자는 한국 미술사에서 중요한 위치를 차지하며 세계 도자사에서도 주목받아 왔다. 고려청자는 단순한 생활 기물을 넘어 종교와 귀족 문화가 결합된 예술품으로 평가된다. 그 대표적 특징이 '비색翡色'이라 불린 옥빛의 색조이다. 은은하고 맑은 색감은 고려 장인들의 기술과 감각이 만들어낸 결과였다.

고려청자는 중국 당·송대 자기의 영향을 받아 형성되었다. 특히 월주요越州窯 계통의 청자가 전래되면서 제작 기술이 도입되었다. 그러나 고려는 이를 단순히 모방하는 데 머물지 않았다. 한반도의 태토와 유약 조건 속에서 독자적 색조가 형성되었고, 이른바 비색이라 불리는 옥빛이 완성되었다. 송나라 사신 서긍이《고려도경》에서 고려청자를 높이 평가한 기록은 당시 그 명성이 상당했음을 보여준다.

고려청자의 미감은 절제된 은은함에 있었다. 화려함보다는 맑고 차분한 색조가 특징이었고 이는 불교적 정서와도 조화를 이루었다. 청자는 향로와 발우, 공양기 등 불교 의례용 기물로 제작되었으며 사찰과 귀족 가문에서 널리 사용되었다.

또한 청자는 귀족 문화와 밀접하게 연결되어 있었다. 고려 귀족들은 연회와 일상에서 청자를 사용했고 이는 신분과 품격을 드러내는 상징이 되었다. 청자 화병과 향로, 사리기 등은 실용성과 장식성을 함께 지녔다.

고려청자의 또 다른 성취는 상감기법이다. 기면을 파내고 그 자리에 백토나 흑토를 메운 뒤 유약을 씌워 굽는 방식으로 문양이 선명하게 드러난다. 구름과 학, 연꽃과 국화 같은 무늬는 불교적 상징과 자연 미감이 결합된 결과였다. 상감청자는 높은 기술을 요구했으며 고려 도자기 예술성을 대표하는 기법으로 자리 잡았다.

12세기에서 13세기 전반은 고려청자의 전성기로 평가된다. 강진과 부안 일대의 가마에서 제작된 작품들이 오늘날 국보와 보물로 전해진다. 그러나 몽골 침입 이후 사회적 혼란이 지속되면서 청자의 품질은 점차 저하되었다. 유약의 색이 탁해지고 형태도 점차 단순해졌다.

그럼에도 고려청자는 한국 도자사에서 결정적 의미를 지닌다. 그것은 고려인의 심미안과 종교적 세계관이 결합된 산물이었다. 이후 조선의 분청과 백자가 절제와 담백함을 추구할 수 있었던 배경에도 고려청자의 성취가 자리하고 있었다. 고려청자는 한국 도자기의 중요한 전통으로 오늘날까지 평가되고 있다.

조선 건국과 함께 태어난 새로운 미감

조선의 건국은 단순한 왕조 교체가 아니라 문화와 생활 전반에 걸친 커다란 전환을 의미했다. 고려를 지배했던 불교적 세계관이 물러나고 성리학적 질서가 사회의 기틀이 되면서 사람들의 사고방식과 취향 또한 크게 달라졌다. 도자기의 세계도 이러한 변화에서 예외일 수 없었다. 고려청자가 화려하고 장식적인 귀족 문화와 불교적 권위를 상징했다면 새로 들어선 조선은 실용성과 절제를 중시하며 또 다른 미감을 추구하였다. 그 결과 고려의 청자에서 벗어나 조선 특유의 분청사기와 백자가 태어나게 된다.

조선 초기는 고려 말기의 청자 전통을 이어받으면서도 새로운 길을 모색하던 시기였다. 초기의 도자기는 청자의 흔적을 많이 간직하고 있었으나 점차 변화가 감지되었다. 불필요한 장식을 줄이고 간결한 선과 형태를 추구했으며 장식성보다는 실용성이 강조되었다. 이는 성리학이 중시한 검소와 절제가 생활 속으로 스며든 결과였다. 조선의 사대부들은 화려한 기물보다 담백하고 청아한 그릇을 선호했으며 이는 도자기의 미학을 근본적으로 바꾸어 놓았다.

이러한 흐름 속에서 분청사기가 등장하였다. 분청사기는 고려청자의 기법과 조선의 새로운 정신이 결합하여 탄생한 과도기적 성격의 도자기였다. 청자의 제작 기법을 활용하면서도 백토로 표면을 입히거나 자유로운 붓질과 인화, 덤벙칠(그릇 전체를 백토물에

통째로 풍덩 담갔다 꺼내는 방식) 같은 다양한 기법을 가미하였다. 그 결과 분청사기는 규범에 얽매이지 않는 자유로움과 소박함을 동시에 드러냈다. 고려청자가 귀족적이고 정교한 예술품이었다면 분청사기는 보다 서민적이고 생활에 가까운 기물로 자리매김했다.

이 시기의 도자기는 단순한 물건이 아니라 시대정신을 반영하는 상징이었다. 불교의 퇴조와 성리학의 대두는 곧 미의식의 전환을 뜻했다. 불교 의례와 귀족의 연회에 쓰이던 청자는 점차 사라지고 성리학적 가정의 제례와 검소한 생활을 위한 그릇들이 중심이 되었다. 제기나 음식기처럼 실질적 필요를 충족시키는 용도 위주로 도자기가 제작되었으며 장식적 요소는 최소화되었다.

그러나 조선 초기의 도자기는 단순히 소박한 데서 그치지 않았다. 분청사기의 다양한 표현 방식은 오히려 활달하고 자유분방한 미감美感을 보여주었다. 귀얄로 거칠게 백토를 바른 그릇, 덤벙 칠하여 우연한 무늬를 만들어낸 작품, 인화무늬를 반복적으로 찍어낸 생활용기들은 모두 규범을 벗어난 새로운 조형미를 보여주었다. 이는 조선 초기 장인들의 창의성과 자유로운 기질을 엿볼 수 있는 대목이었다.

이러한 분청사기는 농민과 서민의 생활 속에서도 널리 쓰였다. 값비싼 청자 대신 비교적 쉽게 구할 수 있었던 분청사기는 일상에서 활용도가 높았고 그러면서도 예술적 가치를 지니고 있었다. 즉 분청사기는 귀족의 전유물이었던 고려청자와 달리 보다 많은 계층이 공유할 수 있었던 도자기였다. 이는 도자기의 대중화라는 측면에서 중요한 의미를 지녔다.

조선 건국과 함께 시작된 이러한 변화는 결국 백자의 시대를 열어가는 과정이었다. 분청사기가 보여준 소박하고 절제된 미감은 백자의 순백으로 이어졌고 이는 조선 도자기의 상징으로 자리 잡는다. 그러나 백자의 전성기 이전 분청사기가 보여준 활달한 자유로움은 조선 문화의 또 다른 얼굴이었다. 검소와 절제 속에서도 인간의 창의성과 미적 감각은 살아 있었고 그것이 흙과 불을 통해 형상화된 것이 바로 분청사기였다.

따라서 조선 건국기의 도자기는 단순히 고려청자를 대신한 새로운 기물器物(도자기·제기·생활용구)이 아니라 시대적 가치관의 변화를 구체적으로 드러낸 산물이었다. 성리학적 검소함과 생활 중심의 실용성 그리고 장인들의 자유로운 표현이 어우러진 도자기야말로 새로운 왕조의 문화적 정체성을 상징하는 기물이었던 것이다.

분청사기의 탄생과 매력

분청사기는 고려청자의 전통을 계승하면서도 조선이라는 새로운 왕조의 정신과 생활 감각을 담아낸 도자기였다. 고려청자가 귀족과 불교적 권위를 상징했다면 조선 초기에 등장한 분청사기는 훨씬 더 자유분방하고 서민적인 미감을 보여주었다. 분청사기의 표면에는 백토가 입혀졌는데 이로 인해 도자기의 바탕색은 밝고 소박한 흰빛을 띠게 되었다. '분청粉靑'이라는 이름도 바로 그 흰 가루 같은 백토에서 비롯되었다. 분청사기는 고려 말과 조선 초기에 걸쳐 본격적으로 등장해 15세기 전반에 전성기를 누렸고 이후 백자가 주류로 자리잡기 전까지 조선 도자기의 중심에 있었다.

▶ **국보 분청사기 '상감운룡문 항아리'**. 조선 초 분청사기의 걸작이다. 상감 기법으로 새겨진 힘찬 용 문양에 왕실의 권위와 사기장의 거침없는 예술성을 담아냈다. 　　출처: 국립중앙박물관

분청사기의 가장 큰 특징은 다양한 장식 기법에 있었다. 무엇보다 상감象嵌 기법이 대표적이었다. 기물의 표면을 파내고 그 자리에 백토나 흑토를 메운 뒤 유약을 씌워 구워내는 방식으로 무늬가 뚜렷하고 정교하게 드러났다. 연꽃, 국화, 버드나무, 학, 구름 같은 자연 모티프가 자주 사용되었는데 이는 고려 상감청자의 전통을 계승한 것이었다. 그러나 분청사기의 상감은 고려보다 한층 더 간결하고 힘이 있었으며 기교를 앞세우기보다 소박한 선과 대범한 구성이 두드러졌다.

한편 인화印花 기법은 도장을 이용해 표면에 무늬를 찍어내는 방식이었다. 작은 도장을 반복적으로 눌러 같은 문양을 연속적으로 새겨 넣었는데 그 결과 직물 무늬 같은 질감이 도자기 표면에 나타났다. 인화 기법은 다량 생산이 가능했기 때문에 서민들이 쓰는 생활용기에 널리 사용되었다. 기하학적인 무늬나 단순한 꽃무늬가 반복적으로 배열되어 장식성을 더하면서도 대량 제작의 효율성을 높여 분청사기의 대중화에 크게 기여했다.

또 하나 주목할 점은 귀얄(쇄모묘刷毛描) 기법이다. 거친 솔이나 넓은 붓으로 백토를 휘갈겨 바르는 방식인데 규칙적이지 않고 자유로운 붓질의 흔적이 그대로 드러났다. 이는 마치 수묵화의 필획을 보는 듯한 활달함을 주었으며 의도적인 장식이라기보다 우연과 즉흥성이 강조된 미감을 보여주었다. 귀얄 기법은 분청사기의 대표적 개성으로 꼽히며 조선 초기 장인들의 자유로운 창작 태도를 잘 드러내준다.

여기에 더해 덤벙(분과粉掛) 기법도 분청사기만의 독특한 표현이었다. 완성된 기물을 아예 백토물 속에 풍덩 담갔다 꺼내는 방식으로 표면 전체에 흰 빛깔이 입혀졌다. 이 과정에서 생긴 얼룩이나 불규칙한 흔적은 오히려 분청사기 특유의 소박함과 우연적 아름다움으로 여겨졌다. 덤벙칠은 일정한 규범보다는 자연스러운 흐름과 자유로움을 중시한 조선적 미감의 산물이었으며 고려청자의 정교한 기법과는 확연히 다른 방향을 보여주었다. 덤벙 즉 분과 기법은 일본 학계에서는 "粉掛(ふんかけ, 훈카케)"라 부른다.

이렇듯 분청사기는 다양한 기법을 통해 고려청자와는 다른 새로운 세계를 열었다. 고려청자가 귀족적 취향과 불교적 장식성을 반영한 고급 예술품이었다면 분청사기는 보다 실용적이고 서민적인 기물로 일상의 생활 속에서 널리 쓰였다. 그러나 그것이 단순히 서민용 그릇에 머문 것은 아니었다. 분청사기의 자유로운 장식과 소박한 미감은 오히려 오늘날에는 더 큰 예술적 가치를 인정받는다. 규범과 격식에 얽매이지 않고 흙과 불, 장인의 손길이 빚어낸 자연스러운 생명력이 분청사기 속에 살아 있기 때문이다.

조선 초기의 분청사기는 새로운 왕조의 정신을 담은 상징물이었다. 성리학적 검소함과 실용성을 중시하면서도 장인들의 자유로운 창의력이 결합된 분청사기는 단순한 과도기적 도자기를 넘어 독자적 예술로 자리잡았다. 그것은 고려청자에서 조선백자로 이어지는 한국 도자기사의 중요한 다리였고 동시에 조선인의 생활 속에서 숨 쉬던 실질적 기물이기도 했다. 분청사기의 탄생은 곧 조선 도자기의 새로운 출발을 알리는 신호탄이었다.

백자의 등장과 왕실의 까다로운 선택

조선 도자기의 역사는 결국 백자의 역사라 해도 과언이 아니다. 고려가 비취빛 청자의 나라였다면 조선은 순백의 백자를 상징으로 삼은 나라였다. 백자는 단순한 그릇이 아니라 성리학을 국가 이념으로 삼은 조선이 추구한 가치와 미감을 응축한 기물이었고 동시에 왕실과 사대부의 권위를 드러내는 상징적 도자기였다.

백자는 고려 말기부터 그 맹아가 나타났지만, 본격적으로 조선 초기에 왕실과 관료 사회의 선호 속에 자리 잡았다. 그 이유는 무엇보다도 백자가 보여주는 순수한 흰빛의 미학 때문이었다. 백토로 빚은 그릇에 투명한 유약을 입혀 고온에서 구워내면 불필요한 장식이 없는 맑고 단정한 흰빛이 드러났다. 이 단순하면서도 고결한 미감은 성리학적 가치와 정확히 맞아떨어졌다. 조선의 사대부들이 중시한 절제와 검소, 청렴은 바로 백자의 색조와 조형에 구현되어 있었다.

왕실은 국가 의례를 치르는 데 있어 백자를 적극적으로 채택하였다. 종묘와 사직에 바치는 제기, 왕실의 혼례와 관례에서 쓰이는 의례용 기물, 국가적 연회에 필요한 식기는 대부분 백자로 제작되었다. 특히 제례용 그릇은 신성성과 단정함을 요구했는데 장식이 거의 없는 순백의 백자가 가장 적합한 기물이었던 것이다. 이는 백자가 단순히 생활용품을 넘어 국가적 상징물로 격상되는 계기가 되었다.

사대부 사회에서도 백자는 선호의 대상이었다. 유교적 가정에서 제사는 가장 중요한 의례였고 제사상에 올려지는 제기들은 집안의 위엄과 가문의 정체성을 드러냈다. 화려한 청자나 분청보다도 순백의 단정한 그릇이 도덕적 이상과 학문적 기풍에 걸맞다고 여겨졌다. 또한 사랑방과 서재에 놓이는 백자는 그 공간의 주인인 사대부의 청렴한 성품을 상징하기도 했다. 이렇듯 백자는 조선 지배층이 추구한 삶의 방식과 미학을 그대로 담아내는 기물이 되었다.

백자의 등장은 미학적 변화만을 의미한 것이 아니었다. 사회적·정치적 의미도 담겨 있었다. 고려청자가 불교적 의례와 귀족적 생활을 뒷받침했다면 조선의 백자는 성리학적 의례와 왕조의 정통성을 뒷받침했다. 즉 백자는 왕조 교체와 함께 도자기 문화의 주도권이 바뀌었음을 보여주는 상징이었다. 또한 분청사기가 자유분방하고 서민적인 기질을 보여준 데 비해 백자는 절제와 규범을 구현하여 조선 사회의 위계질서와 도덕적 권위를 강조하는 도자기였다.

그렇다고 해서 백자가 오직 단조로운 기물만을 뜻한 것은 아니었다. 백자에는 청화백자처럼 푸른 안료로 그림을 그린 장식품도 있었고 철화백자나 상감백자처럼 다양한 변용도 존재했다. 그러나 이러한 변형조차도 기본 바탕은 늘 순백의 백자였다. 즉 백자는 단순한 색조 이상의 개념이었다. 그것은 조선 사회 전체가 공유한 이상과 가치의 표현이었으며 미학적 정체성이자 문화적 상징이었다.

결국 백자의 등장은 단순히 새로운 그릇의 출현이 아니라 조선 왕조의 이념과 사회적 질서 그리고 사대부의 생활문화와 맞물려 형성된 총체적 산물이었다. 순백의 빛깔 속에 담긴 절제와 청렴의 의미가 왕실과 사대부의 선택을 이끌었고 그 결과 백자는 조선 도자기의 주류로 자리 잡아 이후 수백 년간 한국 도자기의 전형을 이루게 되었다.

분청과 백자가 공존했던 시대

15세기에서 16세기 전반에 이르는 조선 사회는 도자기의 세계에서 특별한 시기를 맞이했다. 바로 분청사기와 백자가 함께 공존하며 각기 다른 미감을 보여주던 시기였다. 고려 말 청자의 전통을 잇고 조선 초기의 자유로운 정신을 담아낸 분청사기는 여전히 널리 사용되었고 동시에 성리학적 검소와 절제를 이상으로 삼은 백자가 점차 세력을 넓혀갔다. 이 두 도자기는 서로 대립하기보다는 각기 다른 사회 계층과 문화적 취향 속에서 나름의 자리를 차지하며 조선 초기의 미학을 풍성하게 만들었다.

분청사기는 여전히 활달하고 자유로운 기법으로 사람들의 눈길을 끌었다. 귀얄로 휘갈겨 바른 백토, 덤벙칠로 자연스러운 흐름을 만들어낸 표면, 인화 도장으로 반복된 무늬는 분청사기를 일상의 기물로 더욱 친근하게 했다. 분청은 생활용기에 많이 쓰였으며 서민들의 부엌과 장터에서 흔히 볼 수 있었다. 그 소박하고 자유로운 아름다움은 민중의 미감을 충족시켰고 때로는 사대부들의 생활에도 들어와 가볍고 편안한 용도로 쓰였다. 분청은 단순한 과도기적 산물이 아니라 조선 사회의 생활 감각과 어우러진 실질적인 기물이었던 것이다.

반면 백자는 점차 왕실과 사대부의 선택을 받으며 위상을 높여갔다. 순백의 그릇은 성리학적 이상과 잘 맞아떨어졌다. 군주의 덕과 사대부의 도덕성을 드러내는 청렴하고 단정한 빛깔로 이해되었으며 무엇보다 제례와 의례에 적합했다. 종묘와 사직에서 올리는 제기에, 사대부 가문의 제사상에, 왕실의 연회와 교류에도 백자가 점차 사용되었다. 화려한 무늬 대신 순수한 흰빛이 강조된 백자는 사대부의 학문적 품격과 왕실의 권위를 상징하는 도자기로 자리매김했다.

이 시기의 공존은 곧 사회적 이중 구조를 반영한다. 분청은 민중과 서민 그리고 실용을 중시하는 일상에서 살아 있었고 백자는 권력과 위계의 상징으로 상층부의 문화를 지탱했다. 그러나 양자는 완전히 분리된 것이 아니었다. 사대부들조차 분청사기의 자유분방한 멋을 즐기기도 했고 서민들도 의례나 특별한 상황에서는 백자를 접할 수 있었다. 따라서 공존의 의미는 단순히 사회 계급의 분리를 넘어 조선 초기 문화가 가진 다양성과 다층성을 드러내는 것이었다.

분청과 백자의 공존은 미감의 차이에서도 두드러졌다. 분청은 자유와 우연, 활달함의 미학을 보여주었고 백자는 절제와 순수, 정제된 미감을 구현했다. 이 두 미학은 서로 충돌하지 않고 오히려 상호 보완적으로 작용했다. 그것은 조선 사회가 여전히 고려의 유산을 이어받으면서도 동시에 성리학적 질서를 본격적으로 구축해 나가던 과도기의 성격을 잘 보여준다. 분청이 지닌 생명력과 백자가 추구한 이상은 서로 달랐으나 모두 조선 사람들의 생활과 가치 속에 뿌리내린 도자기였다.

결국 16세기 후반으로 가면서 분청은 점차 자취를 감추고 백자가 도자기의 주류로 굳어졌다. 그러나 그 이전 수 세기 동안 두 도자기가 함께 존재하며 빚어낸 문화적 풍경은 조선 도자기사의 중요한 장면이었다. 분청의 소박하고 자유로운 기운과 백자의 정제되고 순백한 미학이 나란히 빛을 발하던 시기 바로 그 공존의 순간이야말로 조선 초기 도자기의 풍요로움과 다양성을 가장 잘 드러내는 장면이었다.

백자의 전성기, 17세기의 확산과 대중화

17세기에 들어서면서 조선의 백자는 비로소 전성기를 맞이하게 된다. 조선 건국 이래 꾸준히 왕실과 사대부 사회의 선호를 받았던 백자는 이 시기에 와서 더욱 공고히 자리 잡았으며 동시에 민간으로도 널리 퍼져 일상생활 속에서도 중요한 기물이 되었다. 특히 임진왜란과 병자호란을 겪으면서 많은 문화재와 기물이 소실되자 새로 재건되는 왕실과 사회는 더욱 많은 도자기를 필요로 하게 되었고 그 중심에는 백자가 있었다.

무엇보다 왕실은 제례와 국가 의례에서 백자를 전폭적으로 사용하였다. 종묘 제례악이 이어지고 조상에게 바치는 제기가 정비되면서 순백의 단정한 그릇은 국가의 권위를 상징하는 도구로 기능했다. 또한 왕실의 연회와 외교 행사에서도 백자가 중요한 역할을 맡았다. 외국 사신에게 보여주는 상차림은 곧 국가의 품격을 나타내는 자리였고 순백의 기물은 조선 왕조의 청렴과 도덕성을 드러내는 상징으로 사용되었다. 이처럼 백자는 단순한 생활용품이 아니라 국가 정체성을 드러내는 도자기로 자리매김했다.

이 시기에는 다양한 장식 백자가 등장했다. 대표적인 것이 청화백자였다. 청화백자는 백자의 표면에 푸른 안료 곧 코발트를 이용해 그림을 그린 뒤 구워낸 것으로 맑은 흰 바탕 위에 푸른 선이 선명하게 드러났다. 산수와 화조, 문자, 길상무늬 등 다양한 주제가 표현되었고 왕실에서는 용문양이나 봉황문양을 그려 넣어 권위를 강조하였다. 청화백자는 회화적 감각이 뛰어나 조선 회화와 맞닿아 있었으며 단순히 그릇이 아니라 회화 작품으로 감상되기도 했다. 또 하나의 유형은 철화백자였다. 철화백자는 철분 안료로 문양을 그려 넣은 것으로 청화에 비해 소박하면서도 힘 있는 선이 특징이었다. 농민과 서민 사회에서도 제작과 사용이 가능했기에 청화백자보다 한층 대중적인 성격을 지녔다.

백자의 확산은 민간 사회에서도 뚜렷하게 나타났다. 관요에서 제작된 왕실 전용 백자가 있었던 한편 지방의 가마에서는 생활용 백자가 대량으로 만들어졌다. 밥그릇과 술잔, 물항아리, 제기 등 일상에서 필요한 그릇들이 백자로 제작되었고 이는 서민 생활에도 깊숙이 스며들었다. 물론 질과 문양에서는 왕실 전용 백자와 차이가 있었지만 기본적으로 순백의 미감은 유지되었고 이는 조선 사람들의 일상적 미의식으로 자리 잡았다.

백자의 전성기는 단지 도자기의 발전사에 국한되지 않는다. 그것은 조선 사회의 가치관과도 긴밀하게 연결되어 있었다. 청렴과 절제, 순수와 단정이라는 성리학적 이상은 백자의 미감 속에 구체화되었고 사회 전반이 이를 공유했다. 왕실과 사대부는 백자를 통해 자신들의 정체성을 드러냈고 서민은 백자를 통해 일상의 생활을 영위했다. 이처럼 백자는 계층을 넘어 조선 사회 전체를 관통하는 문화적 상징이 되었다.

17세기의 백자는 또한 국제 교류 속에서도 중요한 위치를 차지했다. 일본으로 끌려간 도공들이 현지에서 백자 제작을 전수하여 아리타 도자기의 발전을 이끌었고 이는 다시 중국과 유럽에까지 영향을 미쳤다. 조선의 백자는 비록 국제 시장에서 크게 유통되지는 않았으나 기술과 미감의 차원에서 아시아 도자기 문화의 중요한 흐름을 형성했다.

이렇듯 17세기의 백자는 왕실의 권위와 사대부의 교양, 서민의 생활을 모두 아우르며 전성기를 이루었다. 청화와 철화라는 장식 기법의 발전, 생활 기물로의 대중화, 국제적 파급력은 모두 이 시기에 집중적으로 전개되었다. 그 결과 백자는 이후 수백 년 동안 조선 도자기의 주류로 자리 잡으며 오늘날 한국 도자기를 대표하는 전통으로 계승되었다.

고단한 노동 속에서 빚어낸 장인 정신

조선의 도자기를 떠받친 이들은 다름 아닌 이름 없는 도공들이었다. 그들의 삶은 흙과 불, 땀과 노동으로 점철되어 있었지만, 역사 기록 속에서 그들의 존재는 거의 드러나지 않았다. 왕실과 사대부가 누리던 찬란한 백자의 이면에는 관요와 지방 가마에서 구슬땀을 흘리던 장인들의 고단한 노동이 있었다.

도공들의 중심 무대는 관요였다. 관요는 조선 왕실에 필요한 도자기를 제작하는 국가 전속 가마로 개경 시기에는 분청과 초기 백자를, 조선이 한양으로 천도한 뒤에는 광주 분원에서 왕실 전용

백자를 공급했다. 관요의 운영은 철저히 국가적 통제 아래 이루어
졌다. 사용원이라는 관청이 도자기 제작을 총괄했으며 도공들은
관노官奴 혹은 관역인으로 편입되어 벗어날 수 없는 삶을 살아야
했다. 가마의 불길을 지피는 일에서부터 흙을 거르고 빚고 굽는
과정까지 모든 노동이 규율 속에서 진행되었고 장인들은 국가의
수요를 맞추기 위해 밤낮을 가리지 않고 일을 해야 했다.

　도공들의 처지는 결코 자유롭지 않았다. 그들은 예술가라기
보다는 기술을 가진 노동자, 심지어 노역자에 가까운 위치에 있었
다. 관요에 배치된 도공들은 세습적으로 그 직역을 이어야 했고
신분 상승의 기회도 거의 없었다. 한 번 도공으로 편입되면 자손
대대로 가마와 함께 살아야 했으며 기술이 아무리 뛰어나더라도
이름은 기록에 남지 않았다. 그들의 솜씨는 왕실의 위엄을 드러내
는 백자 속에 빛났지만, 정작 그들의 삶은 백자의 빛깔처럼 드러
나지 않고 그림자에 가려져 있었다.

　사용원은 도공들을 단순한 노동력으로 관리했다. 흙의 채굴
부터 백토의 정제, 가마의 운영과 불의 온도 조절까지 모든 과정
은 세밀하게 규율화되어 있었고 도공들은 그 규율을 어길 수 없
었다. 일정한 수량과 품질을 충족시키지 못하면 가혹한 처벌을 받
기도 했다. 어떤 경우에는 실패한 기물을 책임지고 형벌을 받거나
가족까지 연좌되는 일이 있었다. 이는 장인들의 숙련도를 높이는
동력이 되기도 했으나, 동시에 혹독한 삶의 굴레이기도 했다.

　이와 달리 민간 가마에서 활동한 도공들은 비교적 자유로운

환경에 있었지만 그들 또한 넉넉하지는 않았다. 지방 가마에서는 생활용 분청과 백자가 주로 제작되었는데 수요가 많아도 값은 싸고 장인의 이름은 알려지지 않았다. 이들은 장터와 시장을 떠돌며 그릇을 팔거나 지방 사족의 제례와 의례를 위해 주문을 받아 제작했다. 국가의 통제에서 벗어나 있긴 했지만 경제적 안정은 보장되지 않았다. 흙을 다루고 불을 다스리는 그들의 솜씨는 생활 속에서 늘 쓰였지만 사회적으로는 크게 존중받지 못했다.

그럼에도 불구하고 도공들은 자신들만의 예술혼을 품고 있었다. 규율과 신분의 굴레 속에서도 그들의 손끝은 늘 새로운 무늬와 기법을 실험했다. 귀얄의 자유분방한 필획, 덤벙칠의 즉흥적인 얼룩, 청화백자의 회화적 문양은 모두 장인들의 창의적 시도가 만들어낸 것이었다. 이름은 남지 않았으나 그들의 예술적 감각은 기물 속에 생생히 살아 남아 조선 도자기의 독창성을 이끌었다.

결국 조선 도자기의 역사는 곧 도공들의 노동사였다. 관요의 불길을 지키던 관노 도공들, 민간에서 분청과 백자를 빚어내던 이름 없는 장인들이 없었다면 오늘날 우리가 감탄하는 조선 도자기의 세계는 존재할 수 없었을 것이다. 그들의 땀과 노동은 왕실의 권위를 떠받쳤고 백성의 삶을 지탱했으며 동시에 한국 미학의 한 축을 이루었다. 하지만 그들의 이름은 대부분 흙과 불 속에 사라지고 말았다. 오직 그들이 남긴 기물만이 묵묵히 당시 장인들의 삶과 혼을 증언하고 있을 뿐이다.

임진왜란과 도공들이 겪어야 했던 비극

임진왜란은 단순한 전쟁의 상처를 넘어 조선의 예술과 장인들에게도 치명적인 상흔을 남겼다. 왜군이 조선을 침략하면서 단순히 재물을 약탈하는 데 그치지 않고 수많은 기술자와 장인들을 강제로 끌고 갔는데 그 가운데 가장 큰 비중을 차지한 이들이 도공들이었다. 왜군은 조선의 우수한 도자기 기술을 일찍이 주목하고 있었고 이를 자국으로 옮겨가기 위해 체계적으로 도공들을 사로잡아 일본으로 데려갔다. 이는 훗날 일본 도자기의 비약적 발전으로 이어졌으나, 동시에 조선 장인들에게는 귀향조차 허락되지 않은 비극적 운명이었다.

일본에 끌려간 도공들은 규슈 지방을 중심으로 정착하게 되었다. 대표적인 곳이 사쓰마와 아리타였다. 사쓰마에서는 조선 도공들이 현지의 흙과 재료를 활용해 독특한 도자기를 만들어냈는데 후대에 "사쓰마야키薩摩燒"라 불리며 일본을 대표하는 자기로 자리 잡았다. 사쓰마야키는 조선 도공들의 기술을 바탕으로 하면서도 일본 특유의 장식성을 덧붙여 유럽에까지 수출되며 큰 인기를 끌었다. 아리타에서는 조선 도공들이 백자 제작 기술을 전수해 "아리타야키有田燒"가 탄생했다. 이는 일본 최초의 본격적 자기였으며 이후 이마리 도자기라는 이름으로 네덜란드 동인도회사를 통해 유럽에 대량으로 수출되었다. 조선 도공들의 손끝이 일본 도자기의 탄생과 세계화에 결정적인 기여를 한 것이다.

그 가운데 특히 잘 알려진 인물이 심수관沈壽官 가문이다. 경상도 출신의 도공 심당길은 사쓰마에 끌려가 그곳에 정착했고 그의 후손들이 대대로 가마를 이어가며 사쓰마 도자기의 명맥을 지켰다. 오늘날까지도 일본 가고시마현에는 15대 심수관이 가업을 이어오고 있으며 이는 일본 도자기 역사에서 가장 오래된 가문 중 하나로 꼽힌다. 그러나 그 영광 뒤에는 전쟁 포로로 끌려가 고향으로 돌아가지 못한 조선 장인의 비극적 삶이 있었다.

조선 도공들의 기술은 일본 도자기의 수준을 단숨에 끌어올렸다. 조선에서 이미 확립된 백자 제작법과 유약 조절법, 고온 가마 운영 기술은 일본에는 존재하지 않았던 것이었다. 일본의 토착적 도자기는 대체로 토기 수준에 머물러 있었으나, 조선 도공들의 기술이 전해지면서 본격적인 자기 생산이 가능해졌다. 이는 단순한 전수라기보다는 일본 도자기 문화 자체의 변혁을 이끌어낸 것이었다. 일본은 이 성과를 자국의 전통으로 포장했지만 그 뿌리에는 조선 장인들의 피와 눈물이 깃들어 있었다.

임진왜란과 정유재란을 통해 일본으로 건너간 도공들의 수는 수천 명에 이르렀다고 한다. 그러나 그들은 대부분 조선으로 돌아오지 못했다. 일본 각지에 흩어져 정착하며 가문을 이루고 일본 이름으로 동화되어 갔지만 그들의 기원은 조선이었다. 조국에서는 그들의 이름조차 잊혀졌으나 일본에서는 국가적 문화유산의 기원으로 기려지는 아이러니가 생겨났다.

이 사건은 한국 도자기사에서도 큰 상실로 기록된다. 임진왜란으로 인해 조선의 많은 가마가 파괴되었고 기술자들이 대거 일본으로 끌려가면서 국내 도자기 생산은 일시적으로 큰 침체를 겪었다. 왕실과 사대부가 필요로 하는 백자의 수급이 원활하지 못했고 도자기 문화의 전통은 크게 흔들렸다. 반면 일본에서는 오히려 도자기 문화가 폭발적으로 성장했다. 조선 도공들의 기술은 일본 도자기를 세계 시장으로 이끌었고 일본의 미학과 결합하여 새로운 양식을 만들어냈다.

결국 임진왜란은 도자기 역사에서도 뚜렷한 전환점이 되었다. 조선에겐 상실과 비극이었고 일본에겐 도약의 계기였다. 사쓰마와 아리타, 이마리 도자기의 기원에는 이름 없는 수많은 조선 도공들의 희생과 노고가 숨어 있다. 오늘날 일본의 도자기를 이야기할 때 그 뿌리와 원류를 거슬러 올라가면 반드시 조선 도공들의 기술과 피로 얼룩진 역사를 만나게 된다. 이는 단순한 예술사의 문제가 아니라 전쟁이 남긴 문화 약탈과 정체성의 상실이라는 역사적 상흔이다.

결국 임진왜란은 조선 도자기 역사에 있어 단절과 확산이라는 두 얼굴을 남겼다. 조선 내부에서는 불길이 꺼지고 가마가 무너져 내렸으나, 일본에서는 오히려 새로운 불길이 타올라 세계로 뻗어 나갔다. 그 불씨를 지핀 것은 조선의 이름 없는 도공들이었다. 그들의 비극적 삶은 일본 도자기의 탄생이라는 또 다른 역사를 낳았고 오늘날에도 한일 문화사의 교차점으로 남아 있다.

오늘의 도자기와 전통의 아름다운 계승

오늘날 한국 도자기는 더 이상 과거의 유물이 아니다. 분청사기와 백자로 대표되는 조선 도자기는 여전히 세계 무대에서 주목받고 있으며 현대 예술 속에서 새롭게 재해석되고 있다. 과거에는 일상의 기물이자 의례의 도구였던 도자기가 이제는 미술관의 전시품이 되고 현대 작가들의 실험적 창작의 소재로 사용되면서 새로운 생명을 얻고 있는 것이다.

분청사기의 자유분방함은 특히 현대 예술가들에게 큰 영감을 준다. 귀얄로 휘갈겨 바른 거친 붓질과 덤벙칠로 인해 생겨난 우연한 얼룩, 인화 도장의 반복적 무늬는 모두 의도와 우연이 어우러진 독창적 표현이다. 이는 오늘날 추상미술이나 현대 도예의 실험적 경향과 자연스럽게 맞닿아 있다. 현대 도예가들은 분청의 자유로운 기법을 재해석하여 새로운 설치미술이나 공공미술로 발전시키고 있으며 그 속에서 조선 장인들의 숨결을 다시 불러내고 있다.

반대로 백자의 절제된 미감은 최소한의 것만 남겨 본질을 드러내려는 미니멀리즘minimalism과 맞닿아 있다. 장식을 배제한 순백의 표면과 절도 있는 선, 안정된 비례는 오늘날에도 여전히 신선한 아름다움으로 다가온다. 많은 현대 디자이너들이 백자의 단순미에서 영감을 받아 가구와 건축, 패션 등 다양한 영역으로 확장하고 있다. 순백의 백자는 시대를 초월해 청렴과 단정 그리고 절제라는 가치를 상징하며 현대 사회에서도 보편적 아름다움으로 인정받는다.

한국 도자기의 위상은 세계적으로도 높다. 20세기 후반 이후 세계 각국의 미술관과 컬렉션에서 한국 도자기, 특히 조선 백자와 분청사기를 적극적으로 수집하기 시작했고 전시를 통해 그 가치를 알리고 있다. 뉴욕 메트로폴리탄미술관, 영국 대영박물관, 파리 기메박물관 등 세계 유수의 기관들은 한국 도자기를 대표적인 아시아 미학의 성취로 평가한다. 특히 분청사기의 자유분방한 미감은 일본과 중국 도자기에서는 보기 힘든 독창성으로 인정받아 국제 무대에서 '한국적 미'의 상징으로 자리 잡았다.

무엇보다 중요한 것은 장인 정신의 계승이다. 조선의 도공들이 보여주었던 집념과 기술은 단순히 과거에 머무르지 않는다. 오늘날 한국 도예가들은 전통 기법을 복원하고 재현하는 데 힘쓰는 한편 새로운 시대적 감각을 입히려는 노력을 기울이고 있다. 광주 분원 터에서 이어지는 전통 가마 복원과 전국 각지의 도예촌에서 벌어지는 창작 활동은 그 연장선상에 있다. 또한 국제 도자기 비엔날레와 같은 현대적 축제를 통해 한국 도자기는 세계와 소통하고 있으며 장인 정신은 새로운 세대에게도 전해지고 있다.

도자기는 결국 흙과 불 그리고 사람의 손끝이 만들어낸 예술이다. 아무리 기계와 기술이 발달해도 장인의 손길과 혼이 없이는 도자기의 생명력이 살아날 수 없다. 조선의 이름 없는 도공들이 그러했듯이 오늘의 도예가들 역시 흙을 만지고 불을 다스리며 자신들의 세계를 빚어내고 있다. 그들의 땀과 열정은 과거와 현재를 이어주고 한국 도자기를 세계 속에 당당히 세우는 힘이 되고 있다.

따라서 도자기의 오늘은 단순한 전통의 보존을 넘어선다. 분청의 자유와 백자의 절제가 현대적 감각 속에서 새롭게 태어나고 장인 정신이 세대를 넘어 이어지며 한국 도자기는 세계 속에서 독자적 위상을 굳혀가고 있다. 과거의 영광과 오늘의 실험 그리고 미래의 창조가 함께 숨 쉬는 그 자리에 도자기는 여전히 한국인의 삶과 미학을 증언하고 있다.

10

생활 속에 예술을 심는 사람들, 공예 장인

옻칠의 세계, 흙과 나무를 지키는 수액의 힘

옻칠은 한국 전통 공예의 뿌리 깊은 기술 가운데 하나로 흙과 나무를 보호하고 아름다움을 더하는 데 쓰였다. 옻칠의 본질은 옻나무 수액에 있다. 옻나무의 껍질을 상처 내어 흘러나오는 하얀 수액을 모아 정제하면 그것이 곧 옻칠의 재료가 된다. 이 수액은 공기 중에서 서서히 굳어 단단한 막을 형성하는데 한 번 굳으면 웬만한 물이나 불에도 잘 손상되지 않는다. 방습·방충 효과가 뛰어나 생활 기물이나 가구를 오래 보존할 수 있었고 동시에 은은한 광택이 돌며 특유의 깊이를 드러냈다. 바로 이 점 때문에 옻칠은 단순히 보호재를 넘어 예술적 마감재로 자리 잡았다.

한국에서 옻칠은 선사시대부터 이미 쓰인 흔적이 있다. 신석기 유적에서 옻칠 흔적이 발견되었고 삼국시대에는 옻칠한 목기와 갑옷이 기록에 등장한다. 특히 백제와 신라의 무덤에서는 옻칠 목기와 칠기 장신구가 출토되어 당시 옻칠 기술이 이미 상당한 수준에 올라 있었음을 알 수 있다. 고려와 조선으로 이어지면서 옻칠은 일상 기물에서부터 불교 의식구와 왕실의 기물에 이르기까지 폭넓게 사용되었다. 생활 속 밥상과 그릇, 문갑과 책상, 불단과 불구, 종묘와 사직의 제기까지 옻칠은 나무와 흙으로 만든 기물을 단단하게 지켜 주었고 동시에 고운 색과 빛을 더했다.

옻칠의 미적 가치는 다른 재료와 결합할 때 더욱 빛났다. 옻칠 표면에 금가루를 뿌리거나 자개를 붙여 장식하는 기법은 한국 칠공예를 한 단계 높여 주었다. 나전칠기와 금박칠기 등이 그 대표적 예다. 옻칠의 깊고 어두운 바탕 위에 반짝이는 장식이 어우러지면 단순한 기물이 아니라 하나의 예술 작품으로 변모했다. 그 은은한 광택은 시간이 흐를수록 더욱 짙어져 새로 만든 기물보다 오래된 기물에서 더 깊은 아름다움이 느껴졌다. 이는 옻칠만이 가진 고유한 특성이었다.

옻칠은 기능성과 미학을 동시에 갖춘 재료였기에 장인들은 수많은 정성과 기술을 기울였다. 옻칠 과정은 매우 까다로웠다. 먼저 기물의 바탕을 다듬고 여러 차례에 걸쳐 옻칠을 올린다. 한

번 칠하고 말린 뒤 또 칠하고 다시 말리는 과정을 반복해야 했다. 그때마다 습도와 온도를 세심히 조절해야 했고 옻칠은 습기가 있어야 굳기 때문에 장마철에 맞추어 작업하기도 했다. 수십 차례의 반복 끝에 비로소 표면은 단단하고 윤택해졌고 장인의 손길이 배어 있는 칠기는 오랫동안 사람들의 사랑을 받을 수 있었다.

그러나 옻칠 장인들의 삶은 결코 화려하지 않았다. 왕실이나 사대부가의 주문을 받아 공예품을 제작하기도 했지만 대부분은 이름 없는 기술자로 남았다. 옻칠은 독성이 강해 피부에 닿으면 쉽게 옻이 올라 심한 가려움증과 고통을 겪게 되었다. 장인들은 늘 위험을 감수하며 작업해야 했고 그럼에도 그들의 이름은 기록에 남지 않았다. 오직 완성된 기물이 세대를 거쳐 전해지며 그들의 땀과 기술을 증언할 뿐이었다.

그럼에도 옻칠은 조선인의 생활 속에서 없어서는 안 될 존재였다. 습기가 많은 한반도 기후에서 나무 기물을 오래 쓰려면 옻칠이 필수였고 사람들은 그 은은한 광택을 통해 미적 만족을 얻었다. 옻칠은 단순한 보호막이 아니라 생활과 의례에 품격을 더하는 장식이었다. 그것은 흙과 나무를 지키는 동시에 한국인의 미감과 정서를 담아내는 예술이기도 했다. 오늘날에도 옻칠 공예는 국가무형문화재로 지정되어 전승되고 있으며 전통과 현대를 잇는 다리로 다시 주목받고 있다.

옻칠 장인의 사회적 신분

옻칠은 조선의 생활과 의례에서 빼놓을 수 없는 공예였고 그 중심에는 칠장이 있었다. 그러나 옻칠 장인의 삶은 화려한 기물의 광택과는 달리 어두운 그늘 속에 놓여 있었다. 그들은 국가와 권력층에 반드시 필요한 존재였지만 동시에 신분적으로는 '천예賤藝'로 분류되어 사회적 존중을 받지 못했다. 옻칠은 장인의 손끝에서 비로소 완성되었지만, 그 손끝의 주인은 이름 없는 기술자로 남는 경우가 많았다.

조선에는 관청에 소속된 관영 장인들이 있었다. 그 가운데 칠장은 공조나 사옹원, 장악원 같은 관청에 배속되어 왕실의 기물을 제작했다. 종묘와 사직에서 제례에 쓰이는 제기와 궁중의 가구, 의례용 기물, 불단과 불교 의식구 등은 모두 이들의 손을 거쳐야 했다. 옻칠은 단순한 장식이 아니라 기물을 오래 보존하고 권위를 드러내는 중요한 수단이었기 때문에 왕실은 이를 전속 장인들에게 맡겼다. 관청 칠장은 관노나 역에 묶인 기술자로서 평생 이 일을 떠나기 어려웠으며 기술은 세습적으로 이어졌다.

이들은 관청의 요구에 따라 정해진 수량과 품질을 충족시켜야 했고 기준에 미치지 못하면 벌을 받기도 했다. 특히 제례 기물이나 왕실에서 쓰이는 물품은 조금의 하자도 허용되지 않았다. 옻칠은 수십 차례의 칠과 건조가 필요한 까다로운 작업이었기에 작업량은 많고 노동 강도는 높았다. 그러나 관청은 이를 예술적 창작으로 대우하기보다 단순한 생산 과정으로 관리했다. 관청 소속 칠장들의 이름은 거의 기록에 남지 않았고 오직 완성품만이 궁궐과 사당에 남아 있을 뿐이다.

민간에는 자유롭게 활동하는 옻칠 장인들도 있었다. 그들은 주로 사대부 가문이나 지방 수요를 대상으로 주문을 받았다. 문갑과 책상, 반닫이, 장롱 같은 가구에서부터 밥상과 합, 작은 그릇과 용기에 이르기까지 다양한 생활 기물이 그들의 작품이었다. 민간 장인들은 자유로운 시장 활동을 할 수 있었으나 경제적 기반이 약해 안정적인 생계를 보장받지 못했다. 주문이 몰리면 큰돈을 벌기도 했지만 수요가 줄면 곧 생활이 막막해졌다. 더구나 옻칠은 작업 환경이 열악해 장인들은 항상 옻에 오르는 고통을 감수해야 했다. 피부에 돋는 발진과 가려움, 심한 경우 호흡 곤란까지 겪으면서도 일을 멈출 수 없었다.

왕실과 사대부 사회에서 옻칠 기물은 단순한 생활용품이 아니라 권위와 품격의 상징이었다. 종묘 제례에서 쓰이는 칠기 제기는 유교 의례의 엄숙함을 드러내는 필수 요소였고 사대부 집안의 가구와 혼수품에 칠을 입히는 것은 집안의 격을 높이는 일이었다. 하지만 그 격조 높은 품위 뒤에는 장인들의 이름 없는 땀이 배어 있었다.

옻칠 장인들은 신분적으로는 천역에 속했지만 기술의 정밀성과 미감의 완성도는 사회 전반이 의존할 수밖에 없는 것이었다. 바로 이 모순이 그들의 삶을 규정했다. 필요하지만 존중받지 못하고 기술을 가졌지만 자유롭지 못했다. 그들의 예술은 빛났으나 그들의 이름은 그림자 속에 묻혔다.

오늘날 전해지는 조선시대 칠기들은 대부분 제작자의 이름을 알 수 없다. 그러나 표면을 덮은 수십 겹의 칠과 은은히 번지는 광택은 당시 장인들의 손길과 혼을 증언하고 있다. 옻칠 장인의 삶은 천예로 규정된 처지였지만 그들이 남긴 기물은 세대를 넘어 한국 공예의 빛나는 유산이 되었다.

옻칠 공예품의 백미, 나전칠기의 화려한 부활

옻칠 공예와 불가분의 관계에 있는 예술품이 나전칠기다. 나전칠기는 한국 전통 공예 가운데 가장 눈부신 빛을 발하는 기술로 꼽힌다. '나전螺鈿'이란 소라나 전복, 조개껍질을 잘게 가공하여 장식하는 기법을 가리키고 '칠기漆器'는 옻칠한 기물을 뜻한다. 따라서 나전칠기는 옻칠로 마감한 표면 위에 잘게 썬 자개 조각을 붙여 무늬를 이루는 장식 공예다. 깊고 어두운 옻칠의 바탕과 무지갯빛으로 반짝이는 조개껍질의 광택이 어우러지면 마치 밤하늘 속 별빛처럼 오묘하고 은은한 아름다움이 드러난다.

한국에서 나전칠기가 본격적으로 발전한 것은 고려 시대였다. 고려는 불교와 귀족 문화가 번성하던 시기였고 정교하고 화려한 공예품들이 큰 수요를 이루었다. 특히 불단과 불구, 경전함 같은 불교 의식구와 귀족 가문의 가구들이 나전칠기로 제작되었다. 고려 나전칠기는 오늘날에도 세계적으로 높이 평가되는데 섬세하게 잘라낸 자개 조각을 정밀하게 배치하여 복잡한 무늬를 완성했다. 연꽃과 구름, 봉황 같은 불교적·길상적 문양이 즐겨 쓰였고 자개의 반짝임은 곧 신성한 빛과도 연결되었다. 당시 고려 나전칠기는 중국과 일본에도 전해져 "고려칠高麗漆"이라는 이름으로 명성을 떨쳤다.

조선에 들어와서는 나전칠기의 성격이 조금 달라졌다. 불교 억압 정책과 유교 의례 중심의 사회로 바뀌면서 나전칠기는 불교적 성격보다는 궁중과 사대부 가구의 장식으로 중심을 옮겼다. 왕실의 가구와 의례용 기물, 혼수품, 사대부 가문의 문갑과 책상, 장롱, 반닫이 등 일상과 의례를 아우르는 다양한 기물에 나전 장식이 더해졌다. 고려의 나전이 화려하고 섬세한 장식미에 치중했다면 조선의 나전은 좀 더 절제되고 간결하면서도 우아한 기품을 강조하는 방향으로 나아갔다. 그러나 자개의 무늬가 만들어내는 반짝임과 옻칠의 깊은 바탕은 여전히 한국 미감의 정수를 보여주었다.

나전칠기의 제작 과정은 매우 복잡하고 고된 작업이었다. 먼저 옻칠을 여러 번 바른 기물의 표면을 매끄럽게 다듬은 뒤 자개를 잘게 자르고 얇게 갈아내어 원하는 형태로 준비한다. 그런 다음 그 조각들을 정교하게 배열하고 옻으로 붙여 고정시킨다. 마지막으로 다시 여러 차례 옻칠을 덧입히고 표면을 갈아내어 자개가 매끈하게 드러나도록 마무리한다. 이 과정에서 장인의 인내와 세밀한 손길은 필수적이었다. 자개 조각 하나하나가 빛을 제대로 발하기 위해서는 수십 번의 옻칠과 연마 과정을 거쳐야 했고 완성품에는 장인의 땀과 시간이 켜켜이 스며 있었다.

나전칠기의 문양은 단순한 장식이 아니라 그 시대 사람들의 기원과 미학을 담고 있었다. 연꽃과 국화, 매화, 대나무 같은 자연 소재는 청정함과 절개를 상징했고 봉황과 학, 용 같은 상서로운 동물은 장수를 기원하는 의미를 지녔다. 사대부들은 나전칠기 가구에 이런 문양을 새겨 가문의 격을 드러내고 후손의 번영을 기원했다. 특히 혼수품으로 쓰인 나전칠기 가구는 신부가 친정에서 시집으로 가져오는 가장 값진 물건 가운데 하나로 혼인의 성격을 상징하는 중요한 예물이 되었다.

그러나 화려한 기물 뒤편에서 나전칠기를 제작한 장인들의 삶은 결코 녹록하지 않았다. 옻칠 장인과 마찬가지로 나전 장인 또한 신분적으로는 천예로 분류되어 사회적 존중을 받지 못했다. 자개의 빛을 정교하게 빚어내고 옻칠의 깊이를 더하는 데 평생을 바쳤지만 그들의 이름은 거의 기록되지 않았다. 왕실과 사대부의 주문을 받아 예술품을 제작했지만 작품에 제작자의 이름은 새겨지지 않았고 그들의 삶은 그림자 속에 남았다.

그럼에도 불구하고 나전칠기의 미학은 세대를 넘어 이어졌다. 조선 후기에도 나전칠기는 꾸준히 제작되었으며 서민층에서도 작은 합이나 함, 반짇고리 같은 생활 기물에 나전 장식이 쓰였다. 이는 나전칠기가 단순히 귀족적 사치품에 머물지 않고 점차 민간의 생활 문화 속으로 확산되었음을 보여준다.

오늘날 나전칠기는 한국 공예의 정수를 보여주는 대표적 유산으로 평가된다. 수많은 고려 나전칠기가 해외 박물관에 소장되어 있으며 조선시대의 작품 또한 국보·보물로 지정되어 그 가치를 인정받고 있다. 현대의 나전 장인들은 옛 기술을 계승하는 한편 현대적 디자인과 결합하여 새로운 작품 세계를 열어가고 있다. 조개껍질의 영롱한 빛과 옻칠의 깊은 광택은 여전히 현대인에게도 감탄을 자아내며 한국 고유의 미감을 세계에 알리는 중요한 상징이 되고 있다.

나전칠기의 아름다움은 결국 자연과 사람, 시간의 조화에서 비롯된다. 바다에서 건져 올린 조개껍질이 장인의 손을 거쳐 옻칠의 깊은 바탕 위에 얹히면 그것은 단순한 장식이 아니라 하나의 우주를 품은 예술이 된다. 고려에서 조선으로 이어진 이 전통은 오늘날에도 변함없이 한국인의 손끝에서 이어지고 있으며 그 속에는 세대를 넘어선 장인의 숨결과 한국 미학의 정수가 살아 숨쉬고 있다.

기다림의 미학, 빛과 어둠이 만나는 나전칠기

나전칠기는 눈부신 자개의 빛과 옻칠의 깊은 바탕이 어우러져 하나의 예술로 완성되지만 그 이면에는 장인들의 고단하고 섬세한 노동이 숨어 있다. 바다에서 건져 올린 조개껍질이 정교한 장식으로 변모하기까지는 수많은 손길과 오랜 시간이 필요했다. 장인들은 자연에서 얻은 재료를 다루며 그것을 기물 위에 올려 예술로 승화시켰다.

첫 단계는 자개의 채취였다. 나전에 쓰인 조개는 전복이나 소라 또는 진주조개와 같은 단단한 껍질을 가진 것들이었다. 특히 전복 껍질은 색이 영롱하고 단단하여 가장 선호되었다. 장인들은 바닷가에서 전복이나 소라를 채취하고 껍질을 깨끗이 갈무리해 건조시킨 후 본격적인 가공에 들어갔다. 이때 자개는 껍질의 두께가 고르지 않고 표면이 거칠었기 때문에 얇게 갈아내는 과정이 필요했다. 얇게 갈아낸 껍질을 잘게 자르고 문양에 맞게 오려내는 과정은 장인의 눈과 손끝에 의존할 수밖에 없었다. 작은 조각 하나라도 빛의 결이 다르고 잘못 자르면 전체 무늬가 망가졌기에 세심한 집중력이 요구되었다.

다음은 기물의 준비였다. 나전칠기의 바탕은 대개 나무로 만든 상자나 가구였다. 문갑과 책상, 합盒이나 장롱 같은 생활 기물들이 대표적이었다. 장인은 먼저 기물의 표면을 매끈히 다듬고 그 위에 옻칠을 여러 차례 입혀 단단한 바탕을 마련했다. 옻칠은 단순히 바탕을 다지는 역할을 넘어서 자개가 제대로 붙고 빛을 발할 수 있도록 하는 토대였다. 바탕칠이 고르지 않으면 자개의 광택도 제 빛을 발하지 못했다.

자개와 기물이 준비되면 본격적인 장식 과정에 들어갔다. 장인은 미리 구상한 문양에 맞추어 자개 조각을 배열했다. 연꽃이나 봉황, 매화나 국화 같은 전통적 문양이 주를 이루었는데 작은 조각들을 이어 붙여 한 송이 꽃이나 한 마리 새를 완성하는 작업은 마치 그림을 그리는 것과도 같았다. 그러나 붓 대신 얇은 자개 조각을 다루어야 했으므로 더 높은 집중력과 정교함이 필요했다. 장인은 핀셋 같은 도구를 사용해 하나하나 자리를 잡고 옻칠로 접착해 고정시켰다.

자개를 붙인 뒤에도 과정은 끝나지 않았다. 그 위에 다시 옻칠을 입히고 말린 뒤 표면을 갈아내어 자개가 매끄럽게 드러나도록 해야 했다. 이 과정을 여러 차례 반복하면서 자개는 옻칠 속에 단단히 박히고 표면은 매끈하게 다듬어졌다. 옻칠을 덧입힐수록 자개의 빛은 더 깊어지고 옻의 광택과 어우러져 오묘한 아름다움을 드러냈다.

이 모든 과정은 장인의 인내와 세심한 솜씨 없이는 불가능했다. 작은 합 하나를 완성하는 데에도 수십 차례의 칠과 연마가 필요했으며 큰 장롱이나 문갑의 경우에는 몇 달, 길게는 1년 이상이 걸리기도 했다. 그동안 장인들은 늘 옻에 오르는 고통을 감수해야 했다. 피부에 옻이 닿으면 가려움과 발진에 시달렸고 때로는 병이 날 정도로 심각했다. 그럼에도 장인들은 작업을 멈출 수 없었다.

나전칠기의 장인들은 대부분 이름을 남기지 못했다. 그들의 작품은 왕실과 사대부 집안에 들어가 귀하게 쓰였으나 완성품에는 제작자의 이름이 새겨지지 않았다. 나전칠기는 집안의 혼수품으로 권위의 상징으로 기능했지만 그것을 만든 장인의 존재는 그림자에 가려졌다. 그러나 오늘날 전해지는 작품들을 자세히 들여다보면 자개의 배열 하나하나에 장인의 호흡과 혼이 배어 있음을 느낄 수 있다. 작은 조각들을 정성스레 붙이고 수십 번의 칠과 연마를 반복한 흔적은 장인의 집념을 증언한다.

　　나전칠기는 이렇게 이름 없는 장인들의 노동과 예술적 감각이 결합하여 완성되었다. 바다의 조개껍질과 산의 옻나무 수액이 장인의 손끝을 거쳐 하나의 기물로 재탄생하는 과정은 단순한 제작이 아니라 창조였다. 그 창조의 순간마다 장인들은 자신들의 이름은 남기지 못했으나 영롱한 빛과 깊은 광택은 세대를 넘어 오늘날까지도 이어지고 있다.

바늘 끝의 예술, 자수의 세계

　　자수는 바늘끝으로 그려낸 그림이자 실로 수놓은 이야기였다. 단순히 직물을 꿰매는 기술을 넘어 사람들의 염원과 미감을 실에 담아내는 예술로 자리 잡았다. 한국에서 자수의 뿌리는 삼국시대 불교 문화 속에서 찾을 수 있다. 사찰의 법의와 불상 장엄, 불교 의례에 쓰인 의복에는 정교한 자수가 새겨져 있었고 이는 단순한 장식이 아니라 신앙의 표현이자 공덕의 실천으로 이해되었다. 화려한 실로 연꽃이나 보살의 형상을 수놓는 일은 곧 부처의 세계를 이 땅 위에 재현하는 행위였다. 불교는 자수의 태동을 이끈 가장 중요한 배경이었다.

　고려에 들어서면서 자수는 한층 정교해졌다. 불교가 국가적 신앙으로 자리 잡았던 고려에서 자수는 불화와 경전 표지, 불단 장식 등에 두루 쓰였다. 고려 자수는 오늘날까지도 예술적 가치가 높이 평가되는데 그 정밀함과 화려함은 중국과 일본에서도 귀하게 전해졌다. 고려 왕실과 귀족들은 화려한 자수를 통해 권위를 과시했고 불교 의식에서는 자수가 신성함을 상징하는 매개가 되었다. 고려의 공예품 가운데 금속이나 도자기 못지않게 자수가 중요한 위상을 차지했던 것은 이런 이유에서였다.

　조선에 들어서면서 불교는 억불 정책으로 위축되었으나, 자수는 궁중에서 새로운 국면을 맞았다. 불교 자수의 화려한 장식성은 다소 줄어들었지만 대신 유교적 절제와 궁중 의례의 엄격함 속에서 자수는 새로운 미감을 얻었다. 궁중에는 자수국 혹은 침선장이 두어져 왕비와 공주의 예복, 궁중 의식에 쓰이는 각종 장식물을 수놓았다. 왕실의 대례복에는 용과 봉황, 구름과 불꽃 무늬가 화려하게 수놓였는데 이는 단순한 장식이 아니라 권위와 위엄을 시각적으로 드러내는 장치였다. 또한 왕실의 혼례와 회갑, 탄일 같은 중요한 행사에는 자수로 장식한 병풍과 보자기가 사용되었다. 그 병풍에는 모란과 국화, 학과 사슴, 십장생의 도상이 정교하게 수놓여 장수를 기원하고 번영을 바라는 뜻이 담겼다.

　궁중 자수의 특징은 바로 이같이 상징성과 장식성을 겸비했다는 점이다. 예를 들어 봉황은 왕후의 상징으로 곧 왕실 여성의 권위를 드러냈고 용은 군주의 절대적 권위를 나타냈다. 또한 박쥐와 모란은 복과 부귀를 기원하는 길상 문양으로 자주 쓰였다. 자수는 단순히 아름다움을 위해 존재한 것이 아니라 상징적 언어로 기능하며 궁중의 질서와 권위를 뒷받침했다.

궁중 여성들도 자수에 직접 참여하였다. 왕비와 공주 혹은 후궁들이 손수 바느질을 하며 왕의 옷이나 자식의 옷에 정성을 담았다. 이때의 자수는 단순한 장식이 아니라 애정과 기원의 표시였다. 그러나 실제로 궁중에서 쓰이던 대형 자수 병풍이나 의례용 직물은 전문 장인들의 손에서 완성되었다. 이들은 대개 신분이 낮은 여성 장인들이었으나 뛰어난 솜씨로 궁중의 권위를 떠받쳤다. 이름은 기록되지 않았지만 그들의 손끝에서 탄생한 자수품들은 오늘날에도 국립중앙박물관과 여러 고궁에서 감탄을 자아내게 한다.

자수는 궁중뿐 아니라 민간에서도 중요한 의미를 지녔다. 서민 여성들은 보자기와 베갯잇, 혼수품에 꽃과 나비, 십장생 무늬를 수놓았다. 이는 단순한 장식이 아니라 집안의 안녕과 자손 번창을 바라는 기원이 담긴 행위였다. 시집가는 딸에게 어머니가 직접 수놓아 준 베갯잇은 단순한 혼수품이 아니라 모성의 사랑과 염원이 담긴 상징이었다. 이처럼 자수는 여성의 손끝에서 이어진 생활 예술이자 가정과 공동체의 정신적 버팀목이었다.

고려 불교 자수에서 출발해 조선 궁중 자수로 이어진 한국 자수의 전통은 예술성과 상징성을 동시에 품은 독특한 세계였다. 그것은 바늘과 실로 이루어진 회화였고 동시에 권위와 신앙, 사랑과 기원의 언어였다. 이름 없는 장인들과 여성들의 손끝이 만든 자수는 오늘날에도 그 정교함과 아름다움으로 감탄을 자아내며 한국 미술사의 한 축을 이루고 있다.

조선 여성의 손끝에서 피어난 생활 예술

조선 사회에서 자수는 단순한 장식 기법을 넘어 여성들의 삶과 교양을 상징하는 예술이었다. 바늘과 실을 손에 쥔 순간 여성들은 일상의 도구와 천을 화폭 삼아 스스로 예술가가 될 수 있었다. 궁중의 대형 병풍에서부터 서민 가정의 베갯모와 보자기에 이르기까지 자수는 사회 전 계층 여성들의 손끝에서 만들어졌다. 이 때문에 자수는 조선시대 여성들을 사실상 모두 예술가로 만든 매개였다.

궁중에서는 전문 장인 집단이 자수를 담당했지만 왕비와 공주, 후궁들 또한 바느질을 하며 정성을 기울였다. 왕실의 의복에는 용과 봉황, 모란과 국화 같은 문양이 수놓였고 행사 때 쓰이는 대형 병풍에는 십장생과 산수, 동물의 무늬가 장엄하게 펼쳐졌다. 병풍은 단순한 장식이 아니라 권위를 드러내는 장치였고 거기에 담긴 자수 문양은 길상과 권력의 상징이었다. 이런 작품들은 뛰어난 기술을 가진 여성 장인들에 의해 완성되었고 그들의 숙련된 솜씨는 궁중의 품격을 떠받쳤다. 그러나 이름이 기록된 경우는 드물어 대부분의 자수 장인들은 역사의 뒤편에 가려졌다.

사대부 가문에서 자수는 여성 교양의 중요한 부분이었다. 여성이 시를 짓고 글을 쓰는 것은 제한적이었지만, 바느질과 수놓기는 여성의 미덕이자 교양으로 장려되었다. 혼례를 앞둔 규수는 혼수품을 준비하며 베갯모와 보자기, 이불에 꽃과 나비, 십장생을 수놓았다. 이는 단순한 장식이 아니라 신랑과의 화합과 집안의 번창을 기원하는 의식이었다. 또 자수는 여성들이 자신만의 미적 감각을 표현하는 통로이기도 했다. 수놓은 꽃과 새, 구름과 달은 정형화된 문양을 넘어 각자의 손길과 개성이 담긴 작품이었다.

서민 여성들에게 자수는 더욱 생활과 밀접했다. 옷감이나 생활용품에 수를 놓아 오래 쓰게 하고 가정을 아름답게 꾸미는 수단이었다. 특히 보자기는 일상에서 중요한 물건이었는데 단순히 물건을 싸는 기능을 넘어서 그 위에 새겨진 꽃과 나비, 십장생 무늬는 가정의 안녕을 기원하는 상징이었다. 심지어 가난한 집안의 여성들도 최소한의 장식을 통해 자신들의 바람과 염원을 담았다. 이처럼 자수는 서민들에게도 생활 속 예술로 자리 잡았다.

자수의 힘은 바로 이러한 생활성과 예술성의 결합에 있었다. 바늘끝에서 피어나는 문양은 단순히 눈으로 보는 아름다움에 그치지 않았다. 그것은 사랑과 기원의 언어였고 가정의 역사를 담은 기록이었다. 어머니가 딸의 혼수품에 수놓은 꽃은 단순한 장식이 아니라 모성의 애정이었고 손주를 위한 옷에 수놓인 무늬는 집안의 희망을 담은 것이었다. 따라서 자수는 여성들의 일상과 예술, 생활과 교양을 하나로 묶는 매개였으며 여성들이 스스로 예술가로 존재하게 만든 통로였다.

오늘날 전해지는 조선의 자수품들은 대부분 제작자의 이름이 남아 있지 않다. 그러나 그 익명성 속에 바로 조선 여성들의 집단적 예술혼이 담겨 있다. 그들은 정규 교육을 받지 못하고 화려한 예술가의 이름으로 기록되지 못했지만, 수많은 바늘질을 통해 자신들의 삶과 정서를 천 위에 새겼다. 바로 그 점에서 자수는 조선시대 모든 여성들을 예술가로 만든 예술이었으며 한국 미술사에서 결코 빼놓을 수 없는 중요한 장르로 자리매김하게 되었다.

가장 현실적인 생활 예술품, 금속공예

조선의 공예 중 빼놓을 수 없는 것이 금속공예다. 금속공예는 한국인의 일상과 가장 밀접하게 맞닿아 있는 공예였다. 나무와 흙, 섬유가 생활을 이루는 기본 재료였다면 금속은 그 속에서 강인한 힘과 내구성을 더하는 역할을 했다. 유기와 놋그릇, 칼과 솥 같은 생활 기물에서부터 불교 사찰의 범종과 제례에 쓰이는 제기까지 금속은 생활과 종교, 국가 의례를 잇는 매개였다.

조선 사회에서 가장 널리 쓰인 금속공예품은 단연 놋그릇이었다. 놋쇠, 즉 구리와 아연을 섞어 만든 합금으로 빚은 그릇은 단단하고 변색이 적으며 특유의 은은한 광택을 지녔다. 밥과 국을 담는 그릇에서 제기와 향로에 이르기까지 놋그릇은 조선 사람들의 식탁과 제단을 지켰다. 놋그릇은 단순한 생활 도구를 넘어 위생과 신앙을 아우르는 의미를 지녔다. 쇠붙이는 독을 없애 준다고 믿어 음식의 부패를 막는다고 여겼고 또 제사상에는 반드시 놋그릇 제기를 올려 조상을 공경했다. 집안의 격을 드러내는 지표로도 작용했는데 많은 놋그릇을 소유한 집안은 부유와 권위를 인정받았다.

놋그릇 제작은 결코 단순하지 않았다. 장인들은 금속을 녹이고 주조하며 두드려 모양을 내고 표면을 다듬었다. 유기장鍮器匠이라 불린 장인들은 대대로 기술을 이어받아 마을 단위로 작업장을 꾸렸고 장터에서 제품을 팔았다. 대개는 이름 없는 장인들이었으나 그들의 솜씨는 사람들의 일상에서 늘 확인할 수 있었다. 오늘날에도 남아 있는 '안성유기'나 '부안유기' 같은 전통은 바로 이들의 집단적 기술 유산을 보여준다.

생활에서 빠질 수 없는 금속 기물은 칼과 솥이었다. 칼은 농기구이자 무기였고 솥은 밥과 국, 음식을 조리하는 가정의 중심이었다. 무쇠 솥은 특히 귀중한 재산으로 가정의 부를 상징하기도 했다. 장인들은 무쇠를 녹여 솥을 만들고 때로는 수백 근의 쇠를 녹여 대형 솥을 빚어내기도 했다. 이는 단순한 도구 제작을 넘어 집단적 기술과 체력이 결합된 작업이었다. 이러한 금속 기물은 늘 생활의 중심에 있었으나 장인들의 이름은 사라지고 작품만이 남았다.

불교와 국가 제례에서 금속공예는 한층 더 숭엄한 의미를 지녔다. 사찰의 범종은 그 대표적인 예로 구리와 주석을 섞어 만든 청동으로 주조되었다. 높이 수 미터에 이르는 범종은 단순한 악기가 아니라 불교의 교리를 울려 퍼뜨리는 법음法音이었다. 종소리는 사찰의 하루를 열고 닫았으며 중생을 깨우는 종교적 장치였다. 고려와 조선의 범종에는 불상과 보살, 비천상이 정교하게 새겨졌는데 이는 금속공예의 뛰어난 조형성을 보여준다.

또한 종묘와 사직에서 사용된 제기 역시 금속공예의 핵심이었다. 조상에게 올리는 제사에는 청동이나 놋쇠로 만든 제기가 필수적이었다. 술잔과 향로, 촛대, 그릇들이 모두 금속으로 제작되었으며 이는 제사의 권위와 정성을 드러내는 상징이었다. 제기는 단순히 음식을 담는 도구가 아니라 조상과 후손을 이어주는 매개체였고 금속은 그 엄숙함을 담아내는 적합한 재료였다. 제기의 제작은 관청 소속 장인들이 담당했으며 품질이 조금만 떨어져도 큰 벌을 받을 만큼 엄격하게 관리되었다.

이처럼 금속공예는 생활과 종교, 의례를 두루 아우르는 공예였지만, 장인들의 삶은 늘 신분적 제약 속에 있었다. 유기장과 대장장이, 종을 주조한 장인들은 모두 필요불가결한 존재였으나 신분적으로는 '천예'에 속해 사회적 존중을 받지 못했다. 기술은 세습되었고 가문 대대로 이어졌지만, 기록에 이름을 남긴 경우는 드물었다. 그들의 작품은 집안의 권위를 드러내고 국가의 의례를 완성했지만, 장인들의 존재는 빛을 보지 못한 채 묻혀 있었다.

그러나 금속공예의 유산은 오늘날에도 한국 문화의 중요한 뿌리로 남아 있다. 안성유기 같은 전통은 여전히 무형문화재로 지정되어 전승되고 있고 종묘와 사직에 남아 있는 제기들은 조선 의례의 권위를 증언한다. 사찰의 범종은 오늘날에도 울려 퍼지며 금속공예가 단순한 기술을 넘어 종교와 정신을 담아낸 예술이었음을 보여준다. 집안의 부엌에 놓였던 무쇠 솥과 놋그릇에서부터 궁중의 제기와 사찰의 범종에 이르기까지 금속공예는 한국인의 생활과 정신을 지탱해 온 가장 견고한 뿌리였다.

왕실 금속 장인들이 보유한 최고의 기술

조선의 금속공예 가운데서 가장 높은 수준과 위상을 지닌 것은 왕실에서 사용하기 위한 기물 제작이었다. 왕실은 단순히 생활의 편의를 위한 기물이 아니라 국가의 존엄과 권위를 드러내는 상징물을 필요로 했다. 따라서 왕실 금속 장인들의 솜씨는 정밀하고 화려했으며 그 과정은 철저히 국가의 감독 아래 이루어졌다. 이들의 손끝에서 만들어진 물품들은 단순한 공예품이 아니라 국가적 위상을 담은 기물이었고 그 안에는 권력과 예술이 교차하고 있었다.

대표적인 기술 가운데 하나는 은입사였다. 은입사란 놋쇠나 철 같은 금속 표면에 홈을 새기고 그 안에 은실을 박아 넣어 무늬를 만드는 기법이다. 가는 선을 정밀하게 새겨 넣은 뒤 은을 두드려 고정시키면 표면에는 은빛 무늬가 반짝이며 드러났다. 은입사는 단순한 장식 효과를 넘어 금속 기물에 고급스러운 품격을 부여했다. 왕실의 의례용 향로와 술잔, 칼과 같은 무기에도 은입사가 쓰였고 그 정교한 무늬는 장인의 솜씨와 왕실의 권위를 동시에 드러내는 것이었다.

또 다른 중요한 기법은 금도금이었다. 얇은 금박을 입히거나 금액金液을 녹여 표면을 덮는 방식으로 은은한 황금빛이 기물을 감싸도록 했다. 왕실의 제사에 쓰이는 제기 혹은 종묘와 사직의 의례용품에는 금도금이 자주 사용되었다. 금빛으로 빛나는 기물은 단순한 장식이 아니라 신성함을 드러내는 장치였다. 왕실 제례는 하늘과 조상을 향한 가장 엄숙한 의식이었으므로 그에 사용되는 기물은 최고의 장식성과 권위를 갖추어야 했다. 금도금은 바로 그 요구에 부응하는 기술이었다.

왕실 금속 장인들이 맡은 가장 중요한 역할은 제기 제작이었다. 종묘와 사직에서 거행되는 제사는 국가적 대사였고 왕실의 권위를 천명하는 순간이었다. 그 제사에 올려지는 술과 음식은 금속으로 빚은 제기에 담겼다. 제기의 크기와 모양은 예서禮書에 따라 엄격히 규정되어 있었으며 장인들은 그 규범에 맞추어 정밀하게 제작해야 했다. 제기는 단순한 그릇이 아니라 유교적 질서와 국가적 권위를 시각적으로 드러내는 상징이었기 때문에 제작 과정 하나하나가 철저히 관리되었다.

왕실 금속 장인들은 공조나 사옹원에 소속되어 활동했다. 그들의 기술은 대대로 세습되었으며 일부는 국가에서 특별히 선발해 양성하기도 했다. 그러나 이들은 아무리 뛰어난 솜씨를 발휘해도 이름이 기록되지 않았다. 그들의 작품은 종묘와 궁중을 빛냈으나 정작 장인 개인은 익명의 존재로 남았다. 이는 조선 사회에서 예술성과 기술이 분리되지 않고 모두가 '노동'으로 치부되었던 현실을 보여준다.

왕실 금속공예의 성취는 오늘날에도 여전히 감탄을 자아낸다. 종묘에 남아 있는 제기와 국립중앙박물관에 소장된 은입사 향로, 금도금 술잔 등은 그 정밀한 솜씨와 고급스러운 아름다움으로 눈길을 사로잡는다. 이 작품들은 단순한 도구가 아니라 조선 왕조의 권위와 정신을 담아낸 예술품이다. 은실로 새겨진 정교한 무늬와 금빛으로 빛나는 표면은 왕실 장인들의 솜씨와 더불어 조선 왕조가 추구한 질서와 위엄을 오늘날에도 생생히 전해준다.

결국 왕실 금속 장인들의 기술은 조선의 권위를 지탱한 보이지 않는 힘이었다. 그들은 천역으로 분류되어 사회적으로는 존중받지 못했지만 그들의 솜씨 없이는 국가적 의례도 왕실의 권위도 완성될 수 없었다. 은입사와 금도금, 정밀한 제기 제작은 단순한 기술이 아니라 국가의 체면을 세우는 예술이었다. 그들의 이름은 사라졌으나 그들이 남긴 작품은 여전히 궁궐과 종묘 그리고

오늘날의 박물관 속에서 조선의 빛나는 기술과 예술을 증언하고
있다.

죽초공예와 일상을 채운 장인들

죽초공예는 대나무와 짚, 왕골과 갈대, 버드나무 같은 식물성
재료를 활용하여 기물을 만드는 공예를 말한다. 나무와 흙, 금속
이 생활 속에서 단단함과 지속성을 담당했다면 죽초공예는 그와
다른 부드러움과 유연함을 지닌 생활 기물의 세계를 열었다. 대나
무를 쪼개 엮어 만든 바구니와 볏짚으로 꼬아 만든 멍석, 왕골로
짠 화문석, 버드나무 가지로 엮은 광주리 등은 모두 일상 속에서
흔히 볼 수 있었던 물건들이었다. 값비싼 옻칠 기물이나 놋그릇이
귀족과 사대부의 생활을 장식했다면 죽초공예품은 농부와 서민
의 생활을 지탱한 소박한 예술이었다.

먼저 대나무는 한국인의 생활에서 가장 널리 쓰인 재료 가운
데 하나였다. 대나무는 잘 휘어지고 가볍지만 튼튼하여 바구니와
소쿠리, 삼태기와 발 등에 널리 활용되었다. 죽공예 장인들은 대
나무를 길이대로 쪼개 가늘게 다듬고 일정한 두께로 나눈 다음 엮
어 기물을 만들었다. 엮는 방법은 다양하여 빽빽이 짜면 물건이
새지 않는 바구니가 되고 성기게 엮으면 통풍이 잘되는 소쿠리가
되었다. 대나무 발은 여름철에 그늘을 드리우는 생활 도구였고 발

의 틈새로 스며드는 바람은 더위를 잊게 했다. 이처럼 대나무는 그 자체로 생활 속에 자연을 불러들이는 재료였다.

짚공예 역시 농촌 생활에 없어서는 안 될 부분이었다. 가을에 벼를 베고 남은 볏짚은 다시 농가의 귀중한 재료가 되었다. 짚으로 멍석을 짜고 새끼줄을 꼬아 농사일에 쓰는 밧줄과 망태기를 만들었다. 짚신은 서민들의 가장 보편적인 신발이었으며 가난한 농민들의 발을 지켜 준 생활 필수품이었다. 장인들이라기보다는 농촌의 거의 모든 사람들이 짚을 다루었지만 그 가운데서도 숙련된 장정이나 노인들은 유려한 솜씨로 아름답고 튼튼한 짚 공예품을 만들었다. 짚은 흔한 재료였지만 손끝에서 새로운 쓰임새를 얻으며 농촌 경제를 지탱하는 힘이 되었다.

왕골과 갈대는 주로 자리와 돗자리를 짜는 데 쓰였다. 특히 왕골로 만든 화문석은 조선시대 여름을 대표하는 물건이었다. 화문석은 촘촘히 짠 왕골 사이에 다양한 무늬를 넣어 장식했는데 꽃과 구름, 기하학적 문양이 어우러져 보는 즐거움까지 더했다. 화문석은 궁중에도 진상되었고 여름철 사대부 집안에서는 손님을 맞는 사랑방의 바닥에 깔려 집안의 품격을 드러냈다. 단순한 생활품을 넘어 미적 가치까지 지닌 화문석은 풀 공예의 정수를 보여 주었다.

버드나무 또한 유용한 재료였다. 가지가 잘 휘고 질겨서 광주리나 채반 같은 생활 기물로 널리 쓰였다. 특히 장터에서는 광주리에 농산물을 담아 나르고, 부엌에서는 채반으로 곡식을 일구어내는 데 쓰였다. 버드나무는 부드럽지만 강인한 생명력을 지녔기 때문에 이것으로 엮어낸 기물 역시 오래 견디며 생활의 동반자가 되었다.

　죽초공예 장인들의 삶은 대체로 서민적이고 소박했다. 이들은 관청에 속한 기술자가 아니었고 궁중의 기록에도 남지 않았다. 그러나 장터와 농촌, 서민의 살림살이 속에는 그들의 손길이 깊숙이 들어와 있었다. 죽초공예는 값비싼 재료가 필요하지 않았으므로 누구나 일정 부분은 다룰 수 있었지만 정교한 솜씨는 숙련된 장인들의 몫이었다. 그들은 바구니 하나를 만들 때에도 대나무를 고르고 결을 살피며 손끝으로 재료의 성질을 파악했다. 풀과 짚을 다루는 일이 단순히 노동이 아니라 예술이 되는 순간은 바로 이때였다.

　죽초공예품은 그 자체로 생활과 예술의 경계에 있었다. 장식적 요소가 덜하더라도 일정한 무늬와 결을 가진 엮기 방식은 보는 이에게 미감을 안겨주었다. 특히 화문석이나 정교한 대나무 바구니는 기능과 아름다움이 함께 어우러진 작품이었다. 화려한 금속공예나 옻칠공예가 국가와 권위의 예술이었다면 죽초공예는 일상의 예술이었고, 서민들의 손끝에서 태어난 생활의 미학이라고 할 수 있겠다.

　오늘날 죽초공예는 산업화와 플라스틱의 보급으로 크게 줄어들었지만 여전히 무형문화재로 계승되고 있다. 안성의 죽세공과 남도의 화문석, 강원도의 멍석 짜기 등은 지역의 전통으로 이어지고 있으며, 현대 공예가들은 죽초공예를 새로운 디자인과 결합해 재해석하고 있다. 풀과 대나무, 짚으로 만든 기물은 친환경적이면서도 전통의 아름다움을 품고 있어서 많은 이들에게 다시 주목받고 있다.

죽초공예의 세계는 결국 자연과 인간의 가장 긴밀한 만남이었다. 들에서 얻은 풀과 짚, 산에서 자란 대나무와 버드나무는 장인의 손을 거쳐 생활을 지탱하는 기물로 재탄생했다. 그것은 자연을 단순히 소비하는 것이 아니라 자연과 더불어 살아가는 지혜의 산물이기도 했다. 대나무의 청아함과 짚의 따스함, 왕골의 시원함, 버드나무의 유연함은 모두 기물 속에 스며들어 한국인의 생활과 정신을 담아냈다. 죽초공예는 값비싸지 않았으나 그만큼 널리 쓰이며 오랫동안 사람들의 삶과 함께해 온 생활 예술이었다. 소박한 재료와 손의 기술이 만나 만들어낸 이 기물들은 화려하지 않지만 자연의 숨결과 사람의 정성이 어우러진 한국 생활문화의 한 단면을 보여준다.

집단 장인의 세계, 고리백정

조선 사회에는 여러 천민 집단이 있었는데 그중 하나가 바로 고리백정이었다. '고리'란 곡식이나 채소를 담는 광주리나 소쿠리를 뜻했고 이를 만드는 장인을 고리백정이라 불렀다. 풀이나 버드나무, 싸리, 대나무 같은 식물 재료를 엮어 생활 기물을 만드는 것이 이들의 생업이었다. 소쿠리와 채반, 멍석, 광주리 등은 모두 고리백정의 손끝에서 탄생했다. 이들의 기물은 값비싸거나 화려하지 않았지만 농부와 장터, 부엌과 사랑방 어디서나 반드시 필요했다.

그러나 고리백정은 사회적으로 늘 '천인賤人'으로 불리며 차별받았다. 신분적으로 도살업 종사자와 가죽 장인과 같은 범주에 속했고 그들을 싸잡아 양수척楊水尺이라 불렀다. 양수척은 '버드나무 가지를 다루는 사람'이라는 뜻으로 바로 고리백정을 가리키는 말이었다. 왕조 사회의 계급 질서 속에서 이들은 법적으로나 관습적으로 차별받았고 같은 신분끼리만 혼인할 수 있었다. 마을도 대개 외곽에 모여 살았으며 그들의 아이들은 글을 배울 기회조차 거의 얻지 못했다.

그럼에도 불구하고 고리백정의 기물은 공동체 생활에서 필수적이었다. 가을이면 광주리가 없이는 수확을 거둘 수 없었고 멍석은 곡식을 널고 말리는 데 쓰였다. 새끼줄과 소쿠리는 농사일의 기본 도구였고 채반은 부엌에서 곡식과 채소를 고르는 데 꼭 필요했다. 이처럼 고리백정의 손길은 늘 생활의 바탕에 있었으나 사회적 시선은 멸시와 배척으로 가득했다.

이들의 삶은 고단했지만 동시에 기술은 대대로 이어졌다. 아이들은 어린 시절부터 풀을 꼬고 버드나무 가지를 다듬는 법을 배웠다. 숙련된 장인들은 촘촘하고 정교한 무늬로 기물을 엮었는데 이는 단순한 생활품을 넘어 소박한 미감을 드러냈다. 화문석이나 광주리의 결은 민중 예술의 또 다른 얼굴이었다. 이름 없는 장인들의 솜씨는 기록에는 남지 않았으나 생활 속에서는 늘 존재감을 발휘했다.

양수척 출신 가운데서도 역사의 무대에 이름을 남긴 인물이 있다. 바로 16세기 명종 시대의 의적 임꺽정이다. 그는 양수척 출신으로 태어나 사회적 차별과 가난 속에서 성장했다. 신분적으로는 아무리 노력해도 상승할 수 없는 운명 앞에서 그는 결국 무리를 이끌고 산으로 들어가 탐관오리와 양반 지주를 습격하며 백성을 구휼하는 길을 선택했다. 그의 이름은 《임꺽정전》과 수많은 야사에 남아 오늘날까지 전해지고 있다. 임꺽정의 생애는 곧 양수척 출신들이 겪었던 차별과 억압, 그리고 그 속에서 분출한 저항의 상징이었다.

고리백정, 곧 양수척의 마을은 대개 외진 곳에 자리했으며 그들의 공동체는 사회로부터 철저히 분리되었다. 그러나 그곳은 동시에 하나의 기술 공동체였다. 기물 제작 기술은 세대를 거듭하며 이어졌고 공동체 내부에서는 장인으로서의 자부심도 존재했다. 다만 그 자부심은 외부 세계에서는 인정받지 못했다.

근대에 들어와 산업화가 진행되고 플라스틱과 금속, 공산품이 생활을 채우면서 고리백정의 생업은 설 자리를 잃었다. 고리백정 마을은 해체되었고 그들의 기술은 일부 무형문화재 전승을 통해서만 겨우 이어졌다. 그러나 오늘날에도 남아 있는 죽초공예와 왕골 화문석 제작 전통은 모두 옛 고리백정들의 솜씨에서 비롯된 것이다.

고리백정은 신분적으로는 멸시받았으나, 그들이 남긴 공예는 민중 생활의 뿌리를 이룬 소박한 예술이었다. 그리고 임꺽정 같은 인물의 등장은 차별받던 양수척의 현실과 그 속에서 분출한 저항 정신을 동시에 보여준다. 이름 없는 수많은 장인들이 엮어낸 기물 속에는 그들의 땀과 눈물이 배어 있었고 역사에 기록된 임꺽정의 행적은 그들의 집단적 한과 꿈을 대변했다. 결국 고리백정의 이야기는 단순한 천민 집단의 기록을 넘어 차별과 고단함 속에서도 예술과 저항을 동시에 꽃피운 한국 사회의 또 다른 단면을 보여주는 것이다.

신발 장인 갖바치의 긍지

조선 사회에는 이름 없는 장인들이 신분적 차별을 받으면서도 공동체의 생활을 지탱하는 기술을 이어왔다. 그 가운데 한 부류가 바로 신발 장인, 곧 갖바치였다. '갖바치'라는 말은 본래 '갖옷(가죽옷)'에서 비롯되었다고도 하고 가죽을 다루는 장인들을 가리키는 '혁장革匠'의 토속적 표현이라고도 한다. 어쨌든 조선시대 사람들이 흔히 쓰던 말로 갖바치는 주로 신발을 만들고 수선하던 장인을 뜻했다.

갓바치의 주요 작업은 가죽을 다루는 일이었다. 소나 돼지, 말의 가죽을 벗겨 무두질을 하고 그것을 재단해 신발의 갑피를 만들었다. 바닥은 가죽이나 삼베, 때로는 나무를 덧대어 튼튼하게 만들었으며 꿰매는 실 역시 삼실이나 아교로 강도를 높였다. 그들이 만든 신발은 종류가 다양했다. 평민들이 주로 신던 짚신이나 나막신보다 한 단계 높은 질의 가죽신과 사대부들이 즐겨 신던 화靴, 군사들의 전투화를 비롯해 궁중과 관청에 납품되는 관화官靴까지 이들의 솜씨에 의존했다.

그러나 대우는 고리백정이나 양수척과 크게 다르지 않았다. 가죽을 다룬다는 이유로 불결하고 천한 직업으로 여겨졌으며 신분적으로도 천역에 속했다. 조선의 법제와 관습은 그들을 양반 사회로부터 철저히 분리시켰다. 아이들은 과거에 응시할 수 없었고 혼인도 같은 계층끼리만 허락되었다. 하지만 갓바치 없이는 국가 의례도, 군사 활동도, 일상 생활도 제대로 돌아갈 수 없었다.

갓바치의 기술은 결코 단순하지 않았다. 무두질은 물에 가죽을 담가 털을 벗기고 재를 발라 부드럽게 만드는 과정이었는데 냄새가 심하고 노동 강도가 높았다. 하지만 이 과정을 거쳐야만 질 좋은 가죽을 얻을 수 있었다. 가죽을 다듬고 잘라내어 신발을 꿰매는 솜씨는 장인의 손끝에서 빛을 발했다. 같은 가죽이라도 장인의 손에 따라 신발의 모양과 질이 달라졌고 발에 맞는 편안함이 좌우되었다. 그래서 사람들은 멸시하면서도 은밀히 갓바치를 찾아가 제 발에 맞는 신을 맞추었다.

갖바치의 신발은 때로 신분을 드러내는 수단이 되기도 했다. 관리들이 신던 검은빛 가죽신은 위엄을 보여주었고 군인들의 전투화는 실용과 내구성을 담보했다. 사대부가 즐겨 신던 운두화나 고운 장화는 멋과 품격을 표현했다. 모두 갖바치의 손끝에서 태어난 것이었으나, 그들의 이름은 기록에 남지 않았다.

서민 사회에서도 갖바치는 중요한 존재였다. 짚신은 아무나 만들 수 있었지만 튼튼한 신발은 장인의 솜씨가 필요했다. 혼례나 제사 같은 큰 행사에는 반드시 신발을 새로 마련했는데 이때도 갖바치의 손길이 닿았다. 따라서 그들은 사회적으로 천시받으면서도 실질적으로는 공동체에서 없어서는 안 될 존재였다.

근대에 들어오면서 갖바치의 생업은 점차 변화했다. 서양식 구두와 공장제 신발이 들어오면서 전통적 가죽신은 설 자리를 잃었고 장인들의 마을도 해체되었다. 그러나 한편으로 그들의 기술은 구두 수선이나 수제화 제작으로 이어져 다른 방식으로 명맥을 이어갔다. 오늘날 일부 무형문화재 장인들이 전통 화靴 제작 기술을 전승하고 있는 것도 이 때문이다.

갖바치의 삶은 천대와 가난으로 점철되었으나, 그들의 솜씨는 발을 지키고 사회를 지탱하는 필수 기술이었다. 고단한 노동과 냄새, 멸시 속에서도 장인들은 꿋꿋이 기술을 이어갔고 그 결과 조선 사람들의 발걸음마다 그들의 흔적이 남았다. 이름 없는 장인의 손끝에서 태어난 신발은 단순한 물건을 넘어 사회의 질서와 생활의 맥박을 지탱한 또 하나의 예술이었다.

한지 공예와 종이 장인들

조선의 공예 세계에서 종이는 단순히 글을 적는 기록의 매체에 머물지 않았다. 종이는 옻칠과 금속, 직물과 더불어 생활과 예술을 지탱하는 중요한 재료였고 그 자체가 하나의 공예품으로 변모하였다. 한국의 한지는 질기고 오래가며 빛깔이 은은한 특성을 지녔다. 닥나무 껍질을 삶아 두들기고 황촉규풀의 점액을 아교 삼아 뜨는 방식으로 만들어진 한지는 "천 년을 간다"는 말이 있을 만큼 내구성이 뛰어났다. 이런 한지의 특성은 곧 다양한 공예로 이어졌다.

우선 대표적인 것이 창호지였다. 창문과 문살에 바른 종이는 빛을 은은하게 여과시켜 방안을 밝히되 눈부심을 막아 주었고 여름에는 시원하고 겨울에는 따뜻하게 습도와 온도를 조절해 주었다. 종이는 단순히 창을 막는 기능을 넘어 집안의 기운을 부드럽게 하고 사람들의 삶에 안정감을 주는 역할을 했다. 옛사람들이 창호지에 풍경을 그리고 글귀를 써 넣어 생활의 품격을 더했던 것도 이 때문이다.

생활용품으로 발전한 종이공예에는 두 가지 큰 흐름이 있었다. 하나는 지호紙糊공예로 종이를 여러 겹 풀칠해 붙여 만든 것이다. 종이를 겹겹이 쌓아 올려 말리면 단단한 형태가 되었고 그 위에 채색이나 옻칠을 하면 나무나 가죽 못지않게 견고했다. 이렇게 만들어진 종이함과 종이발우, 종이상자, 종이인형은 실용성과 함께 장식성을 지녔다. 또 하나는 지승紙繩공예로 종이를 길게 비벼 꼰 뒤 새끼줄처럼 엮어 바구니나 멍석을 만들었다. 지승 바구니는 가볍고 질겨서 오래 쓸 수 있었으며 남은 종이까지 버리지 않고 활용하는 지혜가 담겨 있었다.

종이공예는 단순히 서민의 생활용품에 그치지 않았다. 불교 행사에서 등불을 만들 때도 종이가 주재료였다. 화려하게 채색된 연등은 종이 위에 빛을 담아내어 신비로운 분위기를 자아냈다. 궁중과 사대부 집안에서도 종이는 장식 예술의 재료로 활용되었다. 종이에 금박을 입히거나 그림을 그려 병풍을 만들었고 책가도 같은 민화도 한지를 바탕으로 그려졌다. 결국 한지는 생활과 종교, 예술을 모두 아우른 만능의 재료였던 셈이다.

이처럼 종이공예는 우리 문화의 섬세함을 드러냈지만 그 장인들의 삶은 넉넉하지 않았다. 종이를 뜨는 일은 국가 기관인 조지서에서 관장했으나, 실제로 종이를 다루고 공예품을 만드는 이들은 대부분 이름 없는 장인들이었다. 그들은 천역으로 구분되지는 않았지만 양반이나 상층 문화인들의 시선 속에서 크게 존중받지도 못했다. 그러나 장인들은 대대로 기술을 전승하며 생활과 예술을 이어갔다. 종이공예의 발달은 곧 서민들의 손끝이 지켜낸 문화적 자산이었다.

근대에 들어오면서 공장제 종이와 서양식 가공품이 들어왔고 전통 종이공예는 급격히 위축되었다. 그러나 한지의 고유한 특성과 공예적 가치는 오히려 현대에 들어 다시 주목받기 시작했다.

오늘날 한지 공예는 무형문화재 제도로 보호받고 있으며 한지장韓紙匠이 전통 기법을 계승하고 있다. 종이공예 역시 지호와 지승 기법이 현대 공예품과 장식품, 심지어 현대 미술 작품으로 재탄생하고 있다.

특히 한지는 국제 무대에서도 높이 평가받는다. 서양 종이와 달리 질기고 오래가는 특성 덕분에 복원과 보존에 널리 쓰이고 그 질감은 현대 디자이너들에게도 영감을 준다. 한지 공예품은 세계 전시회에서 독창적이고 친환경적인 예술로 인정받고 있으며 종이의 따뜻함과 단아함은 한국인의 미감을 세계에 알리는 매개가 되고 있다.

결국 종이공예는 단순히 생활의 편리함을 위한 기술이 아니라 버려지는 것을 새롭게 살려내고 소박함 속에 아름다움을 담아내는 한국적 미학의 결정체였다. 이름 없는 종이 장인들의 손끝에서 태어난 지호함과 지승 바구니, 창호지와 연등은 오늘날에도 여전히 그 빛을 발한다. 그것은 곧 '흙과 나무의 나라' 조선이 동시에 '종이의 나라'였음을 보여주는 증거이며 현대에 와서는 세계 속에서 다시 주목받는 예술로 부활하고 있는 것이다.

지승과 지호, 종이로 빚은 놀라운 공예 기술

조선 사람들에게 종이는 또 하나의 예술 재료였다. 종이를 꼬고 붙여 새로운 물건을 빚어내는 기술을 만들어냈던 것이다. 지승과 지호 공예는 모두 값싼 종이나 남은 자투리를 활용해 생활 도구로 탈바꿈시키는 지혜의 산물이었다.

지승 공예는 조선 서민의 생활과 가장 밀착해 있었다. 종이줄을 꼬아 바구니나 망태기를 엮으면 풀이나 대나무보다 가볍고 질겨서 오래 쓸 수 있었다. 지승 바구니는 장터에서 물건을 담아 나르는 데 요긴했고 집안에서는 곡식과 채소를 보관하는 데 쓰였다. 또 종이줄로 짠 멍석이나 매트는 여름철 바닥에 깔아 시원하게 쓸 수 있었으며 겨울에는 볏짚 대신 안방을 단열하는 데 도움을 주기도 했다. 이런 물건들은 화려하지 않았으나 생활의 필수품이었다. 종이 한 장의 재활용이 공동체 생활을 풍족하게 만들었던 셈이다.

지호 공예는 한층 더 정교했다. 여러 겹의 종이를 풀칠해 붙이고 다듬고 말리면 단단한 형태가 되었다. 이렇게 만든 지호 발우나 지호 상자는 나무나 금속 그릇 못지않게 튼튼했고 무엇보다 가볍고 쓰기 편했다. 표면에 옻칠을 입히거나 그림을 그려 장식하면 생활 기물이자 장식품으로도 손색이 없었다. 일부는 불교 의식에 쓰이는 의식구나 연등, 상자 등으로 제작되기도 했으며 궁중과 사대부가에서도 장식적 가치를 인정받았다.

지승과 지호는 단순한 생활 기술이 아니었다. 종이 줄기의 꼬임과 엮임, 겹겹의 풀칠이 만들어내는 무늬와 질감은 소박한 아름다움을 드러냈다. 지승 바구니의 단단한 결은 자연스러운 패턴을 이루었고 지호 발우의 표면은 옻칠과 채색을 통해 은은한 광택을

냈다. 이름 없는 장인들의 손끝에서 나온 이 무늬와 색은 한국 민중 미학의 일면을 보여준다. 화려한 금·은 공예나 고급 옻칠과 달리 종이 공예는 생활의 평범한 자리에서 아름다움을 만들어냈다.

종이 장인들의 삶은 넉넉하지 않았지만 그들의 솜씨는 늘 공동체와 함께했다. 아이들은 어려서부터 종이를 비벼 꼬는 법을 배우며 어른들의 일을 거들었다. 가난한 집일수록 지승·지호 공예는 더 절실했다. 비싼 나무나 금속을 구입하기 어려운 이들에게 종이공예는 경제적 대안이자 생존의 수단이었다. 종이를 아끼고 다시 살려내는 이 기술은 검소함과 실용성을 미덕으로 삼던 조선 사회의 가치관과도 잘 맞아떨어졌다.

근대 이후 공장제 물품이 쏟아지면서 지승과 지호 공예는 점차 사라졌다. 그러나 오늘날에는 전통 공예의 한 갈래로 다시 주목받고 있다. 현대 장인들은 지승 바구니와 지호 상자를 복원하고 이를 현대 디자인에 접목해 가방이나 소품, 조명 기구로 새롭게 창조한다. 해외 전시회에서는 '종이로 만든 친환경 예술'로 소개되며 한국 전통 공예의 독창적 가치로 평가받고 있다.

지승과 지호는 결국 종이라는 재료가 지닌 무궁한 가능성을 증명한 산물이었다. 남은 종이 조각이 생활의 도구로, 소박한 아름다움의 예술품으로 변모하는 과정에는 민중 장인들의 지혜와 인내가 녹아 있었다. 그들의 손끝에서 종이는 단순한 기록지가 아니라 삶을 지탱하고 공동체를 꾸려가는 또 하나의 예술 언어가 되었던 것이다.

공예 장인의 정신, 오늘을 잇는 힘

조선시대의 공예 장인들은 대부분 이름조차 남기지 못했다. 옻칠을 하고 나전으로 장식하며 바늘끝으로 그림을 새기고 쇳물을 다루던 장인들은 대체로 천역으로 분류되었고 사회적으로는 천대받았다. 그러나 그들의 손끝은 왕실의 위엄을 지탱했고 서민의 삶을 지켜냈다. 수많은 기물과 예술품은 그들의 땀과 솜씨 속에서 태어났으며 이는 오늘날 한국 전통 예술의 토대가 되었다.

오늘날 우리는 이 장인들의 정신을 무형문화재 제도를 통해 계승하고 있다. 옻칠을 전승하는 칠장, 조개껍질을 얇게 갈아 옻칠 위에 붙여 화려한 무늬를 만드는 나전장, 바늘끝으로 천 위에 꽃과 문양을 수놓는 자수장, 구리와 주석을 섞어 빚은 유기를 만드는 유기장 등이 대표적이다. 이들은 모두 전통 장인의 기술과 정신을 이어받아 오늘날에도 장인의 길을 걷고 있다.

칠장은 옻나무 수액을 다루는 섬세한 기술을 전승한다. 옻칠은 습도와 온도, 붓질의 결에 따라 결과가 달라지기 때문에 장인의 오랜 경험이 필수적이다. 나전장은 조개껍질의 빛을 살려 깊은 옻칠의 검은 바탕과 어우러지게 하는 기술을 이어온다. 한 조각의 나전 장식에는 수십 번의 갈기와 붙이기, 칠하고 말리기를 반복하는 인내가 담겨 있다. 자수장은 바늘끝으로 세계를 수놓는다. 궁중에서 발전한 오색 자수의 전통을 이어받아 오늘날에는 생활 공예와 현대 미술 속에서도 변주되고 있다. 유기장은 뜨거운 쇳물을 부어 놋그릇을 빚어낸다. 그 과정은 거칠지만 완성된 기물은 수십 년을 두고 쓰일 만큼 단단하고 은은한 빛을 낸다.

이러한 전통 장인들의 기술은 단순한 기능의 차원을 넘어 장인 정신을 상징한다. 장인의 길은 늘 고단하고 외로운 길이었다. 낮은 신분과 차별 속에서도 그들은 기술을 버리지 않고 대를 이어 전승했다. 좋은 작품을 위해 수십 번, 수백 번을 반복하며 손끝으로 완성도를 높이는 끈기와 인내가 장인의 본령이었다. 그것은 곧 예술에 대한 헌신이자 공동체에 대한 책임이었다.

현대에 들어와 산업화와 기계화가 진행되면서 전통 공예는 한때 잊혀지는 듯했다. 그러나 20세기 후반 이후 전통의 가치를 재발견하려는 움직임이 일어나면서 장인들의 기술은 새롭게 조명되었다. 무형문화재 제도는 단순히 옛 기술을 보존하는 차원을 넘어 장인 정신을 오늘날에도 살아 있는 가치로 계승하려는 시도였다.

현대 공예와 디자인, 예술 속에서도 전통은 다시 살아난다. 나전칠기는 현대 가구와 소품에 응용되어 세계 디자인 무대에서 주목받고 있고 옻칠 기법은 현대 미술의 재료로 활용되며 독창적 색채를 창출한다. 자수는 패션과 회화, 설치 미술로 변주되고 있으며 유기는 전통의 질감을 살린 생활 식기로 다시 인기를 얻고 있다. 전통 장인들의 기술이 현대의 창조성과 만나 새로운 예술로 재탄생하는 것이다.

나아가 이러한 전통 공예는 한국의 문화 정체성을 드러내는 세계적 자산으로도 평가받고 있다. 옻칠의 은은한 광택과 나전의 신비로운 무늬, 자수의 섬세한 바늘선, 유기의 온기 어린 빛깔은 단순히 생활 기물이 아니라 한국인의 미감을 대변하는 예술 언어가 된다. 세계가 주목하는 K-컬처의 저변에는 바로 이러한 전통의 미학이 흐르고 있는 셈이다.

결국 공예 장인들의 정신은 시대를 넘어 이어지고 있다. 이름 없는 장인으로 천대받던 그들의 손끝은 오늘날 한국 문화의 자산으로, 세계가 주목하는 예술로 부활했다. 장인의 땀과 인내 그리고 삶을 예술로 승화시킨 정신은 오늘날에도 여전히 유효하다. 그것은 단순히 과거의 유산이 아니라 현재와 미래를 잇는 창조의 에너지다.

결국 공예 장인들의 길은 '이름 없는 천인에서 세계적 예술가로' 이어지는 장대한 서사였다. 신분의 굴레에 묶여 땀과 노동 속에 살던 그들의 손끝은 오늘날 한국을 대표하는 문화 예술의 정수로 재평가받고 있다. 천대 속에서도 꺼지지 않았던 장인 정신은 시대를 넘어 부활하여 이제 세계 무대에서 한국 미학의 빛을 발하고 있는 것이다.

신앙을 새기는 손길,
조각승과 범종 장인

불상 조각의 의미와 탄생 비화

불상은 단순한 조각상이 아니라 불교 신앙의 핵심을 시각적
으로 구현한 상징물이었다. 부처의 가르침은 본래 말과 글로 전해
졌지만, 글자를 알지 못하는 대다수 백성들에게는 교리만으로는
신앙의 실체를 붙잡기 어려웠다. 불상은 이들에게 부처의 현존을
눈으로 확인하게 해주는 매개체였으며 동시에 절의 위엄을 세우
는 중심이었다. 부처의 모습이 불당에 모셔질 때 그 앞에서 올린
예배와 공양은 단순한 의식이 아니라 신성한 공간을 열어주는 행

위였다. 따라서 불상의 탄생은 단순한 조형 예술의 발달이 아니라 신앙과 공동체의 필요가 빚어낸 사건이었다.

한국에서 불상은 불교가 처음 전래되던 시기부터 함께 들어왔다. 삼국시대 고구려, 백제, 신라의 기록을 보면 불교의 수용과 함께 불상이 사찰에 봉안되었다는 사실이 자주 언급된다. 불상은 단순한 장식물이 아니라 국가 차원의 상징으로 기능했다. 백제에서 일본으로 불교를 전하면서 불상과 불경, 승려가 함께 건너간 사실은 이를 잘 보여준다. 불상은 곧 불교의 실체였고 불교는 곧 국가의 정신적 자산으로 자리 잡았다.

통일신라에 이르러 불상은 한국적 양식을 확립했다. 삼국시대까지는 중국 북위나 남북조의 불상 양식을 모방하는 경향이 강했지만 신라의 장인들은 점차 독창적인 조형미를 추구했다. 대표적인 예가 석굴암 본존불이다. 석굴암의 불상은 단단하고 균형 잡힌 신체, 온화하면서도 깊은 자비를 머금은 얼굴로 불교 조각의 정점을 보여준다. 이 불상은 단순히 불교 미술의 걸작일 뿐 아니라 신라가 삼국을 통일하고 국가적 자신감을 바탕으로 독자적인 불교 문화를 꽃피웠음을 상징한다.

고려 시대에 들어 불상은 다시 다른 변화를 맞이한다. 고려는 불교 국가였기에 전국의 사찰마다 불상이 조성되었고 그 규모와 장식은 한층 화려해졌다. 금동불과 대형 불상이 전국 곳곳에 세워졌으며 불상의 표정과 자세에서도 화려하고 장식적인 미감이 강하게 드러났다. 고려 불상은 때로는 현세의 안녕과 왕실의 번영을 기원하는 국가적 기원의 성격을 짙게 띠었다. 이는 불상이 단순한 신앙의 매개체를 넘어 정치적 상징이었음을 보여준다.

　조선시대에 들어서면서 불상의 양식은 또다시 달라졌다. 유교 국가로서 억불 정책이 강하게 시행되면서 불교는 위축되었지만 불상 조성은 끊임없이 이어졌다. 조선 전기의 불상은 고려의 화려한 장식을 줄이고 단정하고 소박한 형태로 바뀌었다. 이는 유교적 절제와 청빈의 미학이 불상에도 반영된 결과였다. 특히 임진왜란과 병자호란 이후 불상이 대규모로 조성되었는데 이는 전쟁으로 불타 없어진 사찰의 재건과 더불어 공동체가 다시 힘을 모으는 상징이었다. 이 시기의 불상은 대체로 규모가 크고 장엄하면서도 다소 현실적인 인체 묘사를 담았다.

　불상 조각의 변천은 곧 한국 불교의 역사와 궤를 같이했다. 불교의 전래와 함께 들어온 불상은 신앙의 중심으로 자리 잡았고 시대와 사회의 변화를 반영하면서 양식을 달리하였다. 통일신라의 엄숙한 불상, 고려의 화려한 불상, 조선의 절제된 불상은 모두 각 시대가 불교를 어떻게 이해하고 수용했는지를 보여주는 지표였다. 불상은 단순한 돌이나 나무의 덩어리가 아니라 백성들의 기도와 공동체의 염원이 투영된 집단적 산물이었으며 동시에 장인들의 손끝에서 완성된 숭고한 예술이었다.

조각승의 삶과 수행의 결정체, 불상

조선시대 불상 조각의 주인공은 대개 이름 없는 장인들이 아니라 조각승이라 불린 승려들이었다. 불상 제작은 단순한 공예가 아니라 불사를 이루는 신앙적 행위였으므로 수행자이자 장인인 조각승이 중심이 되었다. 그들은 사찰에 머물기도 했지만 대체로 특정한 절에 속하지 않고 여러 사찰을 떠돌며 불상이나 불화를 제작했다. 오늘날 발원문에 기록된 불상 조성기의 명단을 보면 수좌와 스님들 사이에 '○○조각승' 또는 '화승 ○○'이라 적힌 이름을 자주 발견할 수 있다. 이는 그들이 불상과 불화를 함께 제작하는 복합적 역할을 맡았음을 보여준다.

조각승의 삶은 수행과 노동이 겹쳐진 것이었다. 일반 승려들이 참선이나 경전 독송에 힘썼다면 조각승들은 나무와 돌, 진흙과 금속을 다루며 하루하루를 보냈다. 그들의 작업은 곧 예배와 기도의 연장이었다. 불상을 조각하는 순간은 단순한 기술의 발휘가 아니라 부처를 자신의 손끝으로 새롭게 세우는 종교적 의례였다. 그래서 조각승들은 작업에 들어가기 전 목욕재계하며 마음을 가다듬었고 불상 조성 과정 전체를 하나의 수행으로 여겼다.

조각승의 작업은 협업을 필요로 했다. 한 사람의 손으로 불상을 완성하는 것은 불가능했기에 여러 명의 조각승과 장인들이 함께 참여했다. 어떤 이는 큰 형태를 다듬고 어떤 이는 세부를 조각했으며 또 다른 이는 금박을 입히거나 안료를 칠했다. 불상 내부에 불경이나 발원문, 다라니를 봉안하는 의식에도 그들이 함께했다. 이렇듯 조각승의 세계는 공동체적이고 동시에 신앙과 예술의 경계가 흐려진 공간이었다.

조각승들은 불상 제작뿐 아니라 불화, 탱화, 단청에도 능했다. 화승과 조각승이라는 이름이 분리되기도 했지만 많은 경우 한 사람이 여러 영역을 겸했다. 그들의 예술 세계는 불교의 세계관을 시각적으로 구현하는 데 집중되었고 따라서 개별적 창작 욕구보다는 교단의 신앙적 요구와 발원자의 소망을 충족하는 데 초점이 맞추어졌다. 그러나 그럼에도 불구하고 작품에는 장인 개개인의 미감과 손맛이 스며 있었다. 같은 시대의 불상이라도 얼굴의 표정과 선의 처리에서 미묘한 차이를 느낄 수 있는 것은 바로 이 때문이다.

조각승의 사회적 위치는 다소 모순적이었다. 한편으로는 불교 의식과 신앙의 중심을 담당했으므로 존경을 받았으나, 다른 한편으로는 노동승으로 분류되어 수도승보다 한 단계 낮게 여겨지기도 했다. 그러나 불상이 없이는 사찰의 위엄도 신앙의 힘도 유지될 수 없었기에 그들의 존재는 필수적이었다. 조각승들은 예배당 깊숙한 곳에 부처를 세우며 동시에 자신들의 삶 또한 부처 앞에 봉헌했다.

그들의 작업에는 늘 고단한 노동이 따랐다. 돌을 다루는 경우 수개월 동안 망치질을 이어야 했고 목조 불상은 큰 나무를 고르고 잘라내는 데서부터 시작해야 했다. 때로는 몇 년에 걸친 대규모 불사가 이어지기도 했다. 조각승들은 이런 과정 속에서 신체적 고통을 감내하면서도 그것을 수행의 과정으로 받아들였다. 불상 조각은 고행이자 깨달음으로 가는 길이었다.

조각승의 세계는 결국 신앙과 예술, 수행과 노동이 한데 얽혀 있는 특수한 공간이었다. 그들이 남긴 불상과 불화는 단순한 조형물이 아니라 수행자의 삶과 발원자의 소망, 공동체의 염원이 한데 모여 만들어낸 신앙의 형상이다. 따라서 불상을 바라볼 때 우리는 단순히 조각의 미학만이 아니라 그 뒤에 숨어 있는 조각승들의 삶과 정신까지 함께 읽어야 한다. 이름조차 잊힌 이들의 손끝이 있었기에 오늘날까지도 불교 미술의 위엄과 숭고함이 우리 앞에 남아 있는 것이다.

불상의 제작 과정과 기법

불상 제작은 단순한 조각이 아니라 하나의 거대한 의식이자 협업 체계였다. 부처를 새롭게 세우는 과정은 곧 신앙 공동체의 결속을 다지는 불사佛事였으며 동시에 장인 정신의 정수가 발휘되는 자리였다. 불상의 제작 기법은 크게 목조, 석조, 금동 불상으로 나뉘었고 각각의 방식마다 장기간의 준비와 세밀한 절차가 필요했다.

목조 불상은 한국 불교 조각의 큰 흐름을 이루었다. 먼저 산에서 큰 나무를 베어내는 일부터 시작되었는데 대개 소나무나 은행나무가 쓰였다. 나무를 고를 때에는 옹이가 없고 곧게 뻗은 것을 택했으며 벌목 전에는 의식을 치러 자연의 생명을 빌려오는 행위를 정당화했다. 벌목한 나무는 오랜 시간 말려 수분을 빼낸 뒤 대강의 형태를 도끼와 끌로 다듬었다. 이후 조각승들이 협업하여 세부적인 윤곽을 조각하고 마지막에는 옻칠을 입히고 금박을 입혔다. 불상 안에는 경전과 발원문, 오곡과 향 등을 봉안했는데 이는 불상에 생명을 불어넣는 의례였다. 목조 불상은 가볍고 운반이 쉬워 전국 사찰에 널리 세워졌다.

석조 불상은 또 다른 위용을 지녔다. 바위산이나 돌을 다듬어 만든 이 불상은 규모가 크고 영구적이었다. 석굴암 본존불이나 각지의 마애불상이 그 예이다. 석조 불상 제작은 돌을 채석하는 일에서부터 시작했다. 큰 돌을 떼어내기 위해서는 수십 명이 망치와 쐐기를 들고 수개월에 걸친 작업을 해야 했다. 돌이 준비되면 먼저 큰 윤곽을 다듬고 점차 세부적인 부분을 끌과 망치로 조각했다. 석조 불상은 재료의 특성상 정교한 표정 묘사나 옷주름 표현이 어렵지만 그 웅장함과 단단함은 신앙의 영속성을 상징했다. 특히 야외에 세운 마애불은 공동체 전체가 함께 보는 신앙의 상징으로 기능했다.

가장 화려한 불상은 금동 불상이었다. 금동 불상은 흙이나 점토로 틀을 만들고 그 안에 청동을 부어 굳힌 뒤 표면에 금을 입히는 방식으로 제작되었다. 이 과정은 고도의 기술을 필요로 했고 수많은 인력이 동원되었다. 먼저 점토로 불상의 형태를 만들고 그 위에 밀랍을 입혀 세부를 정교하게 다듬은 뒤 다시 점토를 덧발라 주형을 완성했다. 그 후 밀랍을 녹여내고 그 자리에 쇳물을 부어 불상을 완성하는 주조법이 사용되었다. 주조가 끝난 뒤에는 표면을 다듬고 금박을 입히는 과정이 이어졌다. 금동 불상은 크기와 무게 때문에 제작 과정이 위험했고 실패할 가능성도 높았다. 그러나 완성된 금동 불상은 장엄함과 신비로움으로 사람들의 신앙심을 압도했다.

불상 제작 과정의 마지막은 봉안과 안치였다. 불상 내부에 경전과 발원문, 시주자의 이름을 넣는 의식을 통해 불상은 단순한 조각이 아니라 살아 있는 부처로 여겨졌다. 이 의식은 공동체의 기원을 담는 행위였으며 불상의 신성성을 보장하는 과정이었다. 불상이 법당 안에 안치되는 순간 절은 새로운 중심을 얻게 되었고 신앙 공동체는 결속을 다졌다.

이 모든 과정은 조각승 혼자만의 손으로 이루어지지 않았다. 나무를 다루는 장인, 돌을 쪼는 장인, 쇳물을 다루는 장인, 금박과 채색을 담당하는 화공, 발원문을 쓰는 승려, 의식을 집행하는 주지가 함께했다. 불상 제작은 철저히 분업적이면서도 공동체적이었다. 조각승이 중심에 서 있었지만 그들의 예술은 협업의 산물이었다. 그렇기에 불상은 개인의 창작물이 아니라 공동체의 신앙과 노동이 함께 빚어낸 성과였다.

결국 불상 제작의 과정은 기술적 성취와 종교적 의례가 결합된 종합적 작업이었다. 돌과 나무, 금속과 흙 같은 재료들은 조각 승들의 손끝과 장인들의 협업 속에서 신앙의 대상이자 예술의 걸 작으로 변모했다. 불상은 그렇게 해서 단순한 조형물이 아닌 공동 체가 의지할 수 있는 신앙의 상징이 되었으며 동시에 한국 미술사 의 빛나는 유산으로 남게 되었다.

조선을 대표하는 불상과 조각승들

불상 조각의 역사는 무명의 장인과 조각승들의 삶이 켜켜이 쌓여 이룬 거대한 예술사다. 대부분의 불상에는 조각한 이의 이름 이 남지 않았지만 간혹 불상 내부에 봉안된 발원문이나 조성기에 그들의 흔적이 전해진다. 이 기록들은 당대 불사에 참여했던 조각 승과 장인들의 존재를 확인할 수 있는 귀중한 사료이다.

조선 전기의 불상 조성 기록을 보면 불사에 참여한 조각승의 이름이 발원문 끝자락에 작게 적혀 있는 경우가 있다. 예컨대 15 세기 초 경기도 광주의 봉은사 목조불상 조성기에는 '조각승 각민' 이라는 이름이 전한다. 그는 불상을 조각한 승려로서 불사의 주역 중 한 명이었으나 이름은 기록에 짧게 남았을 뿐이다. 또 충청도 공주의 마곡사 불상 발원문에도 '조각승 혜안'이라는 이름이 보인 다. 이들은 이름만 간신히 전해지지만 그들이 손끝으로 빚은 불상 은 여전히 법당 안에서 신앙의 대상으로 존재한다.

지역별로도 대표적인 불상과 조각승의 흔적이 남아 있다. 경상도의 합천 해인사에는 조선 초기의 목조 아미타불상이 봉안되어 있는데 그 내부 발원문에는 '조성총책 조각승 각운'이라는 이름이 적혀 있다. 그는 여러 조각승과 장인들을 이끌고 불상을 제작한 총책임자였다. 전라도 지역에서도 비슷한 기록이 전한다. 순천 선암사의 불상 내부 발원문에는 '조각승 각진'이란 이름이 보이는데 그는 여러 불상의 세부 조각에 참여한 승려였다. 이런 기록들은 불상 제작이 지역별로 활발히 진행되었고 각 지역의 사찰마다 조각승들이 활동했음을 보여준다.

　　대표적인 불상으로 꼽히는 것들은 오늘날에도 그 장엄함을 잃지 않는다. 서울 조계사의 근본불로 모셔진 조선 전기의 목조석가여래좌상은 단정하고 소박한 미학을 드러내며 조선 불상의 특징을 잘 보여준다. 강원도 평창 월정사 팔각구층석탑에서 출토된 불상 역시 조선 초기의 대표작으로 꼽히는데 내부에서 발견된 발원문을 통해 조각승들의 이름과 시주자의 명단이 밝혀졌다. 이런 불상들은 단순히 신앙의 대상에 그치지 않고 당대의 사회와 종교, 예술의 역사를 증언한다.

　　흥미로운 점은 발원문에 기록된 조각승들의 이름이 대개 세속적 성명이 아니라 법명이라는 것이다. 이는 그들의 조각 행위가 단순한 노동이 아니라 수행의 일부였음을 시사한다. 불상을 조성하는 일은 곧 불교의 가르침을 몸소 실천하는 행위였고 따라서 그들은 예술가이면서 동시에 수행자였다. 발원문에는 때때로 "이 불

상을 조성함은 모든 중생을 제도하기 위함이다"라는 구절이 적혀
있는데 이는 조각승들이 자신의 예술을 신앙과 일치시켰음을 보
여준다.

조선 후기에도 불상 조성 기록은 계속 남는다. 특히 임진왜란
과 병자호란 이후 불탄 사찰을 재건하는 과정에서 수많은 불상이
새로 제작되었다. 이때의 발원문에는 수십 명의 조각승 이름이 연
이어 기록되어 있어 불사가 집단적 노력의 결과였음을 알 수 있
다. 어떤 경우에는 불상을 제작한 조각승들의 이름뿐 아니라 도편
수·금박 장인·채색 화공의 이름까지 함께 기록되어 있어 당시 장
인들의 협업 체계를 생생히 전해준다.

대표적인 조각승 중 일부는 지역 사회에 전설처럼 남기도 했
다. 경남 밀양 지역에서는 '조각승 각운'이 만든 불상에 영험이 있
었다는 이야기가 전하고 충청도 예산의 수덕사에서는 조각승 각
민이 제작한 불상을 두고 마을 주민들이 그를 기려 제사를 지냈다
는 이야기도 전한다. 이처럼 조각승들은 이름 없는 장인이었지만
때로는 공동체 속에서 존경을 받는 존재가 되기도 했다.

결국 불상 조각의 역사는 거대한 이름의 기록이 아니라 작은
이름들이 모여 이룬 집단의 역사였다. 발원문에 남은 몇 줄의 기
록은 조각승들이 분명히 존재했음을 말해주지만 그들의 삶과 자
세한 활동은 대부분 사라졌다. 그러나 오늘날 우리가 불상을 마주
하며 느끼는 장엄함은 곧 그들의 손끝과 신앙의 흔적이다. 비록
이름은 희미하게 남았을 뿐이지만 불상은 여전히 살아 있는 증언

으로서 그들의 존재를 드러내고 있다.

범종의 종교적 의미와 울림

불상과 함께 범종 또한 불교 공예에서 빼놓을 수 없는 예술품이다. 불교에서 범종은 단순히 소리를 내는 도구가 아니었다. 종소리는 곧 부처의 목소리라 여겨졌으며 신앙 공동체를 하나로 묶어내는 신성한 매개체였다. 종이 울리는 순간 사찰의 모든 공간은 불법佛法의 울림으로 가득 찼고 그 울림은 산과 들을 넘어 마을까지 퍼져나가 사람들의 일상에 스며들었다. 그래서 범종은 불교 사찰에서 가장 중요한 의례 도구이자 상징물이었다.

불교 경전에서는 소리를 법法에 비유하는 구절이 자주 나온다. 말과 음성이 진리를 전한다는 믿음 때문이다. 종소리가 퍼져나갈 때 그것은 곧 중생을 깨우는 부처의 가르침으로 받아들여졌다. 눈으로 부처를 볼 수 없는 이들에게 종소리는 귀로 듣는 불법이었고 그 울림은 번뇌와 무명을 걷어내는 힘으로 간주되었다. 따라서 범종은 단순한 금속 공예품이 아니라 신앙의 실체였다.

범종은 법회의 시작과 끝을 알리는 도구였다. 대중이 법당에 모이기 전 종소리가 울리면 마을 사람들과 산속의 승려들은 그 소리를 듣고 함께 모였다. 법회가 끝난 뒤에도 종소리는 다시 울려 퍼져 신성한 의례의 마무리를 알렸다. 이처럼 종은 시간을 구분하는 장치였으며 동시에 공동체의 리듬을 조율하는 역할을 했다.

또한 범종은 제사의 도구이기도 했다. 불교 의례에서 망자를 천도하는 법회가 열릴 때 종소리는 저승과 이승을 잇는 다리로 여겨졌다. 종소리가 망자의 영혼을 불러내어 부처의 세계로 인도한다는 믿음이 있었다. 그래서 큰 사찰일수록 범종을 대규모로 주조하여 웅장한 소리를 울려 퍼뜨리려 했다. 그 소리는 단순한 음향이 아니라 영혼을 달래고 중생을 제도하는 부처의 목소리였다.

범종의 소리는 그 자체로도 특별했다. 한국의 범종은 몸체 내부에 음향을 울려 퍼뜨리는 구조가 정교하게 설계되어 있었다. 특히 신라 성덕대왕신종, 이른바 에밀레종으로 알려진 거대한 범종은 울릴 때마다 깊고 장중한 소리를 내었는데 그 소리는 수 킬로미터 밖에서도 들렸다고 전해진다. 사람들은 그 울림 속에서 단순한 금속의 울림이 아니라 부처의 자비로운 음성을 들었다.

종소리는 또한 공간을 정화하는 기능을 가졌다. 새벽마다 타종을 하면 사찰 안팎의 잡귀가 물러나고 중생들의 마음도 함께 정화된다고 믿었다. 종소리는 곧 수행의 시작을 알리고 번뇌의 끝을 선언하는 신성한 울림이었다. 승려들이 예불을 올리기 전 종을 치는 이유도 먼저 마음과 공간을 부처의 법음으로 가득 채우기 위함이었다.

범종은 공동체의 소통 수단이기도 했다. 산중 사찰에서 종이 울리면 인근 마을 사람들도 그 소리를 듣고 절에서 무슨 일이 일어나는지 알 수 있었다. 때로는 화재나 위급한 상황을 알리는 경보의 역할을 하기도 했으며 평화로운 시기에는 하루의 시작과 끝을 알려주는 신호였다. 종소리는 단순히 불교 공동체 내부를 넘어 세속의 삶과도 긴밀히 연결되어 있었다.

결국 범종의 종교적 의미는 단순히 불교 의식에 국한되지 않았다. 그것은 신앙과 일상, 성聖과 속을 잇는 다리였다. 종소리가 울릴 때 사람들은 자신이 부처의 가르침 속에 살아가고 있음을 체감했다. 범종은 금속으로 빚어진 물건이지만 울릴 때마다 눈에 보이지 않는 신성한 울림을 만들어냈고 그 울림은 곧 불교 신앙의 생명력이었다.

범종 장인의 고도화된 기술과 조직

범종은 단순한 공예품이 아니라 거대한 기술과 노동이 결집된 산물이었다. 종 하나를 만들기 위해 수십 명의 장인이 함께 협업해야 했고 그 과정은 몇 달, 길게는 몇 년이 걸렸다. 범종 제작은 주조소鑄造所라 불리는 임시 작업장에서 이루어졌는데 이곳은 사찰 근처에 설치되기도 하고 왕실이나 지방 관청이 주도해 마련되기도 했다. 주조소는 일종의 거대한 공방이자 야전 공장이었으며 범종이 완성되기 전까지 수많은 사람들이 땀을 쏟아부었다.

범종 주조에서 가장 중요한 것은 쇳물을 다루는 일이었다. 종은 청동, 즉 구리와 주석의 합금으로 제작되었는데 때로는 철이나 아연이 소량 섞이기도 했다. 합금의 비율이 조금만 달라져도 소리의 울림이 달라지고 주조가 실패하면 수개월간의 노력이 물거품이 되었다. 장인들은 오랜 경험으로 최적의 비율을 알고 있었으며 그 비율은 대개 비밀로 전승되었다. 쇳물을 녹이는 과정은 특히 위험했다. 수천 도의 고온에서 구리와 주석이 녹아 흘러내릴 때 조금만 방심해도 폭발이나 화재로 이어질 수 있었다. 쇳물을 다루는 장인들은 죽음을 무릅쓰고 용광로 앞에 섰다.

주형 제작 또한 고도의 기술을 요했다. 범종은 거대한 크기를 지녔기에 흙으로 만든 틀, 즉 주형이 완벽해야 했다. 주형은 보통 두 겹으로 만들어졌다. 먼저 안쪽 틀을 흙과 모래로 빚고 그 위에 밀랍이나 점토로 세부 무늬와 글자를 새겼다. 그런 뒤 다시 바깥 틀을 씌워 완전한 거푸집을 만들었다. 주형이 조금이라도 어긋나면 종이 비뚤어지고 문양이 제대로 나오지 않았다. 특히 종의 두께는 소리를 좌우하는 핵심 요소였는데 주형 제작 장인들은 두께를 일정하게 유지하기 위해 끊임없이 점검했다.

범종 제작은 분업 체계로 이루어졌다. 쇳물을 녹이는 장인, 주형을 만드는 장인, 무늬를 새기는 장인 그리고 전체 과정을 지휘하는 총책임자가 있었다. 이들은 각자 전문 기술을 지녔고 그 협업이 완벽하게 맞아떨어져야만 범종이 완성될 수 있었다. 주조 현장은 일종의 군대처럼 움직였다. 총책임자가 구령을 내리면 수십 명의 장인들이 일사불란하게 움직여 쇳물을 주형 속으로 부었다. 이 순간은 범종 제작에서 가장 긴장되는 절정의 순간이었다.

쇳물이 고르게 퍼지지 않으면 종은 금세 균열이 생겼고 울림도 망가졌다.

주조가 끝나고 종이 식을 때까지는 며칠이 걸렸다. 식은 뒤에는 주형을 깨고 종을 꺼내야 했는데 이 과정에서 불완전한 부분이 드러나면 장인들은 다시 다듬고 보수했다. 표면에 새겨진 글자와 문양은 장식 이상의 의미를 지녔다. 발원자의 이름, 조성 연도, 불법을 찬탄하는 구절이 새겨졌고 연꽃, 보상화, 신령스러운 용무늬가 장식되었다. 이런 장식은 미적 요소이면서 동시에 신앙적 상징이었다.

범종 제작은 거대한 자금이 필요한 일이었기에 시주자와 발원자들의 역할도 컸다. 왕실이 직접 발원한 범종은 국가적 위상을 담았고 지방 사찰의 범종은 지역 공동체의 정성을 담았다. 장인들은 발원자의 염원을 기술로 구현하는 역할을 맡았다. 이 과정에서 장인들의 이름은 대개 기록되지 않았지만, 그들의 솜씨는 종소리로 남아 수백 년간 이어졌다.

범종 제작은 장인의 기술과 조직, 그리고 공동체의 신앙이 결합된 총체적 예술이었다. 쇳물의 온도를 조절하는 일, 합금의 비율을 맞추는 일, 주형을 완벽하게 제작하는 일은 모두 오랜 경험과 감각을 필요로 했다. 수십 명의 장인들이 협업해 완성한 범종은 단순한 금속 덩어리가 아니라 공동체의 염원과 기술의 결정체였다. 그 장엄한 소리는 오늘날에도 여전히 산천을 울리며 장인들의 땀과 신앙을 증언하고 있다.

에밀레종의 전통을 잇는 한국 범종의 독창성

한국의 범종은 동아시아 불교 문화권 속에서 독자적인 길을 걸으며 독특한 미학과 음향 구조를 발전시켰다. 중국과 일본의 범종이 주로 단순한 형태와 기능에 머무른 반면 한국의 범종은 조형미와 장엄한 음향을 동시에 갖춘 예술적 산물이었다. 그 중심에는 신라 성덕대왕신종, 흔히 '에밀레종'이라 불리는 걸작이 있었다.

성덕대왕신종은 통일신라의 장인 정신과 불교 신앙이 응축된 작품이다. 높이 약 3.75미터, 무게 약 18.9톤에 달하는 이 거대한 종은 세계적으로도 손꼽히는 규모를 자랑한다. 그러나 단순히 크기만으로 위대하다고 말할 수는 없다. 이 종의 가장 큰 특징은 그 울림에 있었다. 종소리가 울려 퍼지면 깊고 장중하면서도 맑은 여운이 오래도록 이어졌고 마치 인간의 목소리처럼 따뜻하고 부드럽게 퍼져나갔다. 사람들은 그 울림 속에서 부처의 목소리를 들었고 그래서 이 종은 "에밀레"라는 전설과 함께 더욱 신비로운 상징성을 얻었다.

한국 범종의 독창성은 음향 구조에 있었다. 종의 상부에는 음관이라 불리는 구조가 있어 소리가 위로만 퍼지지 않고 사방으로 고르게 울려 퍼졌다. 또한 종의 하부는 약간 벌어져 소리를 모아내는 공명통 역할을 했다. 종 내부의 두께와 형태는 치밀하게 계산되어 있었으며 두께가 일정하지 않고 위에서 아래로 미묘하게 변화를 주어 울림을 더욱 풍부하게 만들었다. 이 정교한 음향 설계는 한국 범종을 세계적으로 독보적인 존재로 만들었다.

장식 또한 한국 범종만의 특징이었다. 종의 몸체에는 연꽃과 보상화, 구름과 용무늬가 새겨졌으며 네 곳에는 용통(음통)이라 불리는 원형 장식이 배치되었다. 용통에는 용이 여의주를 물고 하늘로 오르는 모습이 조각되었는데 이는 범종이 부처의 법음을 세상에 전한다는 상징을 담고 있었다. 특히 성덕대왕신종의 경우 용통의 장식이 매우 정교하고 사실적으로 표현되어 있어 당시 장인들의 솜씨가 절정에 달했음을 알 수 있다.

고려 시대에 들어서면서 범종은 한층 더 화려해졌다. 고려 불교의 성격이 현세 기복적 성향을 띠면서 범종의 장식도 더욱 세밀하고 풍성해졌다. 종의 몸체에 불보살상이 새겨지고 발원문의 글자가 촘촘히 기록되었다. 이는 범종이 단순히 소리를 내는 도구가 아니라 불교적 세계관을 시각적으로 구현한 성전과도 같은 존재였음을 보여준다. 고려 범종의 음향은 신라 범종의 깊이를 이어받으면서도 장식성에서 독창적인 발전을 이루었다.

조선시대에 이르면 범종 제작은 다소 위축되었으나 여전히 중요한 불교 의식구로 남았다. 조선 전기의 범종은 신라와 고려의 전통을 계승하면서도 절제된 미감을 보여주었다. 유교적 가치관이 사회 전반을 지배하던 시대였기에 범종의 장식은 다소 단순해지고 문양은 절제되었다. 그러나 음향 구조만큼은 여전히 신라의 전통을 이어가 깊고 장엄한 소리를 유지했다. 임진왜란과 병자호란 이후에는 불사가 다시 활발해지며 범종도 대규모로 제작되었는데 이때는 조선 사회 특유의 소박하면서도 실용적인 미학이 반영되었다.

한국 범종의 독창성은 결국 소리와 장식, 그리고 상징성의 조화에 있었다. 성덕대왕신종을 비롯해 각 시대를 대표하는 범종들은 단순히 금속 덩어리가 아니라 장인들의 고도의 기술과 공동체의 신앙이 어우러진 집합체였다. 그 소리는 단순한 울림이 아니라 부처의 목소리이자 공동체의 숨결이었고 그 장식은 단순한 미적 요소가 아니라 불교적 우주의 표현이었다.

오늘날에도 한국 범종은 세계 불교미술사에서 독보적인 위치를 차지한다. 그 깊고 맑은 소리와 정교한 음향 구조, 그리고 장엄한 조형미는 단순한 전통 공예를 넘어선 예술적 성취로 평가된다. 종 하나에 담긴 신앙과 기술, 그리고 공동체의 염원은 한국 범종만의 독창적인 세계를 이루었으며 그것은 지금도 여전히 울림으로 이어지고 있다.

장인들의 사회적 위상과 삶의 애환

불상과 범종을 만들어낸 장인들의 삶은 숭고함과 멸시가 공존하는 모순 속에 놓여 있었다. 그들이 빚어낸 작품은 신앙 공동체의 중심에 서서 수백 년을 울리고 빛났지만, 정작 장인 자신의 이름과 삶은 역사 속에 거의 남지 않았다. 발원문이나 조성기의 끝자락에 겨우 작은 글씨로 새겨진 몇몇 이름만이 오늘날까지 전해질 뿐이다. 그것마저도 대부분은 세속의 성명이 아닌 법명이나 직책명으로 기록되었고, 그들의 생애와 구체적 활동은 알 길이 없다.

조각승과 주조 장인들은 불교 의례에서 없어서는 안 될 존재였다. 그들의 손끝이 없었다면 부처의 모습은 세상에 드러나지 않았을 것이고, 부처의 목소리 또한 종소리로 울려 퍼지지 못했을 것이다. 그러나 신앙의 중심에 있었던 그들의 위치는 사회적으로 존중받기보다 천한 기술자로 평가되기 일쑤였다. 불상과 범종은 모두 숭고한 신앙의 대상이었지만, 그것을 만든 장인은 신앙의 주체가 아니라 노동의 도구로 취급된 것이다.

특히 범종을 만드는 주조 장인들은 목숨을 걸고 뜨거운 쇳물을 다루었지만, 그들의 이름은 거의 알려지지 않았다. 수개월, 수년의 노고 끝에 완성된 종의 소리는 곧 부처의 음성이 되었지만, 장인들의 음성은 역사 속에서 사라졌다. 조각승들 역시 마찬가지였다. 그들은 자신들의 작업을 수행의 일부로 여겼기에, 이름을 드러내는 것을 탐하지 않았지만, 동시에 사회는 그들의 공로를 크게 기리지 않았다. 이처럼 장인들의 삶은 신앙적 숭고함 속에서도 늘 사회적 멸시와 무관심에 부딪혔다.

장인들의 사회적 위상은 모순적이었다. 불교 공동체 내부에서는 그들이 존경을 받았다. 사찰에서는 불사에 참여한 조각승과 장인들을 위해 공양을 마련했고, 발원문에 그들의 이름을 기록하며 최소한의 예를 다했다. 그러나 사찰 밖 세속 사회에서 그들은 기술자나 천예賤藝로 분류되었다. 신분 제도가 엄격했던 조선 사회에서, 손으로 무언가를 빚어내는 이들은 양반의 인정을 받기 어려웠다. 예술적 업적이 아무리 뛰어나더라도, 그들의 이름은 사대부 문헌에 기록되지 않았다.

　장인들의 삶은 또한 고단한 노동의 연속이었다. 조각승들은 무거운 돌과 나무를 다루며 평생을 보냈고, 주조 장인들은 뜨거운 불 앞에서 쇳물을 녹이며 생명을 위협받았다. 불상이 크고 범종이 장대한 만큼, 그 제작 과정은 육체적으로도, 정신적으로도 혹독했다. 그러나 이들은 그 고통을 신앙과 공동체의 염원으로 받아들였다. 노동은 수행이 되었고, 땀방울은 불사의 공덕으로 전환되었다. 이 점에서 장인들의 삶은 단순한 기술자의 삶을 넘어선 것이었다.

　그럼에도 불구하고 그들의 사회적 대우는 변변치 않았다. 불상이나 범종이 완성되면 사람들은 부처의 위엄과 자비를 찬탄했지만, 그것을 빚은 이들에 대해서는 별다른 관심을 기울이지 않았다. 발원문에 이름을 남길 수 있었던 것만으로도 장인들에게는 큰 영광이었다. 대부분은 아예 기록조차 되지 않았고, 세월이 흐르며 이름도, 얼굴도, 생애도 잊혀졌다.

　이러한 모순은 결국 불상과 범종의 의미를 더욱 깊게 만든다. 그것은 단순히 신앙의 상징일 뿐 아니라 이름 없는 장인들의 삶과 땀이 응축된 산물이다. 우리가 오늘날 불상을 바라보고 종소리를 들을 때, 그것은 단순히 부처의 형상과 목소리가 아니라 수많은 장인들의 희생과 헌신이 응축된 결과물임을 잊지 말아야 한다.

결국 불상과 범종은 종교적 숭고함을 드러내면서도, 동시에 사회적 모순을 드러내는 증거물이다. 신앙 공동체는 그들을 경외했지만, 세속 사회는 그들을 차별했다. 그러나 시간이 흐른 지금, 그들의 이름은 잊혀졌을지라도, 그들의 작품은 여전히 살아 남아 부처의 자비와 장인의 정신을 함께 증언한다. 이것이 바로 장인들의 삶과 위상이 지닌 가장 큰 아이러니이자 역설이었다.

임진왜란·병자호란과 불사佛事의 변화

임진왜란과 병자호란은 조선 불교사뿐 아니라 불상과 범종 제작의 역사에도 커다란 변화를 남겼다. 전란으로 수많은 사찰이 불타 없어지고 불상과 범종이 파괴되었다. 일본군은 전쟁 중 불상을 약탈하여 본국으로 가져갔고 범종은 전쟁 물자로 쓰기 위해 녹여버렸다. 불교 미술의 걸작들이 이 시기에 대거 소실되었고 전국의 산사가 폐허로 변했다. 그러나 역설적으로 이러한 파괴는 곧 새로운 불사佛事의 붐을 일으켰다. 불타 없어진 사찰을 재건하고 불상과 범종을 다시 조성해야 했기 때문이다.

임진왜란이 끝난 뒤 전국적으로 불상과 범종 제작 수요가 폭발적으로 늘어났다. 각 지역의 승려와 신도들은 파괴된 불상을 대신할 새로운 불상을 모셔야 했고 사찰의 종소리를 다시 울려야 했다. 이때 조각승과 주조 장인들의 역할은 절대적이었다. 그들은 전국을 떠돌며 불상을 새로 조성하거나 범종을 제작하는 일에 참여했다. 발원문에는 수십 명의 조각승과 장인들의 이름이 빼곡히 기록되기도 했는데 이는 불사가 개인의 솜씨가 아니라 공동체 전체의 힘으로 이루어졌음을 보여준다.

병자호란 이후에도 상황은 크게 다르지 않았다. 만주의 청군이 침입하면서 많은 사찰이 피해를 입었고 조선 사회는 불안을 종교적 결속으로 극복하려 했다. 전란이 남긴 상처를 위로하고 공동체의 안정을 다지기 위해 불교 의례와 불상·범종 제작은 다시 활기를 띠었다. 전란 이후 만들어진 불상들은 이전보다 규모가 크고 장엄한 경우가 많았는데 이는 단순히 신앙의 필요를 넘어 공동체의 결집과 재건 의지를 상징하는 것이기도 했다.

이 시기 불사에는 '네트워크'라고 부를 만한 장인 집단의 이동이 있었다. 특정 지역의 조각승이나 주조 장인들이 불사 소식을 듣고 먼 지방까지 찾아가 협업하는 경우가 잦았다. 예를 들어 충청도의 한 사찰 불사에 경상도 출신 조각승이 참여하거나 전라도 사찰의 범종 제작에 강원도의 주조 장인이 합류하는 식이었다. 이는 불교 교단의 전국적 네트워크와 장인 집단의 유동성이 결합된 결과였다.

또한 이 시기 발원문에는 시주자들의 이름이 빈번하게 기록된다. 전란으로 삶의 기반을 잃은 백성들이 불사에 참여하며 재건의 염원을 담았던 것이다. 부유한 사대부나 상인뿐 아니라 평범한 백성들이 쌀 한 되, 돈 한 냥을 보시하는 일도 많았다. 불상과 범종 제작은 단순한 예술 행위가 아니라 공동체적 기도의 장이자 재건 운동의 일부였던 셈이다. 장인들은 이러한 민중의 염원을 기술로 구현하는 역할을 맡았다.

임진왜란과 병자호란은 장인들의 삶에도 큰 변화를 주었다. 전란 이전에는 특정 사찰에 속하거나 제한된 지역에서 활동하던 조각승과 주조 장인들이 전란 이후에는 전국적으로 이동하며 활동하는 사례가 많아졌다. 이는 장인들에게 더 많은 기회를 제공했지만, 동시에 과중한 노동과 불안정한 삶을 강요하기도 했다. 전란의 상처를 메우기 위한 불사의 붐 속에서 장인들은 종종 자기 이름을 남기지 못한 채 사라졌다.

그러나 그들이 남긴 결과물은 지금까지도 남아 전란 이후의 역사를 증언한다. 전란 직후 조성된 불상과 범종은 대체로 크고 웅장하며 당시 사람들의 집단적 기원을 강하게 반영하고 있다. 이는 단순한 종교적 조형물이 아니라 공동체의 생존과 회복을 상징하는 예술이었다. 불상과 범종은 전란의 상처를 치유하고 새로운 결속을 다지는 중심이 되었고 장인들은 그 결속을 손끝으로 빚어낸 숨은 주역이었다.

결국 임진왜란과 병자호란은 불교 미술의 큰 단절을 가져왔지만, 동시에 새로운 전환점을 만들었다. 파괴된 뒤 재건된 불상과 범종 속에는 공동체의 재기와 장인들의 노동이 고스란히 담겨 있었다. 이 시기 불사는 단순한 신앙 행위가 아니라 전쟁의 상처를 넘어 다시 살아가려는 의지의 표상이었다. 그리고 그 중심에는 이름 없는 장인들의 손길이 있었다.

오늘날 불상·범종 제작의 의미와 계승

오늘날 불상과 범종 제작의 전통은 과거와 달리 사찰 중심의 대규모 불사에서 벗어나 국가가 지정한 무형문화재 제도를 통해 이어지고 있다. 조선 이후 긴 세월 동안 이름조차 남기지 못했던 장인들의 기술은 이제 불상장佛像匠, 범종장梵鐘匠이라는 공식적인 명칭과 함께 국가적 차원에서 전승되고 있는 것이다. 이는 단순히 특정 기술을 보존하는 차원을 넘어 우리 문화가 가진 정신적 뿌리를 지키고자 하는 노력이라 할 수 있다.

불상장은 나무, 돌, 금속을 다루며 불상을 제작하는 장인을 뜻한다. 과거 조각승들의 역할을 이어받아 오늘날에도 사찰에 모셔질 불상을 새롭게 조성하거나 훼손된 불상을 복원하는 일을 담당한다. 이들은 불상 제작을 단순한 조형이 아니라 수행의 연장으로 이해하며 전통적인 기법과 형식을 지키려 한다. 현대 불상장들의 손끝에서 태어난 불상은 예전과 마찬가지로 경전을 봉안하는 의식과 함께 봉헌되며 여전히 신앙의 대상으로 기능한다.

범종장은 금속 주조 기술을 계승하여 범종을 제작하는 장인을 말한다. 한국 범종의 독창적인 음향 구조와 장식 전통은 범종

장의 기술 속에 살아 있다. 오늘날 범종 제작에는 현대적 도구와 재료가 일부 활용되지만 기본적인 원리는 과거와 크게 다르지 않다. 주형을 만들고 합금의 비율을 맞추며 쇳물을 붓는 과정은 여전히 수많은 노동과 협업을 요구한다. 범종장들은 이 전통을 지키며 한국 범종 특유의 깊고 장중한 울림을 오늘날에도 이어가고 있다.

현대의 불상과 범종 제작은 단순히 국내 사찰에 국한되지 않는다. 해외 불교 사찰에서도 한국 장인들에게 불상과 범종 제작을 의뢰하는 사례가 늘고 있다. 특히 한국 범종은 그 음향적 완성도와 독창성으로 세계적으로 주목받고 있으며 박물관 전시와 국제 학술 연구에서도 높은 평가를 받는다. 한국의 불상 또한 단정하고 절제된 미학으로 주목받으며 아시아 불교 조각의 중요한 한 축으로 인정받고 있다.

무형문화재 제도를 통해 불상장과 범종장이 지정된 것은 단순한 기술 보존이 아니다. 그것은 신앙과 예술, 노동과 기술의 결합이라는 한국 불교 조형 전통의 본질을 잊지 않고 전승하려는 시도이다. 불상과 범종은 한때 공동체의 중심에서 신앙을 지탱한 상징물이었고 그 제작 과정은 수많은 장인들의 땀과 희생을 필요로 했다. 현대 사회에서도 이 유산은 여전히 의미를 지닌다.

오늘날 사람들은 불상과 범종을 단순한 종교적 물건이 아니라 예술적 유산으로도 감상한다. 미술관 전시장에서 불상을 바라보며 그 조형미에 감탄하고 박물관에 걸린 범종을 통해 장엄한 소리를 상상한다. 그러나 동시에 사찰에서 울리는 종소리, 법당 안에 모셔진 불상은 여전히 신앙의 대상으로 기능하며 불교 공동체를 묶는 힘으로 작동한다. 예술과 신앙의 두 측면은 오늘날에도 여전히 공존한다.

결국 불상과 범종의 전승은 단순한 과거의 재현이 아니라 현재와 미래를 위한 재창조이다. 장인들은 옛 기법을 지키면서도 현대 사회에 맞게 변용하고 불상과 범종은 전통을 넘어 세계 속의 문화유산으로 확장되고 있다. 과거 이름조차 남기지 못한 장인들의 기술은 오늘날 국가적 자산으로 인정받으며 세계 속에서 한국 문화의 독창성을 드러내는 상징이 되었다.

이렇듯 불상과 범종은 신앙과 예술, 노동과 기술이 결합한 전통의 결정체로서 여전히 살아 있다. 그 유산은 과거에 머물지 않고 오늘날에도 우리 곁에서 울림을 이어가고 있다. 이름 없이 사라진 수많은 장인들의 정신과 예술혼은 여전히 불상과 범종을 통하여 살아 숨 쉬고 있는 것이다.

12

조선 건축을 세운 거인들,
대목장과 목공

목수의 나라, 나무와 함께 지은 집

조선의 건축은 나무와 함께 태어나고 자라왔다. 한반도의 풍
토는 사계절이 뚜렷하고 산지가 많아 질 좋은 목재를 얻기에 적
합했다. 삼국시대 이래로 사람들은 흙과 돌을 부재료로 삼았지만
집의 기둥과 보, 서까래와 문살을 이루는 주재료는 언제나 나무였
다. 나무는 살아 있는 재료였다. 바람과 비를 머금고 자라난 나무
는 집이 되어도 여전히 숨 쉬고 움직였으며 사람들은 그 생명력을
집 안의 기운으로 받아들였다. 그래서 조선의 집은 늘 따뜻했고

사람과 자연이 이어져 있다는 감각을 주었다.

나무를 고르는 일은 아무 장인이나 할 수 있는 일이 아니었다. 대목장은 산을 헤매며 오랜 눈으로 나무를 살폈다. 곧고 단단한 소나무, 결이 치밀한 참나무, 빛깔이 곱고 향기로운 은행나무와 향나무까지 용도에 따라 나무는 달라졌다. 기둥에는 곧게 뻗은 소나무를, 지붕을 떠받칠 보에는 튼튼한 참나무를, 장식적 요소에는 단단하면서도 다루기 쉬운 단풍나무나 오동나무를 사용했다. 목재 선택은 단순히 강도만의 문제가 아니었다. 어떤 나무가 어떤 집과 어울리고 그 집에 사는 사람의 신분과 성격에 맞는지를 판단하는 것도 대목장의 몫이었다.

나무를 베어내는 순간도 중요했다. 사람들은 음력 10월, 기운이 가라앉는 겨울에 나무를 베면 벌레를 덜 타고 오래 간다고 믿었다. 또 나무를 베기 전에는 산신에게 제를 올려 허락을 구했다. 이는 단순한 미신이 아니라 자연의 생명을 빌려 집을 짓는다는 자각이었다. 베어낸 나무는 곧바로 쓰지 않고 오랫동안 말려야 했다. 햇볕에 잘 말린 나무는 수축과 팽창이 덜해 집을 오래 지탱할 수 있었다. 이렇게 준비된 목재만 기둥과 보로 들어갈 자격을 얻었다.

가공의 과정은 장인의 손끝에서 빛을 발했다. 도끼와 자귀로 대강의 형태를 잡고 대패로 면을 다듬어 나무결을 살렸다. 목재의 결은 곧 건축의 선이 되었고 장인은 그 결을 거스르지 않고 따라갔다. 곡선이 필요한 곳에는 나무의 자연스러운 굴곡을 살렸고 직선이 필요한 곳에는 곧은 결을 택했다. 그래서 조선 건축은 억지로 만든 인위적 곡선이 아니라 나무가 본래 지닌 결을 존중한 자연스러운 선을 보여주었다.

목재의 짜임은 또 다른 예술이었다. 못을 쓰지 않고 장부와 홈을 맞추어 끼워 넣는 전통 목공 방식은 조선 건축의 특징이었다. 이는 단순히 미학적 이유가 아니라 지진과 바람, 습기에 견디기 위한 구조적 지혜였다. 서로 맞물려 짜인 나무는 한쪽이 흔들리면 다른 쪽이 잡아주어 집 전체가 무너지지 않았다. 대목장은 수십, 수백 가지의 장부 구조를 꿰고 있었고 그것을 적재적소에 배치해 건물을 완성했다.

이렇듯 목재는 단순한 건축 재료가 아니라 자연과 인간을 이어주는 매개였다. 나무로 지은 집은 흙바닥의 온기와 어우러져 사계절을 견디게 했고 기와와 결합해 장중하면서도 단아한 미감을 형성했다. 무엇보다 나무는 인간의 삶과 함께 늙어갔다. 집의 기둥이 세월 따라 조금씩 기울어지고 보가 서서히 휘어가는 모습은 사람들의 삶의 흔적과 다르지 않았다.

조선의 집은 그 자체로 '목수의 나라'가 빚어낸 작품이었다. 나무를 알고 다루고 존중한 장인들의 손끝에서 집은 단순한 거처가 아니라 삶의 터전, 신분과 교양의 상징, 자연과 더불어 사는 철학의 공간이 되었다. 나무와 함께 지은 집, 그것이 바로 조선 건축의 시작이자 대목장과 목공 장인들이 남긴 첫 번째 유산이었다.

대목장의 위상과 그들을 따르는 목수 조직

조선의 건축 현장에서 가장 중요한 인물은 단연 대목장이었다. 대목장은 오늘날로 치면 건축가이자 현장 감독이었고, 동시에 기술자이자 예술가였다. 건축의 설계와 시공을 총괄하며, 집을 짓는 데 필요한 모든 기술과 조직을 장악한 존재였다. 궁궐이나 사찰, 성곽 같은 국가적 규모의 대공사에서는 수십 명, 많게는 수백 명의 목수와 장인들이 동원되었는데, 그들의 기술과 노동을 하나로 묶어내는 것이 바로 대목장의 몫이었다.

대목장은 흔히 '도편수都片手'라고도 불렸다. 이는 집 짓는 일의 총책임자를 뜻하는 명칭으로, 설계에서 시공, 완공 후의 마무리에 이르기까지 전 과정을 관장했다. 도편수는 나무의 결을 읽고, 현장의 지세를 살피며, 집이 어떤 용도로 쓰일지를 고려하여 전체적인 도면을 마음속에 그렸다. 오늘날처럼 제도화된 설계도가 없는 시대였기에, 도편수의 머릿속 그림은 곧 건축의 청사진이었다. 그는 집의 뼈대를 짜는 법을 누구보다 잘 알았고, 목수들이 제각기 다른 솜씨를 발휘하더라도 최종적으로 조화를 이루게 하는 능력을 지녔다.

대목장의 지휘 아래 목수들은 세분화된 역할을 맡았다. 기둥과 보를 다루는 목수, 문과 창호를 만드는 목수, 가구를 짜는 목수 등으로 나뉘어 협업했다. 이 밖에도 단청을 그리는 화공, 기와를 올리는 와공, 돌을 다루는 석공 등 다양한 장인들이 함께했다. 그러나 그 중심에 서서 전체 공정을 조율하고 마감까지 책임지는 사람은 언제나 대목장이었다. 만약 건물이 무너지거나 하자가 발생하면 그 책임은 도편수에게 돌아갔다. 따라서 대목장은 권위와 책임을 동시에 지닌 존재였다.

조선의 건축 장인들은 크게 관청 소속과 민간 집단으로 나뉘었다. 관청 소속 목수들은 공조工曹나 선공감繕工監 같은 관청에 소속되어 궁궐·관아·성곽 같은 국가적 건축물을 담당했다. 이들은 일정한 녹봉을 받으며 국가적 필요에 따라 이동했고, 대규모 건축 현장에서는 이들이 중심이 되어 지휘를 맡았다. 관청 소속 대목장은 신분상 중인 계급에 속하는 경우가 많았으나, 그 기술적 권위는 때로 양반들마저 감히 넘보지 못할 만큼 높았다.

반면 민간 건축 집단은 각 지방에서 활동하며 사대부 가옥이나 서원, 향교, 서민들의 집까지 다양한 건축을 맡았다. 이들은 지역의 대목장을 중심으로 조직되었고, 필요에 따라 여러 고을에서 목수들을 불러 모아 공사를 진행했다. 민간의 대목장 역시 큰 권위를 누렸는데, 특히 이름난 대목장은 지방 수령이나 사대부들의 청탁을 받아 전국을 떠돌며 집을 짓기도 했다. 이처럼 관청과 민간을 막론하고, 대목장은 건축 현장에서 절대적인 존재로 기능했다.

대목장의 권위는 단순히 기술적 우위에서 비롯된 것이 아니었다. 그들은 집을 짓는 일을 단순한 노동이 아니라 삶을 지탱하는 철학으로 여겼다. 풍수지리와 음양오행의 원리를 익히고, 나무와 흙, 돌이 어울리는 법을 아는 사람만이 도편수가 될 수 있었다. 건물의 방향과 배치, 공간의 구획은 단순히 미학적 고려가 아니라 거주자의 삶과 운명까지 좌우한다고 믿었다. 그러므로 대목장은 기술자이자 동시에 일종의 지혜로운 사상가이기도 했다.

그러나 대목장의 사회적 위상은 양가적이었다. 한편으로는 누구도 대신할 수 없는 기술을 지녔기에 존중을 받았지만, 다른 한편으로는 손으로 일하는 장인이라는 이유로 양반 사회에서 차별을 받기도 했다. 그럼에도 불구하고 대목장은 자기 기술과 경험을 바탕으로 건축 현장에서 절대적인 권위를 누렸다. 수많은 목수와 장인들이 도편수의 구령에 따라 움직였고, 그의 지휘 없이는 집 한 채도 완성될 수 없었다.

결국 조선의 대목장은 단순한 건축 장인을 넘어서는 존재였다. 그는 공동체의 집을 짓는 사람이자, 자연과 인간의 조화를 설계하는 이였고, 수십 명의 장인을 지휘하는 현장의 지휘자였다. 도편수라 불린 대목장의 손끝과 목소리 없이는 궁궐도, 사찰도, 서민의 집도 세워질 수 없었다. 조선의 집과 건축은 바로 이들의 기술과 조직, 그리고 그 권위 속에서 탄생하고 유지될 수 있었던 것이다.

궁궐 건축에 담긴 장엄한 미학

조선 건축의 백미는 단연 궁궐이었다. 궁궐은 단순한 거처가 아니라 국가 권위와 왕권의 상징이었고 동시에 수백 명이 드나드는 정치와 행정의 중심 무대였다. 따라서 궁궐 건축은 규모에서나 세부 기법에서나 목수들의 솜씨가 가장 집약된 공간이었다. 이곳에서 대목장은 최고의 기술을 발휘했으며 그 솜씨는 오늘날에도 조선 건축의 정수로 평가된다.

경복궁은 조선 왕조가 한양에 도읍을 정하며 가장 먼저 세운 법궁이었다. 광화문을 지나 근정전을 바라보면 웅장하면서도 절제된 조선 궁궐 건축의 미학이 한눈에 드러난다. 근정전은 왕의 즉위식과 조회가 열리던 공간으로 기단을 삼중으로 쌓아 올려 위엄을 드러냈다. 그러나 그 위에 세워진 전각은 화려한 장식 대신 안정된 비례와 단정한 지붕선을 강조했다. 대목장은 건물을 크게 지으면서도 공간을 절제하여 권위를 드러내되 사치스럽지 않도록 했다. 이는 조선이 유교적 정치 이념을 건축으로 구현한 사례라 할 수 있다.

창덕궁은 또 다른 의미에서 대목장의 솜씨가 돋보이는 궁궐이었다. 창덕궁의 건물들은 북악산 기슭의 지세를 따라 배치되었다. 자연 지형을 거스르지 않고 그대로 받아들여 건물을 배치하는 방식은 한국 궁궐 건축의 독창성을 잘 보여준다. 인정전에서 시작해 후원으로 이어지는 공간은 직선이 아니라 완만한 곡선을 따라 이어지며 산과 물, 나무가 어우러져 하나의 풍경을 이루었다. 대목장은 이 과정에서 자연을 존중하면서도 건축의 질서를 잃지 않는 솜씨를 발휘했다.

궁궐 건축은 규모만큼이나 기능의 세분화에서도 특징이 있었다. 정전, 편전, 침전, 후원 등 왕과 왕비, 신하들이 활동하는 영역이 엄격히 구분되었고 건물의 크기와 장식도 그 위상에 맞추어 조정되었다. 대목장은 이 모든 건물의 구조와 배치를 종합적으로 설계하며 각각의 기능이 어우러지도록 조율했다. 궁궐의 건물들이 개별적으로도 아름답지만 전체를 하나의 질서 속에서 바라볼 때 더욱 웅장하게 다가오는 이유가 여기에 있다.

궁궐은 단순히 크게 짓는다고 위엄을 드러낼 수 있는 공간이 아니었다. 지나친 화려함은 사치로 여겨져 유교적 정치 이념에 맞지 않았고 지나친 소박함은 왕권을 위축시키는 결과를 낳았다. 따라서 궁궐 건축은 웅장함과 절제의 조화를 이루어야 했다. 대목장은 목재를 다루는 기술뿐 아니라 정치적·이념적 맥락을 이해하는 통찰까지 필요로 했다. 경복궁과 창덕궁이 각각 다른 개성을 지니면서도 조선 왕조의 정체성을 동시에 드러낼 수 있었던 것은 이러한 대목장의 안목 덕분이었다.

궁궐 건축의 완성은 단청에서도 드러났다. 기둥과 서까래, 공포栱包(기둥 위에서 처마와 지붕의 하중을 받치는 구조물)를 화려한 색으로 장식했지만 색의 배합은 지나치지 않았다. 붉은 기둥과 푸른 단청, 곧게 뻗은 지붕선은 화려함과 단정함을 동시에 보여주었다. 이는 목수와 화공의 협업이 빚어낸 결과였고 그 중심에는 전체 미감을 통제한 대목장이 있었다.

경복궁과 창덕궁은 시대와 성격이 달랐지만 모두 대목장의 솜씨를 집약적으로 보여주는 공간이었다. 전자는 조선 왕조의 법궁으로서 국가 권위와 위엄을 강조했고 후자는 자연과의 조화를 통해 조선적 미학을 드러냈다. 그러나 두 궁궐 모두에서 일관되게 흐르는 것은 바로 '크면서도 사치스럽지 않고 화려하면서도 절제된' 조선 건축의 정신이었다.

결국 궁궐 건축은 왕의 집을 짓는 일이자 곧 나라의 얼굴을 세우는 일이었다. 대목장은 단순한 기술자가 아니라 조선의 정치이념과 미학을 목재와 기와로 빚어낸 조율자였다. 궁궐 건축은 그들의 솜씨 속에서 웅장함과 절제가 조화를 이루었고 이는 조선 왕조 500년을 상징하는 가장 뚜렷한 건축적 성취로 남았다.

조선 5대 궁궐과 종묘를 만든 이름 없는 주인공들

조선의 궁궐은 왕조의 얼굴이었다. 경복궁·창덕궁·창경궁·덕수궁·경희궁으로 이어지는 다섯 궁궐은 단순한 건축물이 아니라 왕권의 상징이자 국가의 권위를 드러내는 무대였다. 그러나 궁궐의 웅장함과 절제된 아름다움 뒤에는 늘 이름 없는 장인들의 손길이 있었다. 기록에는 왕과 신하의 명만 남았을 뿐 실제로 목재를 다듬고 기둥을 세우며 전각을 완성한 이들의 이름은 좀처럼 드러나지 않는다. 그럼에도 조선 건축사에는 몇몇 뛰어난 대목장의 이름이 남아 있어 궁궐 건축의 진정한 주인공을 짐작하게 한다.

경복궁은 태조 이성계가 한양에 도읍을 정하며 세운 법궁이었다. 이 궁궐을 설계한 인물로는 정도전이 널리 알려져 있다. 그는 단순한 정치가가 아니라 건축의 기본 구도를 짜는 설계자 역할을 했다. 풍수지리와 유교적 질서를 종합해 북악산을 주산으로 삼고 광화문을 정문으로 배치하며 근정전·사정전으로 이어지는 왕권 공간을 마련했다. 하지만 이 계획을 실제로 구현한 것은 대목장들이었다. 조선 초반 기록에 등장하는 대목장 한상준과 박자청 같은 인물은 궁궐 건축뿐 아니라 도성의 성곽·궁성 축조에도 참여한 대표적 장인들이었다. 특히 박자청은 풍수와 건축에 모두 능해 당시 대규모 토목과 건축 공사를 이끈 실질적 주역이었다.

태종 때 지어진 창덕궁 역시 뛰어난 장인들의 솜씨가 집약된 공간이다. 창덕궁은 자연 지형을 거스르지 않고 배치된 것으로 유명한데 이는 단순한 설계만으로 가능한 일이 아니었다. 북악산 기슭의 기복 있는 지세를 그대로 살려 건물을 배치하고 후원에 이르는 길을 곡선으로 풀어낸 것은 대목장들의 감각이었다. 조선 전기 궁궐 공사에는 선공감에 속한 장인들이 총출동했는데 발굴 기록에는 김조와 같은 이름난 목수들이 참여한 흔적이 남아 있다. 이들은 도편수로서 전체 공정을 이끌었고 수십 명의 목수를 지휘하며 창덕궁을 완성해냈다.

창경궁은 성종 때 지어진 궁궐이다. 성종은 왕실 여성들의 거처를 마련하기 위해 창경궁을 건립했는데 이 과정에서도 대목장들의 솜씨가 크게 발휘되었다. 화려함보다 생활 공간의 실용성이

▶ **경복궁 근정전.** 대목장 건축 기술의 정수이자 왕실의 위엄을 상징하는 법전이다. 못 하나 없이 맞물린 정교한 구조 속에 이름 없는 목수들의 숭고한 노동이 깃들어 있다.　　　출처: 국가유산청

강조된 이 궁궐은 조선 건축의 절제미를 잘 보여준다. 기록에 따르면 당시 도편수는 신분상 중인이었으나 궁궐 공사에서는 정승과도 같은 대우를 받았다. 그만큼 궁궐 건축은 장인들의 기술 없이는 불가능한 일이었다.

　임진왜란 이후 폐허가 된 경복궁 대신 재건된 궁궐이 경희궁과 덕수궁이었다. 인조가 즉위한 뒤 세운 경희궁은 당시의 대목장 정인호가 중심이 되어 건축을 이끌었다. 정인호는 목수 집안 출신으로 알려졌는데 그는 왕이 머무는 전각을 지으면서도 후원과 누각의 조화를 놓치지 않았다. 덕수궁은 선조가 임진왜란 때 임시 거처로 사용하면서 시작되었고 이후 광해군 때 본격적인 궁궐로 정비되었다. 이 과정에서 활동한 대목장들 가운데 일부 이름은 발원문과 선공감의 기록에 남아 전한다.

궁궐만큼이나 중요한 공간은 종묘였다. 종묘는 조선 왕들의 신주를 모시는 신성한 장소로 경복궁과 함께 조선 왕조의 정신적 기둥이었다. 종묘의 정전과 영녕전은 화려한 장식 없이 길게 뻗은 지붕선과 단정한 기둥의 배열로 장엄함을 드러냈다. 이곳을 완성한 장인들의 이름은 거의 알려지지 않았지만 도편수로 활동한 이들이 유교적 의례 공간에 맞는 절제와 단아함을 구현했다는 사실은 분명하다. 종묘 건축의 미학은 오히려 장식의 절제를 통해 권위를 드러내는 독특한 성격을 지녔다.

조선의 궁궐 다섯 채와 종묘는 왕권과 국가의 위상을 상징하는 최고의 건축물이었다. 그러나 그 화려한 궁궐 뒤편에는 늘 땀 흘린 대목장과 목수들의 노고가 있었다. 기록에 남은 이름은 적지만 한상준, 박자청, 정인호 같은 인물들이 조선 궁궐 건축사의 굵직한 발자취를 남겼다. 더 많은 이름 없는 장인들은 발원문 끝자락이나 관청의 호적에 겨우 흔적만을 남겼을 뿐이다.

오늘날 우리는 경복궁의 웅장함과 창덕궁의 아름다움을 이야기할 때 왕과 신하의 이름은 쉽게 떠올리지만, 정작 그것을 실제로 지은 장인들의 이름은 잘 알지 못한다. 그러나 궁궐이라는 건축 작품의 진정한 주인은 바로 그들의 손끝이었다. 나무를 고르고 기둥을 세우고 보를 얹으며 전체 건축의 비례와 질서를 만들어낸 이들이야말로 조선 건축의 실질적인 창조자였다.

조선 궁궐은 유교적 정치 이념을 구현한 공간이자 대목장과 목공 장인들의 기술과 미학이 집약된 걸작이었다. 왕권의 상징이자 백성들의 자랑이었던 그 건축물은 오늘날에도 여전히 우리에게 조선 장인들의 솜씨와 정신을 증언해주고 있다.

사찰 건축의 장엄미를 완성하다

조선의 사찰 건축은 단순한 종교 공간이 아니라 장인들의 기술과 미학이 집약된 예술의 결정체였다. 불교가 국가적 종교의 위상을 잃고 유교의 그늘에 가려 있었음에도 전국의 산사들은 여전히 불자들의 신앙을 담는 그릇이 되었고 그 속에서 목수들의 솜씨는 한껏 발휘되었다. 금당과 탑, 누각으로 이어지는 사찰 건축은 단순한 건물이 아니라 불법佛法의 상징이었고 동시에 자연 속에 조화를 이루는 예술 작품이었다.

사찰의 중심은 대웅전이었다. 대웅전은 석가모니불을 모신 공간으로 사찰의 심장에 해당했다. 장인들은 이곳에 가장 큰 정성을 기울였다. 웅장한 맞배지붕 아래 기둥과 보가 짜임새 있게 엮였고 공포는 연꽃과 구름을 형상화하며 치밀하게 짜 올려졌다. 그러나 그 장식은 화려함보다는 장엄함을 드러내는 방향으로 나아갔다. 나무의 결을 살리고 단청의 색을 절제하여 불법의 엄숙함과 수행의 경건함을 건물 속에 담았다.

극락전은 아미타불을 모신 공간으로 대웅전과 더불어 사찰의 핵심 건축이었다. 극락전 건축은 대웅전에 비해 상대적으로 아담했지만 그 안에 깃든 의미는 결코 작지 않았다. 서방 극락세계를 상징하는 이 전각은 화려한 불화와 불단 장식으로 채워졌고 목수들은 작은 나무 부재에도 정교한 조각과 짜임을 불어넣었다. 극락전의 지붕선은 유려하면서도 단정하여 보는 이로 하여금 마음을 가라앉히고 평안에 젖게 했다.

범종루는 사찰의 울림을 온 산중에 퍼뜨리는 공간이었다. 거대한 범종을 매단 누각은 단순히 무게를 지탱하는 건축이 아니었다. 수천 근에 달하는 청동 범종을 매달기 위해 목수들은 정교한 구조 계산을 했고 기둥과 보, 서까래의 하중 분산을 치밀하게 설계했다. 범종루의 기둥은 대개 굵고 단단한 소나무를 썼고 층층이 얹은 보와 공포가 종의 무게를 분산시켰다. 그 위에 매달린 종이 울릴 때 건물 전체가 진동을 흡수하며 울림을 더욱 멀리 퍼뜨리도록 계산된 구조였다. 이는 목수들의 뛰어난 기술과 감각이 없었다면 불가능한 일이었다.

사찰 건축의 또 다른 특징은 자연과의 조화였다. 산사들은 대부분 산자락이나 계곡에 자리했기에 건물의 배치는 지세에 따라 유연하게 이루어졌다. 평지에 반듯하게 지은 궁궐과 달리 사찰 건축은 비탈진 땅과 굽이치는 물길에 맞추어 계단식으로 배치되었다. 이 과정에서 대목장은 자연의 흐름을 거스르지 않고 오히려 건축이 풍경의 일부가 되도록 설계했다. 그래서 산사에 들어서면 건물은 자연 속에 묻혀 있고 건물과 나무, 바위와 하늘이 함께 하나의 장면을 이룬다.

또한 사찰 건축은 단청의 예술로 완성되었다. 목재 위에 입혀진 붉은색과 푸른색, 연꽃과 봉황, 구름과 파도 무늬는 불교의 상징을 담는 동시에 건물을 보호하는 기능을 했다. 목수들이 구조를 완성하면 화공들이 단청으로 색과 무늬를 입혔는데 이 과정 또한 협업의 결과였다. 그러나 단청의 화려함조차 지나치지 않고 사찰의 경건함과 장엄함을 해치지 않는 선에서 조화롭게 배치되었다.

조선 사찰 건축은 유교적 억불 정책 속에서도 그 명맥을 이어갔다. 오히려 그 억제 속에서 더욱 절제된 미학을 발전시켰다. 불상과 불화를 모시는 공간으로서 대웅전과 극락전은 겸허하면서도 장중했고 범종루와 누각은 웅장하면서도 자연과 어울렸다. 그 속에서 목공 기술은 정점에 이르렀고 장인들의 솜씨는 세대를 이어 전승되었다.

결국 조선의 사찰 건축은 단순한 종교 공간을 넘어 자연과 인간, 신앙과 예술이 어우러진 장엄한 예술 작품이었다. 대웅전의 기둥과 지붕선, 극락전의 단정한 미학, 범종루의 구조적 계산 속에는 조선 장인들의 지혜와 신앙심이 깃들어 있었다. 그 장엄함은 지금까지도 산사의 풍경 속에 살아 있으며 우리에게 목수들의 손끝이 빚어낸 숭고한 세계를 보여주고 있다.

유교 건축의 정수, 서원과 향교의 절제미

조선의 건축 가운데 사찰이 장엄한 종교적 미학을 담았다면 서원과 향교는 유교적 학문과 질서를 건축으로 구현한 공간이었다. 불교 건축이 화려한 단청과 웅대한 지붕선으로 장중함을 드러냈다면 서원과 향교는 절제와 단아함을 통해 유교적 덕목을 표현했다. 두 공간 모두 학문을 닦고 예를 실천하는 장소였으며 그 구조와 배치는 유교의 교리와 긴밀히 연결되어 있었다.

향교는 고려 말부터 존재했으나 조선이 건국되면서 본격적으로 정비되었다. 중앙에는 성균관이 있었고 지방마다 설치된 향교는 지방 관학의 중심지로 기능했다. 향교 건축의 특징은 대칭과 질서였다. 대성전에는 공자를 비롯한 성현의 위패를 봉안하고 명륜당은 학생들이 모여 강학하던 공간이었다. 대성전이 제사의 공간이라면 명륜당은 학문의 공간이었다. 두 건물은 반드시 마주 보도록 배치되었는데 이는 제사와 학문이 유교 사회에서 분리될 수 없는 쌍둥이 가치임을 상징했다. 목수들은 이러한 배치를 충실히 반영해 단정하고 규칙적인 공간을 지었다.

서원은 향교와 달리 사립 교육 기관으로 사림이 중심이 되어 세웠다. 서원의 건축은 향교보다 더 소박했지만 그 속에 깃든 의미는 깊었다. 서원의 중심 역시 제향 공간과 강학 공간이었다. 제향 공간에서는 유학자의 위패를 모시고 제사를 올렸으며 강학 공간에서는 유생들이 글을 읽고 토론을 벌였다. 서원 건축은 대개 산자락이나 물가에 자리했는데 이는 단순히 풍광을 즐기기 위함이 아니라 자연과 더불어 도를 닦는 유교적 수양의 정신을 담기 위함이었다.

서원의 배치는 엄격한 위계 질서를 드러냈다. 정문을 들어서면 강학 공간이 먼저 나오고 그 뒤편 높은 곳에 제향 공간이 자리했다. 이는 학문과 예가 구분되되 제향이 더 존귀한 위치에 있음을 상징했다. 유생들은 마루에서 글을 읽고 토론하며 성현의 가르침을 따랐고 때가 되면 제향 공간으로 올라가 예를 올렸다. 목수들은 건물을 크게 짓지 않았고 장식도 절제했다. 굳이 화려하게 꾸미지 않아도 기둥과 지붕선의 단아한 균형만으로 고결한 분위기를 자아낼 수 있었기 때문이다.

서원과 향교 건축은 목수들에게도 독특한 경험이었다. 사찰이나 궁궐처럼 화려함을 발휘할 수 있는 공간이 아니었기에 오히려 절제와 균형을 지켜야 했다. 기둥은 굵지 않고 아담하게 세워졌고 공포는 최소한으로 단순하게 짜였다. 단청도 화려한 오방색 대신 먹색과 적색 위주의 절제된 색감을 사용했다. 건물의 지붕선은 높지 않고 낮게 눌러 앉은 듯하여 보는 이로 하여금 자연스럽게 몸과 마음을 낮추게 했다. 이는 곧 유교가 강조한 겸양과 절제의 미덕을 건축으로 형상화한 것이었다.

대표적인 사례로는 퇴계 이황을 기리기 위해 세운 도산서원, 율곡 이이를 제향한 자운서원, 그리고 공자를 모신 공주 향교와 전주 향교 등이 있다. 도산서원은 낙동강 지류의 맑은 물가에 자리 잡아 자연과 어우러진 학문의 공간으로 유명하다. 단출한 건물들이지만 강당과 사당의 위계가 분명하고 건물 간의 거리와 높낮이가 질서 있게 배치되어 있다. 이는 곧 성리학적 질서를 그대로 옮겨놓은 것이었다.

이처럼 서원과 향교는 화려함을 배제한 단아한 구조를 통해 학문과 예를 숭상하는 조선의 정신세계를 담아냈다. 목수들은 궁궐을 지을 때처럼 위엄을 사찰을 지을 때처럼 장엄함을 표현하지 않았다. 대신 군더더기를 덜어내고 단순한 선과 공간 배치로 유교적 세계관을 드러냈다. 건물은 크지 않았으나 그 안에서 행해진 강학과 제향은 조선 사회의 정신적 기둥을 세웠다.

결국 서원과 향교의 건축은 단아한 구조 속에 유교적 질서를 담아낸 예술이었다. 강학 공간의 마루와 제향 공간의 전각은 학문과 예가 하나임을 보여주었고 건물의 절제된 선과 색은 유교의 미덕을 시각적으로 구현했다. 그 속에서 유생들은 학문을 닦고 몸가짐을 바로 하며 조선의 유교적 사회 질서를 재생산했다. 건축은 곧 교화의 도구였고 장인들의 절제된 솜씨는 그 도구를 더욱 단단히 빚어냈다.

서원 건축의 백미, 병산서원 만대루

서원 건축은 일정한 틀을 갖추고 있었다. 강학 공간과 제향 공간이 분리되되 위계 질서를 엄격히 지키고 건물 배치는 소박하면서도 단정했다. 그러나 그 안에서도 각 서원은 나름의 독창성을 발휘했다. 같은 서원이라 해도 입지와 배치, 전각의 형태는 주변 자연환경과 건립 의도에 따라 다른 개성을 지녔다. 그 가운데 가장 빼어난 사례로 꼽히는 것이 바로 안동의 병산서원이다. 병산서원은 서애 유성룡의 학문과 덕행을 기리기 위해 건립된 서원으로 낙동강과 병산의 수려한 자연을 품으며 학문과 수양의 장으로 자리 잡았다. 특히 서원 앞에 자리한 누각 만대루는 서원 건축의 백미라 불릴 만큼 그 아름다움과 예술적 가치를 인정받는다.

병산서원은 낙동강변에 자리 잡아 앞에는 강물이 흐르고 뒤에는 병산이 우뚝 솟아 있다. 서원의 건물들은 자연 지세를 따라 아늑하게 배치되었는데 이는 단순한 기능적 배치가 아니라 학문과 자연의 조화를 상징하는 의도였다. 병산서원을 찾는 이들은 마치 자연 속에 그대로 녹아든 학문의 정원을 만나는 듯한 인상을 받는다. 이러한 자연미는 서원 건축의 본령이기도 했지만 병산서원은 그 가운데서도 유난히 빼어나 자연과 건축이 하나로 어우러져 있다.

만대루는 병산서원의 얼굴이라 할 만하다. 정면 다섯 칸, 측면 두 칸의 규모로 지어진 이 누각은 낙동강을 내려다보는 언덕 위에 당당하게 서 있다. 기둥과 보, 서까래가 짜임새 있게 맞물리며 이루어진 구조는 단순하면서도 웅장하고 열린 마루는 사방으로 시야를 트여준다. 만대루에 오르면 강물과 산, 들판이 한눈에 들어오고 푸른 하늘과 흰 구름이 건물과 하나가 된다. 이곳에서 유생들은 학문을 논하고 시를 읊었으며 때로는 풍류를 즐겼다. 건물은 단순히 기능을 위한 공간이 아니라 자연을 온몸으로 체험하는 무대였다.

만대루의 아름다움은 구조의 완벽함에서 비롯되었다. 높이 솟은 기둥들이 강하게 집을 떠받치되 그 위의 지붕은 가볍게 하늘로 날아오르는 듯하다. 이는 곧 장인들의 뛰어난 비례 감각 덕분이었다. 대목장은 기둥의 굵기와 지붕의 곡선을 조화시켜 보는 이로 하여금 안정감과 동시에 비상을 느끼게 했다. 또한 만대루의 마루는 사방이 열려 있어 벽이 없다. 이 개방성은 자연을 가두지 않고 그대로 받아들이려는 의도를 담았다. 건축물이 자연을 소유하려는 것이 아니라 자연과 더불어 호흡하려는 태도를 드러낸 것이다.

병산서원과 만대루는 건축사적 의미에서도 크다. 서원이 대체로 내향적이고 학문과 제향의 공간을 닫힌 형태로 구성한 것과 달리 만대루는 과감히 자연을 향해 열려 있다. 이는 서애 학파가 추구한 학문적 태도와도 맞닿아 있다. 자연 속에서 도를 깨닫고 자연의 이치를 학문에 녹여내려는 성리학적 사유가 건축에 반영된 것이다. 학문과 예술, 자연과 인간이 하나로 어우러지는 공간으로서 만대루는 단순한 누각을 넘어 조선 건축 정신의 정수를 보여준다.

오늘날 병산서원은 세계문화유산으로 지정되어 그 건축적

가치를 세계적으로 인정받고 있다. 그러나 그 진정한 가치는 화려한 장식이나 웅장한 규모가 아니라 절제와 개방, 그리고 자연과의 조화 속에 있다. 만대루에 앉아 강물을 바라보면 조선의 유생들이 느꼈을 감흥이 오늘날에도 고스란히 전해진다. 그것은 곧 조선 건축의 본질이자 장인들이 목재와 자연을 다루며 구현해낸 숭고한 예술이었다.

결국 병산서원의 만대루는 서원 건축의 백미로 불릴 만하다. 규범적 틀을 지키면서도 자연에 열려 있는 독창성, 단순한 목재 구조 속에 담긴 깊은 미학, 학문과 풍류를 동시에 품은 공간성은 조선 건축의 또 다른 정점을 보여준다. 이는 단순히 서애 학파의 정신을 기리는 기념물이 아니라 나무와 강물, 산과 하늘을 모두 끌어안아 인간과 자연이 하나 되는 조선 건축의 이상을 구현한 걸작이었다.

양반가와 서민가옥의 건축

조선 사회의 건축은 궁궐과 사찰 같은 장엄한 건축물만이 아니었다. 백성들이 살던 집, 곧 한옥 또한 조선 건축의 중요한 축을 이뤘다. 특히 양반가와 서민가옥은 같은 시대를 살면서도 구조와 격식에서 큰 차이를 보였고 그 속에는 신분 질서와 생활 방식이 고스란히 반영되어 있었다. 사랑채와 안채의 구분 그리고 초가와 기와집의 대비는 조선의 사회 구조를 보여주는 가장 생생한 건축의 언어였다.

양반가의 집은 기본적으로 사랑채와 안채로 나뉘었다. 사랑채는 남성들의 공간이었다. 손님을 맞이하고 글을 읽고 벗들과 시문을 나누는 장소로 양반의 교양과 품격을 드러내는 공간이었다. 사랑채에는 사랑방이 있어 집안의 가장이나 아들이 거처하기도 했다. 사랑채는 대개 대문 가까이에 배치되어 외부와 연결되는 성격을 띠었고 손님이나 외부인이 드나드는 공간으로 기능했다.

반면 안채는 여성들의 공간이자 집안의 중심이었다. 안방은 어머니와 아내의 거처였고 그 옆에는 부엌과 광 그리고 아이들이 자라는 일상의 공간이 있었다. 안채는 대문과 멀리 떨어진 안쪽에 배치되어 외부의 시선을 차단했다. 이처럼 사랑채와 안채의 구분은 단순한 건축적 구분이 아니라 조선 사회의 성별 분리와 유교적 가부장 질서가 공간으로 형상화된 결과였다.

양반가의 집은 크고 웅장했다. 넓은 마당을 두고 좌우에 건물이 배치되었으며 곳곳에 행랑채·별당채·사당채가 따로 있어 기능이 세분화되었다. 특히 사당은 조상 제사를 지내는 공간으로 집의 가장 존귀한 자리에 배치되었다. 목수들은 집안의 위계를 고려해 건물을 세웠고 사랑채의 마루나 안채의 대청마루는 여름철 더위를 식히는 동시에 집의 중심적 공간으로 사용되었다. 지붕은 기와로 덮여 위엄을 드러냈고 기둥과 보의 비례 또한 단정하여 양반가의 품격을 표현했다.

반면 서민의 집은 초가였다. 볏짚으로 엮은 지붕은 비와 바람을 막는 데는 충분했지만 내구성이 약해 해마다 손질이 필요했다. 초가집은 구조가 단출했다. 대개 방 두 칸과 부엌, 작은 마루 정도가 전부였고 공간 구분도 단순했다. 사랑채와 안채가 따로 있지 않고 가족이 한데 어우러져 살았다. 이는 곧 생활의 소박함을 반영하는 동시에 공간의 분리가 신분 질서와 깊이 연결되어 있음을 보여주는 대조였다.

초가집은 작지만 나름의 지혜가 담겨 있었다. 낮은 지붕은 겨울철 보온에 유리했고 두꺼운 흙벽은 여름철 더위를 막아주었다. 마당은 작지만 아이들이 뛰놀고 가축을 기르는 공간이었으며 부엌 아궁이는 방과 연결되어 온돌을 덥혔다. 비록 격식은 없었으나 초가집은 자연과 생활에 적응한 실용적 건축이었다.

양반가옥과 초가는 외형뿐 아니라 상징성에서도 달랐다. 기와집은 권위와 신분을 드러내는 표식이었다. 조선 사회에서 함부로 기와를 얹을 수는 없었으며 기와집은 곧 양반가의 상징이었다. 반면 초가는 서민의 삶과 신분을 가시적으로 보여주는 건물이었다. 같은 한옥이지만 지붕의 재료와 공간의 구성이 신분 질서를 가시적으로 드러냈던 것이다.

그러나 양반가와 초가 모두 공통적으로 자연과의 조화를 중시했다. 집은 남향으로 지어 햇볕을 받고 바람길을 고려해 배치되었다. 마당과 대청마루는 자연의 일부였고 사계절의 변화가 집 안으로 스며들었다. 목수들은 크고 작은 집을 지을 때 언제나 자연의 흐름을 존중했고 이는 한옥 전체의 미학으로 이어졌다.

결국 조선의 한옥은 신분과 생활을 반영한 건축이었다. 양반 가옥은 사랑채와 안채의 구분을 통해 유교적 질서를 공간에 새겨 넣었고, 초가집은 단출하지만 생활에 꼭 맞는 실용성을 지녔다. 화려하든 소박하든 모든 한옥은 나무와 흙, 볏짚과 기와를 재료로 삼아 사람과 자연을 이어주는 공간이었다. 조선의 건축은 이렇게 신분과 생활을 달리하면서도 자연과 함께 살아가는 공통된 철학을 품고 있었다.

조선 양반 가옥을 대표하는 종택들

조선의 양반가옥 가운데서 가장 위계가 뚜렷하고 격식과 미학이 완성된 공간은 종택이었다. 종택은 단순히 한 집안의 거처가 아니라 대대로 가문의 뿌리를 이어가는 상징적 공간이었다. 사대부 집안의 정신과 권위가 응축된 건축물이자 선조의 위패를 모시고 제사를 올리며 후손들이 모여드는 중심이었다. 따라서 종택은 건축적으로도 양반가의 이상을 집약해 보여주는 공간이 되었고 오늘날까지 그 아름다움과 가치가 전해진다.

대표적인 종택으로 가장 널리 알려진 것은 안동 하회마을의 풍산 류씨 종택(충효당)이다. 충효당은 조선 전기 류성룡의 형 류운용이 지은 집으로 하회마을 전체의 구심점 역할을 했다. 기와지붕 아래 펼쳐진 사랑채와 안채 그리고 종손이 거처하는 공간은 엄격한 위계 질서를 반영한다. 충효당은 단순히 거주 공간을 넘어서 종가의 권위를 드러내는 상징으로 자리 잡았다. 기둥과 보의 짜임새는 단단하면서도 유려하며 마루와 대청은 시원하게 열려 있어 하회마을의 풍광과 어울린다. 오늘날 충효당은 보물로 지정되어 종택 건축의 백미로 평가된다.

또 하나 주목할 곳은 경북 봉화의 충재 박동량 종택(충재고택)이다. 이곳은 조선 중기의 대표적 학자 박동량이 거주한 집으로 학문과 생활이 함께 녹아든 공간이다. 사랑채는 손님을 맞이하는 기능뿐 아니라 학문을 토론하는 장으로 쓰였고 안채는 집안의 생활을 책임졌다. 충재고택의 특징은 목재 구조의 정교함에 있다. 기둥과 보, 공포가 정밀하게 짜여 있어 건물 전체가 안정감을 주며 특히 서까래의 곡선과 지붕선의 완만한 흐름은 한국 건축의 선적線的 미학을 잘 보여준다. 충재고택 역시 보물로 지정되어 그 가치를 인정받고 있다.

종택 가운데 특히 뛰어난 예술미를 보이는 곳은 경남 함양의 남계서원과 인접한 종택들이다. 남계서원은 우리나라 최초의 서원으로 서원 건물뿐 아니라 종택과의 조화가 탁월하다. 종택의 대청에서 바라보는 서원의 풍경은 학문과 생활, 제향과 일상이 어우러진 독특한 미학을 드러낸다. 이곳 종택들은 기단 위에 기둥을 세우고 지붕선을 부드럽게 처리하여 자연과 어울리게 하였다. 종가를 중심으로 배치된 건물들은 각각의 기능을 하면서도 전체적으로 단정한 균형을 이루었다.

또한 경북 예천의 초간정草澗亭은 종택과 별당 건축의 아름다움을 함께 보여준다. 학자 이서가 지은 이 집은 자연과 건축이 교감하는 방식의 극치를 보여주며 조선 양반가 건축의 이상적 형태로 꼽힌다. 종택은 단아하면서도 품격이 있고 기둥과 보의 짜임은 치밀하며 마루와 대청은 주변 자연을 끌어안는다. 초간정은 문화재로 지정되어 지금도 많은 이들이 찾는 명승지다.

종택 건축에서 특히 주목할 점은 곡선과 직선의 미학이다. 기둥과 보, 공포는 직선으로 짜임새 있게 맞물려 견고함을 이루지만 지붕선과 처마는 곡선으로 처리되어 부드럽고 유려한 인상을 준다. 이 직선과 곡선의 대비가 어우러져 종택은 단단하면서도 고요하고 엄격하면서도 따스한 분위기를 낸다. 목수들은 단순히 구조를 맞추는 데서 그치지 않고 집 전체의 균형과 미감을 고려했다. 그래서 종택의 지붕선을 따라 흐르는 곡선은 보는 이의 마음을 편안하게 하고 기둥의 단정한 직선은 집안의 위계를 상징했다.

흥미로운 점은 종택의 건축가 곧 대목장의 이름이 기록으로 전해지는 경우가 드물다는 것이다. 이는 종택이 사가에서 지은 집이기에 관청 기록에 남지 않은 까닭이 크다. 그러나 몇몇 경우에는 발원문이나 후손들의 기록에 도편수의 이름이 전해진다. 예컨대 충재고택의 경우 당대 봉화 지역에서 활동한 유명한 목수 집안이 참여했음이 알려져 있다. 이름이 직접 남지는 않았지만 구조와 양식으로 보아 뛰어난 대목장의 솜씨가 분명하다.

▶ **경주 최씨 고택.** 조선시대 양반가의 전형적인 공간 배치와 건축 양식이 잘 보존된 대표적 가옥
이다.

출처: 국가유산청

　　오늘날 종택들은 문화재로 지정되어 보호받고 있다. 하회마을의 충효당, 봉화의 충재고택, 안동의 임청각, 경주의 최씨 고택 등이 그 대표적 사례다. 이들 종택은 단순히 가문의 상징이 아니라 한국 건축사에서 사대부 주거의 정수를 보여주는 유산으로 평가된다.

　　결국 종택은 조선 양반가 건축의 완성형이라 할 수 있다. 사랑채와 안채의 구분, 사당과 별당의 배치, 기둥과 보, 공포의 치밀한 짜임새, 지붕선의 곡선과 벽체의 직선이 어우러진 미학은 단순한 주거를 넘어 예술적 경지에 이르렀다. 종택은 곧 가문의 권위이자 예술의 집합체였고 장인들의 솜씨와 양반가의 이상이 만난 공간이었다. 오늘날 문화재로 전해지는 종택들은 조선 건축의 품격과 미학이 일상 속에서 어떻게 구현되었는지를 보여주는 소중한 증거로 남아 있다.

이름 없는 거인들, 건축 장인들의 뜨거운 삶

조선의 건축은 궁궐과 사찰, 서원과 향교, 양반가와 종택에 이르기까지 다양한 형태로 꽃피었지만 그 뒤에는 언제나 이름 없는 장인들의 손길이 있었다. 대목장이라는 칭호를 얻은 일부를 제외하면 수많은 목수와 장인들은 기록조차 남기지 못한 채 역사의 뒤안길로 사라졌다. 화려한 단청과 장엄한 지붕선, 견고한 기둥과 정교한 공포를 만들어낸 이들의 삶은 찬란한 건축물과는 달리 고단하고 초라했다.

장인들의 하루는 새벽부터 시작되었다. 거대한 목재를 베어내고 다듬어 옮기는 일은 대부분 육력에 가까운 노동이었다. 궁궐이나 사찰의 대규모 공사에서는 수십 명의 장인들이 짝을 지어 나무를 옮기고 손으로 톱질을 하며 정과 끌로 세밀하게 다듬었다. 겨울에는 손끝이 얼어붙고 여름에는 땀으로 옷이 젖었지만 공정은 멈추지 않았다. 공사가 멈춘다는 것은 왕이나 관청의 노여움을 산다는 뜻이었기 때문이다.

대목장은 이들의 작업을 총괄하는 지도자였다. 도편수라고도 불린 대목장은 건물의 설계와 구조를 책임지고 수십 명의 목수를 지휘했다. 대목장은 관청에 소속되거나 사가에서 고용되었고 실력 있는 대목장은 정승 못지않은 존중을 받기도 했다. 그러나 그 아래 목수들의 현실은 달랐다. 대부분 중인이나 천인에 가까운 신분이었고 일당을 받는 날품팔이에 불과했다. 궁궐을 지어도 사찰을 완성해도 그들의 이름은 건물에 새겨지지 않았다. 다만 발원문 끝자락이나 간혹 목재 안쪽에 남겨진 먹글씨에서만 흔적을 찾을 수 있을 뿐이었다.

이름 없는 장인들의 애환은 사회적 위상에서도 드러난다. 양반과 사대부는 건축을 즐기고 건물을 통해 권위를 과시했지만, 정작 그것을 만들어낸 장인들은 존중받지 못했다. 건축은 천한 노동으로 여겨졌고 목수는 글을 모르는 장인으로 치부되었다. 그러나 역설적으로 양반의 권위와 유교적 질서를 가장 눈에 띄게 드러낸 것도 바로 이들의 손이었다. 사랑채와 안채를 나누고 제향 공간을 마련하며 대청마루와 사당을 지은 장인들이 있었기에 조선 사회의 질서가 눈에 보이는 형태로 구현될 수 있었다.

그럼에도 불구하고 장인들은 자신들의 솜씨에 자부심을 가졌다. 단순한 노동자가 아니라 목재와 건축의 이치를 꿰뚫는 장인이었다. 기둥과 보를 맞추며 집 전체의 하중을 계산하고 지붕의 곡선을 다듬으며 미학을 구현했다. 자연과 조화를 이루는 건축은 장인들의 감각이 없었다면 불가능했다. 비록 이름은 남지 않았지만 그들의 기술은 건물 자체에 살아남아 오늘날까지 전해진다.

조선의 건축 장인들은 또한 지역마다 독자적 전통을 이어갔다. 안동의 종택을 지은 목수들, 경주의 사찰을 복원한 장인들, 한양의 궁궐 공사에 참여한 도편수와 목수들 모두 각자의 솜씨와 전통을 갖고 있었다. 이들이 쌓아 올린 경험과 기술은 제자들에게 전해졌고 세대를 거듭하며 이어졌다. 목수들의 손끝에서 나온 건축물은 단순한 거처가 아니라 한국 건축의 정체성을 만든 토대였다.

그러나 그들의 삶은 언제나 고단했다. 임진왜란과 병자호란 같은 전란이 일어나면 궁궐과 사찰은 불타 사라졌고 장인들은 재건을 위해 동원되었다. 폐허 위에 다시 기둥을 세우고 보를 얹으며 불타버린 건물을 다시 일으켜야 했다. 그 과정에서 수많은 장인들이 목숨을 잃거나 혹은 이름 없이 사라졌다. 하지만 이들의 노고 덕분에 조선은 무너진 뒤에도 다시 일어설 수 있었다.

오늘날 우리는 경복궁의 근정전, 창덕궁의 인정전, 병산서원의 만대루, 하회마을의 종택을 보며 감탄한다. 그러나 그 건물들을 실제로 지은 장인의 얼굴과 이름은 알지 못한다. 대목장의 이름 몇몇만이 기록에 남았을 뿐 대부분은 '이름 없는 장인들'로 묻혀 있다. 이 모순은 곧 조선 사회의 위계와 차별을 보여준다. 권위와 권력은 화려한 건축물로 과시되었으나, 그것을 가능케 한 장인들은 사회적으로 존중받지 못했다.

그럼에도 건축 장인들의 손끝은 예술이었다. 기둥의 곧은 선,

지붕의 유려한 곡선, 공포의 치밀한 짜임은 지금도 한국 건축의 백미로 꼽힌다. 이름이 사라졌어도 그들이 남긴 건축은 오늘날 세계문화유산으로 빛나고 있다. 이는 곧 장인의 삶이 고단했을지라도 그들의 솜씨와 정신은 사라지지 않았음을 증명한다.

결국 조선의 건축 장인들은 이름 없는 거인들이었다. 대목장은 권위를 누렸으나, 그 아래 목수들은 사회적 천대 속에서 땀과 노동으로 건축을 일궈냈다. 그들의 애환은 역사의 기록에서 지워졌지만 그들이 세운 집과 사찰, 궁궐과 종택은 여전히 당당히 서서 그들의 존재를 증언한다. 건축물은 무너져도 다시 세워지고 장인은 사라져도 기술과 정신은 이어졌다. 이것이 바로 조선 건축 장인들의 삶과 예술이 남긴 진정한 유산이었다.

대목장 제도와 전통 목공 기술의 현대적 의미

오늘날 우리는 궁궐과 사찰, 서원과 종택을 통해 조선의 건축 미학을 감상할 수 있다. 그러나 그 건물들이 수백 년 세월을 견디며 오늘날까지 남아 있을 수 있었던 이유는 단순히 운이 좋아서가 아니었다. 그 이면에는 건축을 지탱하는 기술의 힘과 그 기술을 이어온 장인들의 노력이 있었다. 조선의 대목장 제도와 전통 목공 기술은 시대가 달라져도 여전히 살아 있는 유산이다. 이는 오늘날 국가가 제도적으로 보존하고 재평가하는 중요한 문화적 자산이 되었다.

대목장은 전통 건축에서 도편수라 불리던 인물의 현대적 계승이라 할 수 있다. 그는 단순한 목수가 아니라 건축의 설계자이자 총책임자였다. 건축 자재의 선정에서부터 구조 계산, 공정 관리, 세부 짜임새까지 모든 것을 통괄하였다. 이러한 대목장의 전통은 오늘날 국가무형문화재 제74호 '대목장'으로 지정되어 제도적으로 계승되고 있다. 무형문화재 제도는 일제강점기와 전쟁으로 거의 끊길 뻔한 전통 기술을 보존하기 위해 1960년대부터 시작된 것이었고 대목장은 그 가운데서도 가장 대표적인 기술 분야로 꼽힌다.

현대의 대목장들은 궁궐 복원과 전통 한옥 보존 사업에서 핵심적인 역할을 한다. 경복궁, 창덕궁, 창경궁, 덕수궁 등 조선의 오대 궁궐은 일제강점기와 한국전쟁을 거치면서 심각한 훼손을 입었다. 많은 전각이 불타거나 헐려 나갔고 그 자리에 서양식 건물이나 근대식 시설이 들어섰다. 그러나 1990년대 이후 본격화된 궁궐 복원 사업은 전통 대목장의 기술을 통해 가능했다. 대목장들은 옛 문헌과 고건축의 흔적을 참고해 목재를 가공하고 공포를 짜 맞추며 단청을 입히는 방식까지 원형에 가깝게 복원하였다. 오늘날 우리가 경복궁 근정전이나 창덕궁 인정전을 온전한 모습으로 만날 수 있는 것은 바로 이들의 전통 기술 덕분이다.

대목장의 기술은 단순히 과거의 흔적을 되살리는 데 그치지 않는다. 현대 건축 속에서도 그 가치가 재평가되고 있다. 최근에는 한옥의 미학과 친환경적 특성이 주목받으며 도시 주거 공간이나 공공 건축에 한옥의 기법이 응용되고 있다. 전통 한옥의 온돌, 대청마루, 자연 환기 방식은 에너지 절약과 건강한 주거 환경이라는 측면에서 다시금 가치를 인정받는다. 또한 곡선과 직선의 절묘한 조화, 목재의 따스함과 자연 친화적 미학은 현대 건축가들에게 새로운 영감을 주고 있다.

대목장의 기술은 '짜 맞춤'이라는 독특한 전통을 계승한다. 못이나 금속을 거의 사용하지 않고 나무와 나무를 맞물려 구조를 완성하는 방식은 전통 목공의 백미다. 이러한 방식은 시간이 흘러도 구조가 유연하게 움직이며 건물이 무너지지 않게 하는 장점이 있다. 현대 건축에서도 이러한 친환경적이고 지속 가능한 기술이 다시금 주목받고 있다.

무형문화재 대목장은 단순히 개인의 기능을 보존하는 것이 아니라 제자 양성을 통해 기술을 전승하는 역할도 한다. 도제식 교육은 여전히 이어지고 있으며 장인과 제자가 함께 현장에서 나무를 다루며 기술과 감각을 전한다. 이 과정을 통해 대목장의 기술은 단절되지 않고 세대를 넘어 이어지고 있다.

오늘날 대목장은 단순히 과거의 기술자가 아니라 한국 건축 정체성을 지키는 문화적 상징이 되었다. 그들의 손끝에서 지어진 건축물은 단순한 집이나 사찰이 아니라 한국인의 정신과 생활양식을 담아낸 역사적 유산이다. 전통 목공 기술은 이제 더 이상 낡은 기술이 아니라 지속 가능한 미래 건축의 대안으로 평가받는다.

결국 대목장 제도와 전통 목공 기술은 과거와 현재, 미래를 잇는 가교라 할 수 있다. 고단한 현실 속에서도 묵묵히 솜씨를 이어온 장인들의 정신이 제도적으로 보호되고 현대 건축 속에서 새로운 가치를 찾으며 살아나는 것이다. 한국 건축이 세계적으로 주목받는 오늘 대목장의 기술은 단순한 복원이 아니라 새로운 창조로 이어지고 있다. 이는 곧 우리 전통 건축의 힘이자 여전히 살아 숨 쉬는 문화적 유산의 증거라 할 수 있다. ■

그들의 땀방울이 K-컬처의 뿌리가 되다

조선의 예술은 오랜 세월 동안 이름 없는 장인과 예술가들의 손끝에서 피어났다. 도화서의 화가부터 장악원 악공, 걸립판을 떠돌던 소리꾼, 사대부 사랑방을 웃음으로 채우던 광대와 재담꾼, 그리고 기생으로 태어나 시대의 연정을 노래한 여인들까지 그들은 모두 각자의 방식으로 예술을 직업으로 삼아 생을 살아냈다. 그들의 삶은 고단했고 때로는 신분적 멸시와 사회적 한계에 갇혀 있었지만 바로 그 속에서 예술은 가장 진실한 빛을 발하였다.

도자기를 굽던 도공들의 가마에는 불과 흙의 혼이 깃들었고 분청사기의 자유분방한 선은 장인의 손길을 따라 시대의 감각을 드러냈다. 백자의 절제된 순백은 조선의 정신을 담은 그릇이 되었고 일본으로 끌려간 도공들의 기술은 타국의 도자기를 꽃피우며 아이러니한 역사의 흔적을 남겼다. 옻칠과 나전칠기, 자수와 금속공예는 생활과 의례의 자리에서 빛나며 조선인의 손끝이 지닌 세밀함과 인내심을 증명했다. 풀과 대나무, 종이와 버드나무로 빚은 공예품에는 검소한 삶 속에서도 미를 잃지 않으려는 민중의 지혜가 담겼다.

불상 조각승과 범종 장인들은 신앙과 노동을 함께 짊어졌다. 그들이 새긴 불상의 미소와 범종의 울림은 단순한 종교 도구를 넘어 인간이 도달하고자 한 이상 세계의 상징이 되었다. 이름 없는 목수와 대목장의 손에서 태어난 궁궐과 사찰, 서원과 종택은 여전히 그 자리에 서서 조선 건축의 위계와 미학, 그리고 장인들의 땀과 고단함을 증언하고 있다.

조선의 예술가들은 대부분 낮은 신분과 사회적 제약 속에 놓여 있었다. 악공과 광대, 기생과 도공은 흔히 '천예賤藝'라는 이름으로 불렸고 양반 사회는 그들을 필요로 하면서도 존중하지 않았다. 그러나 아이러니하게도 조선의 문화와 예술은 바로 이들의 노동과 창의력에 의존하고 있었다. 그들의 목소리와 몸짓, 손끝의 기술이 없었다면 조선은 그토록 풍부한 문화유산을 후대에 남길 수 없었을 것이다.

오늘날 우리는 그들의 이름조차 모르는 경우가 많다. 그러나 그들이 남긴 건축과 기물, 노래와 무용은 여전히 살아 있다. 종묘제례악과 판소리, 가곡과 가사는 국가무형문화재이자 인류무형문화유산으로 계승되고 있으며 궁궐과 종택, 사찰과 서원은 세계문화유산으로 보호받고 있다. 전통 공예는 무형문화재 장인들을 통해 현대에도 이어지고 한옥의 미학은 오늘날 건축과 디자인의 새로운 영감이 된다.

이 시점에서 우리는 다시 질문하게 된다. 예술이란 무엇인가? 예술가는 어떤 존재인가? 조선의 예술가들은 생존을 위해 예술을 택했지만 그 속에서 예술은 단순한 생계 수단을 넘어 인간의 존엄과 자유, 공동체의 정신을 드러내는 힘이 되었다. 그들의 삶은 낮고 초라해 보였지만 예술만은 높고 당당했다.

오늘의 우리는 예술가들의 이름을 기억하지 못할지라도 그들의 숨결을 담은 작품과 유산을 통해 여전히 그들을 만난다. 이는 곧 예술이 인간의 삶 속에서 어떻게 뿌리내리고 또 어떻게 시대를 넘어 살아남는가를 보여준다. 《조선 예술가들의 직업세계》가 추적해온 것은 단순한 직업사職業史가 아니다. 그것은 시대의 밑바닥에서 예술을 일구어낸 인간들의 생생한 삶의 기록이며 그 속에서 오늘의 우리가 다시 배워야 할 생존의 지혜와 미학의 정신이다.

조선의 예술가들은 잊힌 이름들이지만 그들의 예술은 결코 사라지지 않았다. 오히려 오늘의 문화와 예술, 우리의 생활 속에 여전히 살아 있으며 세계가 주목하는 K-컬처의 뿌리로도 이어지고 있다. 낮은 곳에서 태어난 예술이 높은 세계적 가치를 얻게 된 지금 우리는 다시금 그들의 삶을 존중하고 기억해야 할 것이다. 그것이야말로 이 책이 마지막으로 전하려는 메시지이며 조선 예술가들이 남긴 진정한 유산일 것이다.

참고 문헌

1부. 붓으로 먹고사는 사람들

강관식, 《조선 후기 회화와 사회》, 학고방, 2003.
국립중앙박물관, 《조선 회화의 거장들》, 2006.
김용권, 《조선시대 화원 연구》, 선인, 2004.
김혜숙, 《조선의 화승과 불화 제작》, 민속원, 2012.
김홍남, 《조선의 화원들》, 국립중앙박물관, 2000.
동국대학교 불교미술학과, 《한국 불화 연구》, 동국대학교출판부, 2002.
문화재청, 《조선도화서 연구》, 2007.
박정혜, 《조선 후기 회화와 문인화의 전개》, 일지사, 2009.
배병선, 《민화의 세계》, 대원사, 2007.
오주석, 《한국의 미 특강》, 솔, 2005.
윤범모, 《민화의 미학》, 학고재, 2010.
유홍준, 《나의 문화유산답사기 1 - 남도답사 일번지》, 창비, 1993.
정병모, 《민화, 한국인의 마음》, 다할미디어, 2006.
정하경, 《조선 전기 불화 연구》, 미술문화, 2002.
최완수, 《조선시대 회화사》, 열화당, 1991.
최응천, 《불화와 화승》, 미술문화, 2015.

2부. 소리와 몸짓으로 먹고사는 사람들

강준일, 《판소리 명창전》, 소명출판, 2011.
국립국악원, 《종묘제례악 자료집》, 2009.
국립국악원, 《한국음악통사》, 2006.
국립극장, 《남사당놀이 자료집》, 2008.
김기수, 《조선시대 음악사》, 민속원, 2003.
김명자, 《기녀, 조선의 또 다른 주인공들》, 푸른역사, 2005.
김선영, 《판소리와 사회사》, 일지사, 2008.
박성호, 《기생과 한국문학》, 역락, 2007.

송방송, 《판소리 연구》, 민속원, 1997.

신영희, 《조선의 기생과 문화》, 민속원, 2002.

신현경, 《관현맹 연구》, 민속원, 2013.

이두현, 《한국연극사》, 일지사, 1990.

임진택, 《판소리 이야기》, 창작과비평사, 2010.

정병설, 《조선의 광대들》, 돌베개, 2011.

정병호, 《조선 후기 음악과 장악원》, 일지사, 1998.

조순자, 《판소리의 역사와 명창들》, 집문당, 2004.

3부. 손끝 기술로 먹고사는 사람들

강경숙, 《조선 백자》, 예경, 2002.

국립문화재연구소, 《전통 목조건축의 복원과 보존 기술》, 2015.

국립민속박물관, 《짚과 풀의 생활사》, 2005.

국립중앙박물관, 《분청사기 연구》, 2006.

김봉렬, 《한국건축의 역사》, 돌베개, 1996.

김영원, 《한국 도자기의 미》, 열화당, 1997.

김호일, 《한국의 한지와 공예》, 민속원, 2010.

문화재청, 《국가무형문화재 대목장 기록화》, 2004.

문화재청, 《한국의 옻칠과 나전칠기》, 2009.

박종만, 《한국 종이공예사》, 한국문화사, 2015.

손영문, 《한국 불교조각사》, 미술문화, 2008.

안휘준, 《한국 불상 조각사》, 서울대학교출판부, 1990.

이준구, 《한국 공예사》, 미진사, 1997.

정영호, 《한국의 전통 공예》, 대원사, 2001.

최건, 《한국 도자사》, 일지사, 1994.

최성원, 《한국의 건축과 문화》, 청년사, 2013.

한국건축역사학회, 《한국건축사강의》, 기문당, 2016.